航天企业标准化基础知识

卢翠微　魏永刚　孙育军　编著

中国宇航出版社
·北京·

图书在版编目(CIP)数据

航天企业标准化基础知识 / 卢翠微，魏永刚，孙育军编著. -- 北京 : 中国宇航出版社，2018.6

ISBN 978-7-5159-1493-0

Ⅰ. ①航… Ⅱ. ①卢… ②魏… ③孙… Ⅲ. ①航天企业－工业企业管理－标准化管理－基本知识 Ⅳ. ①F407.5

中国版本图书馆 CIP 数据核字(2018)第 152596 号

责任编辑　赵宏颖　　　**封面设计**　宇星文化

出版发行　中国宇航出版社

社　址　北京市阜成路 8 号　**邮　编**　100830

(010)60286808　　(010)68768548

网　址　www.caphbook.com

经　销　新华书店

发行部　(010)60286888　　(010)68371900

(010)60286887　　(010)60286804(传真)

零售店　读者服务部　　(010)68371105

承　印　河北画中画印刷科技有限公司

版　次　2018 年 6 月第 1 版

2018 年 6 月第 1 次印刷

规　格　787×1092

开　本　1/16

印　张　13.25

字　数　301 千字

书　号　ISBN 978-7-5159-1493-0

定　价　68.00 元

序

标准决定质量，有什么样的标准就会有什么样的质量，只有高标准才有高质量。标准是法制，是评价管理行为合法合规的客观判据；标准是智慧，是人类智慧的实践总结和经验传承，其中既有前人成功积累的宝贵经验，也有从失败中得到的深刻教训；标准是镜子，是衡量工作过程和结果的有效手段。

钱学森早在航天事业创建之初就强调，标准与计量是质量工作的前提和基础。我国的航天事业已走过了60多年，取得了一系列举世瞩目的伟大成就，并跻身航天大国的行列。中国航天发展的一条重要的经验，就是建立并形成了一套具有中国特色的系统工程管理体系和科学的管理方法，而将标准化工作提升到战略高度，把综合标准化方法与航天复杂系统研制特点相结合的集成创新，更是其中的重要内容。

标准是航天强国的重要标志。多年来，中国航天已建立了以宇航产品和导弹武器科研生产全过程为对象的统一的标准体系，实现了标准对科研生产全过程、型号产品各层次、技术管理各专业的全覆盖。同时，标准化工作紧扣质量基础工作实际，以标准作为质量保证的依据，有力支撑了航天型号质量的提升。

近年来，航天各院、所、厂标准化工作日益体系化，标准化人员逐步专业化、职业化，基本形成了“依托单位、立足专业、服务型号、专兼结合”的标准化队伍与运行模式。本书比较系统地介绍了航天企业标准化的基础知识，企业标准化战略的编制与实施，企业标准体系的建立，型号标准化大纲的编制与研制各阶段的主要工作，标准的制定程序、编写要求与质量控制，内容系统全面，规范性和知识性强，对指导航天企业标准化工作及相关人员培训具有较高的实用价值和参考意义，对标准化工作质量的提高具有积极的推动作用。

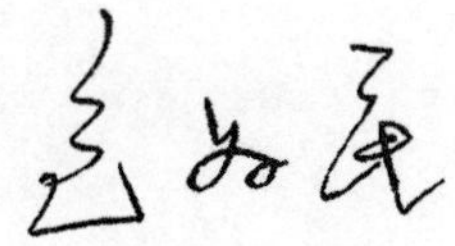

前　言

标准化是一种发展模式，是一种获取最佳秩序的科学发展模式；标准化是一种理念与方法，它可以让我们树立从“人治”走向“法治”的科学理念；标准化更是制定标准、实施标准与改进标准的过程，实质上是一种机制的完善过程。

标准化工作作为企业基础性管理工作，是企业永续发展的不竭动力。随着我国“十三五”规划的推进及军民融合战略的实施，航天企业标准化工作也站在了历史的潮头，如何将标准化知识运用到新形势的工作中、与企业管理和产品研制密切融合并带领技术的进步，实现军民融合，日益成为标准化重要的工作之一。

本书在标准化管理实践的基础上结合航天企业的特点编制而成。本书的主要意图是介绍企业在管理实践中如何运用标准化知识系统开展标准化工作的同时，启发标准化工作人员应结合本企业管理的特点运用标准化工作方法，为确保产品质量的稳定性和企业质量管理能力提升奠定坚实的技术基础。

本书具有实用性、专业性和系统性等特点。面对的主要对象是标准化人员和一线的设计、工艺人员。本书在介绍标准化相关知识的基础上，以理论与实践相结合的方式列举标准化知识如何应用到实际工作中，通过阐述各项知识内容和示例剖析，较详细地介绍了标准化工作方法的应用，具有较强的实用性和专业性；并从企业标准化各项工作着手，系统地介绍了标准化工作理论和实践的全过程。

该书从企业标准化机构如何建立，到各机构如何开展标准化工作，以及各项标准化工作如何开展，均较详细地进行了阐述，标准化人员可以将其直接运用到工作中，同时为标准化人员在此基础上创新标准化工作提供了思路；一线设计、工艺人员通过该书的学习，可以掌握将标准化工作贯彻到设计和生产各环节的基础知识，在提高设计、工艺水平的同时，了解及时总结经验并将其转化为标准的基本方法。

本书分为八章。第一章“绪论”，介绍了标准及标准化的概念、标准化发展历程及标准化基础知识，概要说明了标准化的起源及作用；第二章“企业标准化”，介绍了企业标准化的目的、任务、机构设置和企业的各项标准化工作项目；第三章“综合标准化”，详细介绍了综合标准化的概念及方法和企业开展综合标准化的过程；第四章“型号标准化”，详细介绍了型号各阶段以及预研和外包时的标准化具体工作；第五章“企业标准体系”，详细介绍了企业如何建立标准体系的方法和思路；第六章“标准制定”，详细介绍了标准编制程序，技术标准、管理标准和工作标准应包含的内容和各类标准编写规定；第七章“标准实施及监督”，详细介绍了标准实施、选用和剪裁及监督的具体操作方法；第八章“国际标准化”，详细介绍了与航天相关的国际标准化机构、航天企业参与国际标准的制订程序，以及如何开展国际标准的跟踪、研究和采用的具体操作方法。第三章到第八章详细介绍了第二章中企业标准化重点工作的开展。

本书具体章节的编写人员为：

第一章，卢翠微、魏永刚；第二章，卢翠微、孙育军；第三章，卢翠微；第四章，卢翠微、孙育军、李娜（1983）；第五章，卢翠微、孙育军；第六章，卢翠微；第七章，卢翠微、魏永刚；第八章，卢翠微、魏永刚。本书由卢翠微统稿。

本书编写过程中，得到了航天标准化院、中国运载火箭技术研究院和北京临近空间飞行器系统工程研究所有关领导的关心和支持。中国运载火箭技术研究院郎德民研究员、吴宏斌研究员、张巍研究员和北京临近空间飞行器系统工程研究所贺峥光研究员为本书提出了宝贵的修改意见；北京临近空间飞行器系统工程研究所刘依璐提供了标准化审查的示例；北京临近空间飞行器系统工程研究所周智力、赵珞为本书提供了编排建议，在此一并表示感谢。

特别感谢包为民院士在百忙之中为本书提出宝贵意见并作序。由于知识水平和实践经验有限，本书难免有疏漏及不足之处，欢迎大家批评指正。

编者

2017 年 10 月

目　录

第一章 绪 论

我们每个人都离不开标准，从我们出生开始的评价指标到我们生活中的方方面面，如我们所接触的食品、用品等均离不开标准，标准贯穿了我们整个生活。我们每天喝的牛奶、吃的面粉、使用的手机、开的车均离不开标准，产品达到相关标准才能出厂使用。现在我们知道了用标准来替我们维权，例如："三聚氰胺"事件。另外，中国也越来越重视标准的作用，对外贸易中标准的作用亦日益突显。

标准对一个人、一个企业、一个国家来说是至关重要的，那么作为一个企业如何做好标准化工作，使企业能立足、发展、壮大呢？本书将对企业如何切实做好标准化工作进行探讨，找出适合企业自身的标准化工作方法，从而提升企业管理能力。

第一节 标准及标准化的来历

一、概念

任何事物的名称均有它的所指，即概念。标准和标准化也不例外，下面我们来介绍一下标准和标准化两词的由来，以便能更好地理解它们。

(一)"标准"和"标准化"词义的演变

我们目前所接触到的"标准"及"标准化"这样的词语是如何来的呢？

在中国，最初对"标"和"准"本是单独使用的，"标"指自木之末端之意，即末梢，末梢通常容易被人们发现并作为方向指引，因此后来逐渐衍生出目标、标识等含义，从而引申成典型代表、标志、榜样的含义。"准"最初指水平为准、绳直为准，即水平垂直的意思，逐渐衍生为判断实际物体平直的水平线、垂直性、基准，以及对人的行为规范进行约束的准则。据考证"标准"一词在一起使用最早出现在"信人伦之水镜，道德之标准也"一句中，出自中国晋代孙绰（公元314—371）的《丞相王导碑》中，到唐代"标准"一词开始广泛使用，其含义为"衡量客观事物的准则"。

那么，在国外又是一种什么情况呢？

英文中"standard"一词最初的含义是"挂在一根杆上的旗帜作为集合地点"，它代表了权威，之后其含义发展为"国王所确定的度量单位"，15世纪以后引申出"标准、规格"的含义。从以上内容可以看出，中国最初对标准的定义与西方的定义是相似的。

"标准化"是在西方工业技术革命背景下产生的，属泊来词。英文为"standardization"，而中国采用的"标准化"一词是从日本书籍中引用来的。

（二）“标准”的定义

中国目前采用的“标准”定义是 2002 年颁布的，该定义采用了国际上（ISO）有关“标准”的定义。具体内容为：

> 为了在一定的范围内获得最佳秩序，经协商一致制定并由公认机构批准，共同使用的和重复使用的一种规范性文件。
>
> 注：标准宜以科学技术和经验的综合成果为基础，以促进最佳的社会效益为目的。

该定义可以从 5 个方面来理解：

1. 必要性

“标准”是共同使用和重复使用的规范性文件，只有人们共同使用并且多次重复使用，标准这种文件才有存在的必要。

2. 目的

“标准”以获得最佳秩序，从而促进社会效益为目的。这种最佳秩序并不是没有界限的，而是指要在一定范围内（即适用的人群和相应的事物）获得的最佳秩序。

3. 原则

制定标准的原则是协商一致。“协商一致”是指普遍同意其标准的实质性问题、重要方面等（如：指标、参数等），没有坚持的反对意见，并且按照程序对有关各方的观点均进行了研究，且对所有争议进行了协调。“协商一致”并不意味着没有异议，是指多数是同意的，其多数是具有指标要求的，例如：国家标准以四分之三同意为协商一致的指标。

4. 流程规范化

制定标准需要具有一定的规范化程序，并且最终要由公认机构批准发布。根据标准级别的不同，其批准发布的公认机构亦有所不同。例如：企业标准其批准一般为企业负责人或主管技术的领导，其发布机构一般为企业主管标准化的部门。各级标准的制定都有其特定的程序，各企业应明确规定标准的制订和修订程序，包括标准立项、论证、编制、审批、发布及复审等环节。

5. 科学、经验的体现

标准以文件的形式体现，该文件所规定的以促进最佳社会效益为目的的标的物，是科学技术和经验成果的体现。这些成果应经过实践验证、科学归纳、整理规范后并经“协商一致”（即多数同意后）取得。

（三）“标准化”的定义

目前，中国采用的标准化定义为：

> 为了在一定范围内获得最佳秩序，对现实问题或潜在问题制定共同使用和重复使用的条款的活动。
>
> 注：上述活动主要包括编制、发布和实施标准的过程；标准化的主要作用在于为预期目的改进产品、过程或服务的适用性，防止贸易壁垒，并促进技术合作。

该定义已是 ISO 对标准化的定义的第八版，由此可见对“标准化”的定义随着技术和认知的发展而不断地完善。

该定义可以从以下 4 个方面来理解：

1. 标准化是一个活动过程

标准化是制定标准、实施标准进而修订标准的过程。这个过程不是一次就完结了，而是一个不断循环、螺旋式上升的运动过程，即 PDCA 循环。每完成一个循环，标准的水平就提高一步。

2. 活动的核心是标准

标准化活动的核心是标准。标准化的主要任务是制定标准、实施标准和对标准的实施进行监督，标准化的目的和作用，都是要通过制定和实施具体的标准来体现的。标准化的效果只有当标准在社会实践中实施以后，才能表现出来。

3. 有目的的活动

标准化可以有一个或更多特定的目的，以使产品、过程或服务具有适用性。这样的目的可能涉及品种控制；产品的可用性、兼容性、互换性；人员健康、安全、环境保护、产品防护、相互理解、经济效益、贸易等。一般来说，标准化的主要作用，除了为达到预期目的改进产品、过程或服务的适用性之外，还包括防止贸易壁垒、促进技术合作等。

4. 活动是规范的

标准化活动所建立的规范具有共同使用和重复使用的特征。标准不仅针对当前存在的问题，还应针对潜在的问题，这是信息时代标准化的一个重大变化和显著特点。

以上我们介绍了标准和标准化的概念，从中也看出标准是标准化的核心内容，标准的形成实际上是标准化其中的一个结果。

二、标准化的发展历程

标准化是在自然规律的作用下，随着人类的不断进化而不断地变化，是随着人类发展过程中生产和科学技术的发展而发展的。标准化的发展历程，大体经历了建立在手工生产基础上的古代标准化，以及以大工业为基础的近代标准化和现今的以系统理论为指导的现代标准化三个重要阶段。

（一）古代标准化

古代标准化实际是在无意识中形成的。一件事物的发生、形成、应用最后到总结，当我们梳理脉络时，会发现它是随着社会关系的发展自然而然产生的，古代标准化亦是如此，下面我们来看几个古代标准化的示例。

在远古时代人类标准化思想萌芽期，标准是在社会实践过程中固定下来的。人们通过相互交流、融合、统一器物，作为“标样”成为例规，这便是人类最初的、朴素的标准化。

[示例 1-1] 文化经济上的标准化示例

1）书同文：李斯订定文字，制成小篆，程邈制成隶书，利于书写运用；

2）统一币制：秦始皇废六国旧币，行“半两”铜钱；

3）统一度量衡：推行度量衡的方法是由政府统一制造标准量器与衡器发至各地执行；

4）统一田亩制：秦规定二百四十方步为一亩，田亩制度的统一，有利于耕田数量和租税的计数；

5）行同伦：为促进文化上的共同心理状态，秦始皇制定了各种律令制度，大规模移民，经济上采取各种统一措施，促进了全国范围内“行同伦”的巨大改革。

[示例 1－2] 技术上的标准化示例

1）陶俑部件的互换性：秦俑具有互换性的标准件有足踏板、甲带、甲丁、俑手、发髻等；大多数俑头是模制的，耳和鼻模制后粘接于俑头上，这些耳鼻均可互换。发髻和发辫模制后粘贴在俑头上，再用尖器刻画或用多纹状根据滚压成型，也可通用。俑头和躯干、俑手和腕部的接口均可对应互换。

2）兵器标准化：秦俑坑出土的铜镞，镞首长度有大、中、小 3 种规格，其数值排列近似符合优先数系 R 系列。从木车马坑出土的弩机，其结构与兵马俑出土的完全相同，尺寸基本一致，零件可以通用互换。

3）铜车马和木车马的零件标准化：铜车轮和木车轮的轮辐均为 30 根；轮辐是一个变截面几何形体的构件，不同轮辐相应截面的形状和尺寸相同；络头是用金泡、银泡、金当卢及百余件用子母扣衔接的金银管组成，这些零件都可以互换；银环有 4 种规格，与铜镞一样，其数值的选择，也基本符合优先数系的 R 系列。同样，其内径尺寸接近优先数系 R 系列。实现了产品的系列化，其数值选择已接近现代的优先数系。

从以上例子可以看出，古代标准化基本上处于现象描述和经验总结的阶段，主要是以直觉的和零散的形式，通过缓慢的进化过程而发展起来的，它在经济发展中起到了一定的作用。

（二）近代标准化

在大机器工业基础上发展起来的近代标准化，萌芽于 18 世纪 60 年代，形成于 19 世纪中后期。

由于生产和科学技术的高度发展，不仅为标准化提供了大量经验，而且提供了系统的实验手段，从而使标准化活动进入了以严格的实验数据为根据的定量化阶段。此时人们通过民主协商的办法，在广阔领域里采用自己设计的工业标准化体系，伴随着工业化过程，创造出高度发达的物质文明。这一时期的特点是互换性原理的应用（公差与配合）和推广，把标准化方法应用于“作业研究”，提高工人的劳动生产率，创造流水作业法，促进大规模成批生产的发展。

20 世纪初，随着近代标准化的进展，各个国家标准化组织纷纷建立。标准化活动由企业规模步入国家规模，进而扩展为世界规模。它由初期的保障互换性的手段，发展成为保障国家资源的合理利用和提高生产力的重要手段。国家标准化和国际标准化成为人类社会不可或缺的因素。

[示例 1－3] 近代标准化活动典型示例

1）1790 年，法国政府与英、美政府协商国际度量衡问题，1840 年完成度量衡的统一，1875 年世界上第一个国际性标准化组织国际权度局在法国巴黎成立；

2）1798年美国运用零部件互换的方法制造武器，标志着工业标准化的来临；

3）19世纪初期，铁路建设中轨道宽度、车厢颜色、火车联结结构的高度、车轮直径等部件实现了标准化，从而推动了标准化工作进程；

4）1906年国际电工委员会成立；

5）1926年国家标准化协会国际联合会创立。

（三）现代标准化

按照人类科学技术的发展和贸易全球化，我们将从20世纪60年代开始的标准化工作定义为现代标准化。

它与近代标准化的区别为社会各层面的协作日益广泛，由近代标准化的自给自足阶段过渡到产业化、协同化发展阶段。现代标准化阶段随着系统科学的发展、建立产生了新的科学方法论。为更好地适应社会发展，现代标准化借助系统工程原理和方法论，运用数学方法和信息化手段形成了具有自己专业特点的标准化系统工程方法论，从而为成为一门专业学科奠定了基础。示例1-4展示了中国典型行业标准化的发展历程，从而揭示了现代标准化发展的脉络和社会经济、技术是密不可分的。

[示例1-4]　航天行业标准化的发展历程

航天标准化是随着航天事业的发展而不断发展和完善的，它适应不同阶段特点，以满足特定需求，解决特定问题为出发点，不断丰富、完善和优化，在总结和积淀航天技术和管理经验、支撑和保证型号研制生产任务方面发挥了不可替代的重要作用。从航天标准化工作内容、作用和对象等方面来看，中国航天标准化的发展经历可分为4个阶段。

起步与发展阶段（1957—1965年）：航天标准化起步于导弹武器标准。20世纪50年代，引入了苏联多种标准技术资料，支持了仿制工作。从1960年开始，型号进入自行设计和研制阶段，逐渐加强了标准化机构和专业队伍的建设，建立了三级标准化机构，在分析、消化苏联标准的基础上，开始自行制定标准。随着第七机械工业部的建立，1965年成立了航天标准化研究所，畅通了渠道，建立了工作网络，形成了一支标准化队伍。这一时期航天标准化的领域主要是通用基础标准、通用零部件标准等，如院级设计文件管理制度标准，主要解决型号研制秩序问题。

受挫与整顿阶段（1966—1985年）：此阶段经历了十年动乱期，标准化工作几乎陷于停顿的状态。到了20世纪70年代后期，标准化工作随着各行业的复兴步入正轨，并逐步步入健康发展的阶段。1978年以后，航天进入第二代型号研制时期，标准制（修）定任务开始纳入到航天科研生产计划，并作为航天部的指令性计划进行考核，制定了一系列航天标准化规章，期间恢复并加强了设计文件的标准化审查，开展标准资料搜集、复制和供应工作，使航天标准化技术管理工作实现了规范化的管理。

快速发展阶段（1986—1999年）：1986年，启动了某产品综合标准化工作，历经十余年，初步建立了中国相关产品的标准体系。1986年，航天工业部组织编制并发布了《航天专业标准体系表》，并之后多次对标准体系表进行修订。各类标准体系的建立，从整体上规划和指导了航天标准的制（修）定工作，使航天标准的技术水平和协调性有了很大提高。这一时期航天标准化工作逐步走向系统管理的道路，以标准体系表为指导开展标准制定，以型号综合标准化为手段开展型号研制标准化工作，使标准化工作上升到以系统工程管理方法为指导的新阶段。

全面发展阶段（2000 年至今）：进入新世纪以来，以航天领域的国家重大科技专项和重点型号为牵引，逐步增加了载人飞船、空间站（空间实验室）、深空探测器等方面的标准，并开始涉及空间应用与空间科学领域。2008 年，原国防科工委批复启动国家宇航标准工程，依托中国航天科技集团公司成立了全国宇航技术及其应用标准化技术委员会（简称全国宇航标委会）。2011 年，中国航天科技集团公司启动实施了航天标准化工程。2012 年，全国宇航标委会策划编制了《中国航天国家标准体系表》，并获批发布了首批 14 项国家标准，截至 2018 年，航天领域国家标准已发布 83 项。随着航天国际化战略实施和航天商业活动的日益频繁，航天标准国际化步伐也开始加快，截至 2018 年，由中国主导制定的国际航天标准发布 19 项，成功立项 6 项。这一时期航天标准化工作领域不断扩大，标准化工作内涵不断深化，标准化在促进航天产业化发展和国际空间合作等方面的作用越来越突出。

航天标准化的发展历程以型号为牵引，体现了从军用到军民融合、从科研到产业、从内部到公开、从国内到国际的发展脉络，与航天事业自身的发展相一致。发展至现阶段，中国航天正在加速向世界航天强国迈进，航天国际化战略的大力实施和国家战略性新兴产业空间基础设施建设的全面启动，航天技术和产品正在更广泛地融入国民经济建设和社会发展，对航天标准的开放性、市场化、国际化提出了新需求，更加迫切地需要航天标准化在更高层面、更大范围、更宽领域，在推动技术创新、支撑产业发展、助力国际合作方面发挥更加强有力的作用。

第二节 标准化基础知识

本章第一节我们了解了标准化的发展过程，对标准化有了一个简单的了解，从而理解为何要做标准化工作以及标准化工作的必要性。下面我们介绍一下有关标准化的一些基本知识。只有掌握了标准化知识，标准化工作才能循序渐进，才能运用好标准化为企业服务。

一、标准分类

标准的分类方法不是单一的，根据不同的目的或原则可以划分出不同的类别。通常有下列几种分类方法。

（一）按标准的使用范围分类

根据标准适用的领域和有效范围，可将其分成不同的级别。在世界范围内有国际标准、区域标准。在一个国家内，有其各自的分级方式，在国外有的分为国家标准、协会标准、企业标准等，在中国则分为国家标准（含国家军用标准）、行业标准、地方标准、团体标准和企业标准。其中国家标准（含国家军用标准）、行业标准和地方标准属于政府标准，团体标准和企业标准属于市场标准。图 1－1 展示了国际上、其他国家和中国标准分类的方法。附录 A 列出国际、其他主要国家或地区及中国的主要标准代号。

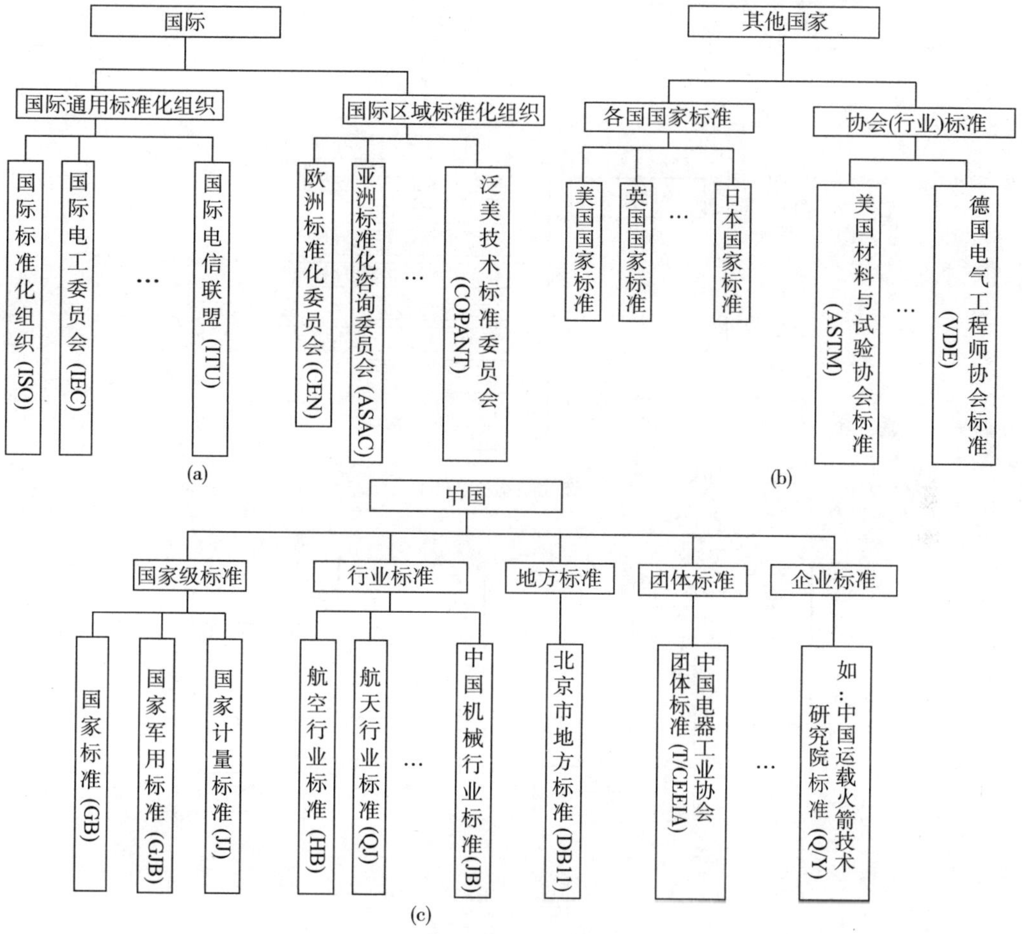

图 1－1　按标准使用范围分类

（二）按标准化对象的性质分类

按标准化对象的性质可分为三大类，即技术标准、管理标准和工作标准，如图 1－2 所示。

（三）按标准文件的表现形式分类

标准文件含国家标准文件和国防科技工业标准文件两种，如图 1－3（a）和图 1－3（b）所示。国家标准文件因其表现形式不同而分为标准、规范、规程、指南和国家标准化指导性技术文件；国防科技工业标准文件因其表现形式不同而分为标准、规范、标准图样和指导性技术文件等。

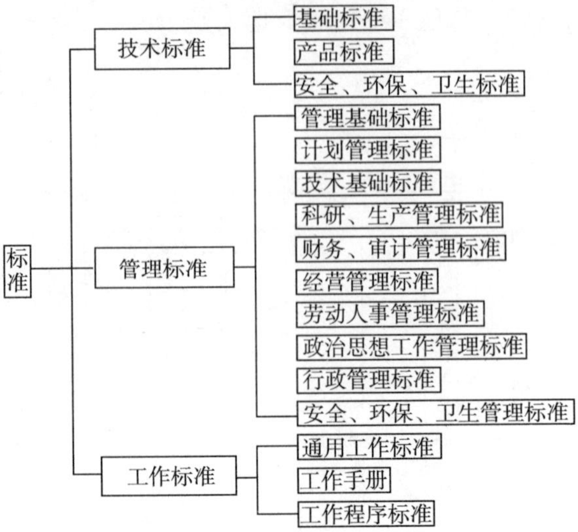

图 1-2 按标准化对象的性质分类

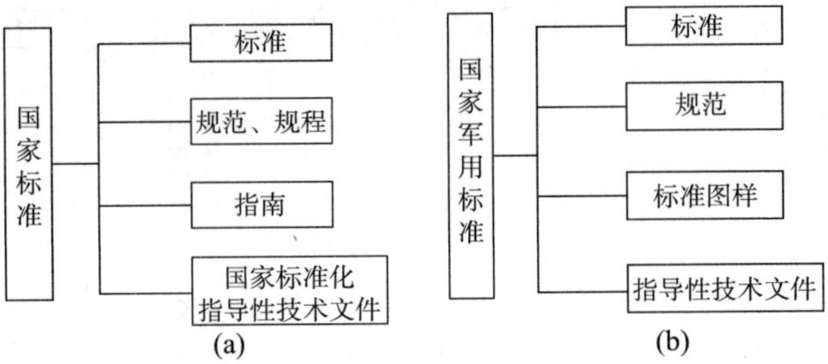

图 1-3 按标准文件的表现形式分类

（四）按标准化对象所属专业分类

国家标准按《中国标准文献分类法》将标准划分为 24 类。

国家军用标准按 GJB 832A—2005《军用标准文件分类》将军用标准划分为 25 个大类 233 个小类。

企业应依据自身的实际情况，依照产品将标准进行分类，便于查找应用。

（五）按标准化对象在生产过程中的作用分类

一般可分为材料标准、零部件（半成品）标准、工艺和工装标准、设计标准、产品标准、检验与试验方法标准等。

（六）按标准的约束性分类

可分为强制性标准和推荐性标准。此种分类方式目前仅存在于中国国家标准中的一种标准分类方式，国外一般不采用。中国国家军用标准中也不采用。随着市场经济的进一步进行，通常在实行市场经济的国家，标准都是自愿采用的，采标的动力主要来自市场的约束。

二、标准化原理

关于标准化基本原理，目前在国际、国内有多种观点，综合国内外专家的主要观点，联系中国标准化工作的实际，一般认为遵循“简化、统一、协调、优化”4个原理，它既是标准化活动客观存在的法则，又是指导企业标准化实践活动的依据。

（一）简化原理

简化是指在一定范围内精炼、缩减标准化对象的内容及其类型数目，使之在特定的时间内足以适应使用的一般需要。

简化的主要要求是：

1）简化应有明确的目标，如在品种和规格上简化；

2）简化应与标准化对象构成的最优化相结合，消除重复作业项目；

3）简化过程中应综合权衡生产方和用户之间的利益，即要在生产方和用户之间找到一个平衡点，使双方均能接受。

（二）统一原理

统一是指在一定时期和条件下，为保证事物发展所必需的秩序和效能，把同类标准化对象归并为一种或限定在一定范围内的一致性活动，并使这种一致与被取代的对象在功能上达到等效。

统一与简化有着密切的联系，它们在消除不必要的多样化及获得整体功能最佳上是相同的。统一着眼于取得一致性，是从个性中提炼共性，其目标是促进事物的有效发展。而简化着眼于精炼、缩减，是肯定某些个性同时共存，其目标往往是保存一组合理的品种。

要做好以下三方面工作，确保统一应用的效果：

1）统一时机确定的合理性；

2）统一的广度和深度的合适性；

3）充分认识统一的相对性。

（三）协调原理

协调是指在一定时间和空间，使标准化对象的内外相关因素达到相对稳定和相对平衡，实现标准系统整体功能最佳。制定标准是为贯彻实施标准并通过标准实施促进生产技术的发展，如果标准之间不协调、不衔接，必然会带来生产和管理上的混乱，破坏正常的生产和工作秩序。要使标准产生实际效果，得到正确的实施，也需要认真做好部门、单位之间的协调工作。标准必须适应变化了的条件，充分利用协调手段，合理调整标准内容，使各项技术之间的相关特性、参数等相互适应或具有一致性。

对一个企业来讲，制定企业标准必须与国家有关法律、法规、方针、政策以及与上级标准保持协调一致。必须保持标准的先进性，必须强调整体观点。

（四）优化原理

优化是指按照特定的目标，在一定的限制条件下，以科学、技术和实践经验的综合成果为基础，对标准化对象进行选择、设计或调整，使之达到最理想的效果。优化的目的是要达到特定目标的要求，确定标准化目标就成为优化的出发点。对不同的标准化对象可以有不同的目标。弄清限制条件是优化的前提。任何一个标准化对象总要受到系统内、外条件和相关因素的制约，只有在条件许可的范围内和相关因素协调的基础上，优化的结果才是现实可行的。

[示例 1－5] 优化原理应用方法思考

从优化原理角度进行思考，可以按其思路应用优化原理进而提升企业目标管理。

从过去的标准化实践来看，存在仅重视单项标准的效果，而对标准系统的整体效果考虑较少；只注意标准的数量，而对标准系统构成的合理性考虑较少；只注意技术标准的制定，而忽视了管理标准和工作标准的配套。这些都直接影响到标准化效能的合理发挥。因此，在标准化活动中注意建立一套优化的标准系统，是推行现代标准化的重要任务。

确立标准化对象的特定目标也存在目标的优化问题。比较复杂的标准化对象的目标是一个目标体系，要对多目标进行分析，可以将多目标简化为较少的几个目标甚至是一个主目标后进行优化。

优化应按系统工程的观点和方法，求得标准化对象在整体目标上的最佳效果。优化的结果往往是一个合理的决定，是一种“满意解”。优化的方法很多，可以采用建立数学模型进行理论分析的方法，但基本做法还是在定性分析和定量分析相结合的基础上对不同标准化方案进行比较、评价和选择。

简化、统一、协调和优化 4 项原理不是孤立的，它们是相互依存、相互渗透的统一体，只有综合地应用这 4 项原理，才能达到标准化的目的。这 4 项原理之间的关系可以归纳为：经过充分协调，通过优化以实现最佳效果的统一和简化。

三、标准化形式

标准化形式是标准化基本原理应用的体现，目前的主要形式有 3 种，即：简化，统一化，通用化、系列化和组合化。其中简化和统一化是标准化形式中最基本的形式。

（一）简化

简化是指缩减标准化对象的类型，使它在一定范围和一定时间内满足需要，同时使社会整体效益最佳的一种方法，其主要应用范围如下：

1）产品品种、规格的简化；

2）原材料和元器件品种、规格的简化；

3）工艺及其装备的简化。

（二）统一化

统一化是指把两种或更多规格、要素合并成一种或限定在一个范围内。其实质是使对象、功能或其他技术特征具有一致性，并将这种一致性通过标准确定下来的形式，一般包括：

1）工程技术术语；

2）结构要素；

3）参数系列；

4）产品质量（如：抽样、试验方法、数据处理方法等）；

5）技术文件管理。

（三）通用化、系列化和组合化（“三化”）

通用化、系列化和组合化（模块化）即我们常说的“三化”。“三化”是以最少的品种规格，最少的工作量和人力，实现满足最多的需求、最低的成本、最短的研制周期、最可靠的产品质量的有效途径和重要手段。

1）通用化是通过简化和优化各类产品单元，充分发掘具有同一功能且具有互换性的通用单元。通用化是在互换的基础上扩大技术成果的重复利用。

2）系列化是将同一功能产品的主要参数或规格按一定的数系或要求作合理规划，并对其形式和结构进行简化和统一，使产品有序发展并形成一定的系列，以满足用户广泛需求的一种标准化形式。

3）组合化是事先设计制造的标准单元，根据需要拼合成不同用途物品的标准化形式。

四、标准化形式的应用

简化、统一化及“三化”的应用可以降低企业成本，提高企业产品的竞争力，同时可以简化企业的管理流程，提高企业产品的稳定性。

例如：规定企业的产品采购种类，设计人员在创新品牌时，应优先采用已有的模块化产品，应优先选用企业内部制订的原材料、元器件、紧固件的选用范围，执行企业有关产品的统一化规定。

[示例 1－6]　简化示例

苹果发布 iPhone5 系列手机时，有 iPhone5、iPhone5C、iPhone5S 等多个型号，其核心功能是一致的，只是为不同人群采用了不同的编号，而从市场的销售情况来看并不是很理想。而当 iPhone6、iPhone7 产品上市时，仅有一种或两种产品，顾客少了挑选的余地，销量反而提高了。

奔驰汽车目前采用基本款上市，客户有其他要求时，可以采用选配的形式。奔驰厂家只提供基本款的销售，这样既满足了普遍的需求，也满足了个性的需求，同时提高了产量，缩短了客户提车的时间，增加了销量。

中国航天行业在“三化”顶层设计上属短板，这是我们的发展历程所决定的，从示例 1－4 航天行业标准化的发展可以看到我们经历了仿制—停顿—独立研制的阶段，在独立研制阶段我们意识到了“三化”工作的重要性。因此，“三化”同时被列入到顶层设计和标准化工作中。

鉴于我们的实际情况，提出被动型和主动型两种模式开展“三化”工作，这两种模式应同时开展，并逐渐将被动型转化为主动型。

被动型模式，是指对我们目前的所有产品进行梳理，按照一定的规则、指标分类，从而形成系列化产品；以目前所有产品为基准进行模块化组合，从而形成具有某种功能性的模块产品。可以看出，被动型模式是基于已有的产品进行“三化”设计，是为今后“三化”设计奠定的基础设计，是一种补救措施。

反之，主动型模式是指在项目或产品预研阶段从顶层就开始运用“三化”理念进行设计，充分运用已有的产品实现目标的最大化，同时要求设计师系统在项目预研阶段要具有前瞻性，要用发展的眼光来对项目或产品的预期进行规划。

示例 1-7 和示例 1-8 是国外和中国顶层设计中采用的“三化”模式案例，借以开拓我们的思路。

［**示例 1-7**］　国外各类型号产品“三化”案例（表 1-1）

表 1-1　国外实施“三化”的案例

种　类	途径与方法	举　例
运载火箭	加一级，加长，捆绑助推器，由导弹改装，系列化、组合化设计	美国 10 个系列，苏联 7 个系列，欧空局 5 个系列； 美国 10 个型号的德尔它火箭由雷神导弹作第一级，由海军先锋导弹作第二级，再按不同要求捆 3 个、6 个、9 个固体助推器
卫星	一星多用公用平台设计概念	美国休斯飞机公司、英国卫星公司都采用公用平台设计概念，采用模块化设计

［**示例 1-8**］　中国各类型号产品“三化”案例

1）如图中 1-4 展示了中国规划的运载火箭系列构型 A—F，其中构型 D 为基本型。其他型号为在基本型的基础上根据功能发展而形成的一系列产品。

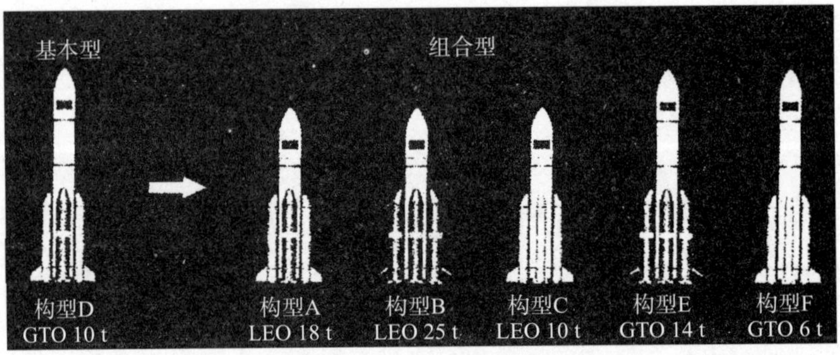

图 1-4　运载火箭系列构型

2）中国卫星公用平台的系列化通过标准化卫星公用平台型谱，以指导公用平台的发展，其中已经建成并正在使用的是 4 个系列 8 种公用平台，见表 1-2。

表 1-2　卫星公用平台系列型谱

系列	种类	代表型号
地球静止轨道卫星公用平台	地球静止轨道三轴稳定卫星公用平台 DJS-1	东方红 3 号卫星
	地球静止轨道三轴稳定卫星公用平台 DJS-2	东方红 4 号大容量通信卫星
	地球静止轨道自旋稳定卫星公用平台 DJZ	东方红 2 号卫星

续表

系列	种类	代表型号
太阳同步轨道卫星公用平台	太阳同步轨道卫星公用平台 TTS-1	资源 1 号卫星
	太阳同步轨道卫星公用平台 TTS-2	资源 2 号卫星
返回式卫星公用平台	返回式卫星公用平台 FSW 2	太空育种试验卫星
小卫星公用平台	第一代小卫星公用平台 CAST968	实践 5 号卫星
	现代小卫星公用平台 CAST2000	试验卫星 2 号

第二章　企业标准化

企业标准化是企业内的一项管理活动。这项活动是运用标准这个工具来解决企业内部的具体问题。

企业管理的目的是向顾客提供产品并获得利益的同时提升企业自身价值。在这一过程中，标准作为企业的一个管理工具来解决遇到的困难和问题，因此企业标准化就是以标准为工具，解决企业在实现各项目标过程中遇到的具体问题的一项系列管理活动。

企业标准化是企业技术管理的一个重要组成部分，企业实施标准化的目的是围绕企业中心工作而提供的技术支持，是为了实现企业提高产品质量，提升企业核心能力和提高企业竞争力目标而提供的有效保障。

综上所述，企业标准化是指为实现企业的经营方针和战略目标，由企业独立自主地制定标准、实施和改进标准并灵活运用各种标准化方法形成的一系列活动过程，是企业长远发展的需要。

第一节　企业标准化概述

本节阐述了企业标准化的目的、任务、作用和特点，从而说明企业为什么要做标准化工作以及企业标准化工作可达到的效果，为企业决策者提供通过标准化途径提升企业管理能力的参考模式。

一、企业标准化的目的及任务

企业标准化的目的是依据企业的发展阶段、情况及遇到问题的不同而不断变化的，企业标准化的任务是为实现目的而做出的决定。

首先应明确实现企业目标的过程中，有哪些问题要通过标准化来解决，所有企业开展标准化的目的都是要用它来解决问题。

企业标准化人员需要通过各种途径了解企业的发展及遇到的问题，这就要求企业标准化人员参与到企业的各项活动中，从中发现问题、分解问题并从标准化角度提出解决问题的方法，实现的方法就是标准化的目的和任务。

[示例 2－1]　某企业标准化目的和任务的演变

企业成立初期，各项工作均在刚刚建立阶段。标准化应依据企业的主营业务进行分解，此时标准化的目的是找出标准化工作对象，其任务依据工作对象（例如产品或项目），建立产品树，理清产品之间的关系，依据产品树，建立标准化工作框架。从当前问题或急需解决的问题着手，开展细化到点的标准化工作，可以分解为如：企业成立初期是规范文件编制的最佳时期，标准化工作重点就应以规范文件的编制为目的，其任务就是如何做到规范文件的编制。确保各设计岗位运用标准恰当，标准化工作重点任务可以放在设计模板、岗位标准实施目录的编制上；之后，随着问题的解决，标准化的目的变为解决产品缺项标准的编制，因此依据初期建立的框架进行修订，其任务是形成此阶段的标准体系，逐步开始编制产品和管理标准；随着企业的发展，核心竞争能力的提升，产品逐渐引领国内市场，具备了参与国际竞争的能力，此时标准化的工作目的是提升产品的准入门槛，确保技术上的引领地位，其标准化任务可以从自身研发的专利产品变为标准入手，将标准提升为国家乃至国际标准，从而达到企业的目标。

二、企业标准化的作用

（一）建立秩序

从标准化工作内容着手建立企业的技术、管理和工作秩序。

1）建立企业内的技术秩序：这主要是建立企业的技术标准，技术统一性是企业技术秩序的基本特征。

2）建立协调的管理秩序：这主要是通过制定各类管理标准和管理体系标准，明确各项管理活动及其过程。

3）建立规范的工作秩序：这主要是通过制定各岗位工作标准，明确各部门及各岗位人员的任务、职责、权限、工作方法和工作程序等。

（二）实现确立的目标

确立目标是指应确立产品的质量目标，通过制定产品标准而实现确立的产品质量目标。它是顾客需求的具体化、定量化，是企业技术管理的依据。

[示例 2-2]　标准实现确立目标示例

产品的开发设计、相关原材料及零配件的采用，外包的控制，设计规范、验收规范等均是以产品标准为中心依次展开的。这个产品标准中的技术规定便成为企业确立目标的“信息源”，这些“信息源”通过传递到每个岗位，成为确立各岗位目标的依据。

（三）资源优化

企业标准化可以起到优化企业资源的作用，主要体现在优化人力资源、劳动手段和劳动资料。

企业制定和实施各项技术、管理和工作标准的过程，就是对企业的各项技术、管理活动进行规范的过程，可以通过掌握、执行技术、管理标准增长企业员工的知识和提高遵守规范的意识，同时这些技术和管理标准均出自员工亲身参与的研究和制定工作，进一步激发员工学习、钻研的精神，更好地发挥员工的能动性。

企业标准化通过规范使用劳动资料，合理运用劳动手段，保证研制生产过程的稳定性，从而实现产品质量的稳定；而规范使用劳动资料，合理运用劳动手段是通过制定、实施技术和管理标准来实现的。

员工在工作中，认真遵守工作标准，运用技术、管理标准可以合理地利用劳动资源，有效地使用劳动手段，最大限度地提高劳动效率，从而确保研制产品的质量和员工的自身安全。

（四）创造效益

标准化对社会创造的效益是有目共睹的，远至秦始皇时期开创的标准化业绩到现代的标准化均体现出其对社会效益的贡献。标准化的不断发展也证明了其产生的经济效益是巨大的。

中国运载火箭技术研究院在20世纪90年代曾经以一个产品为典型范例，计算了该产品实施标准化后的经济效益。通过开展零部组件的标准化和通用化，扩大了同类零件的生产批量，从而降低了该零件的直接成本和间接成本，通过组合化、系列化和通用化的实施，缩短了设计周期，降低了生产成本，从而提高了产品的质量稳定性，其创造的经济效益也是非常可观的。示例2-3从数学统计中说明了标准化所带来的经济效益。

[示例2-3]　中国大连船舶重工集团有限公司标准经济效益示例

该企业在2011年7月到2012年4月之间，以研发部门为样本，对其产生的标准经济效益进行了计算。该企业研发核心业务分为11个专业，这11个专业共采用了696项标准，这些标准的采用提高了效率，并使各专业的设计成本降低了3%～15%，具体数值可见表2-1。其研发环节，评价标准的贡献以2006年到2010年的年平均收入为基础，其数据显示标准对年平均收入的贡献率达到了12%以上。

表2-1　采标及评估影响

专业	采标数量	影响程度
开发设计	32	减少开发成本至少5%
船体设计	11	减少开发成本至少3%
外舾装设计	179	减少开发成本至少15%
内舾装设计	43	减少开发成本至少10%
轮机设计	11	减少开发成本至少5%
管系设计	216	减少开发成本至少15%
电气设计	64	减少开发成本至少10%
通风设计	35	减少开发成本至少10%
工艺设计	51	减少开发成本至少10%
焊接设计	19	减少开发成本至少15%
涂装设计	35	减少开发成本至少10%

注：选自《标准的经济效益全球案例研究（二）》。

（五）经验积累

企业标准化可以实现企业经验的积累，并不断地提升其积累能力，使企业达到其最佳状态。

企业的经验积累可以有多种方式，但通过标准化是最理想和实用的，企业标准化可以将以往的经验通过严格的审核后纳入标准，并利用它来指导实践工作。在实施严格的审核过程中，它不仅要利用本单位的经验，还要与国内同行业甚至国外相关行业的先进经验进行对比，将其有益的同时又适用于本单位的经验固化到工作中。这样持续的积累，会使企业不断地进步，从而变强、做强，保持企业永远处于发展的状态。

三、企业标准化的特点

企业标准化是企业的一项管理活动，其特点主要体现在以下几个方面。

（一）为企业本身服务

为本企业服务是企业标准化的宗旨，因为它动用的是企业自身资源，是企业的经营性投入，因此它必须为实现企业的经营目标和为企业发展服务。

（二）体现自身需求

企业标准化是企业的自身需求，如何做、做什么是企业自身决定的，它受企业的经营状况、经营目标等左右，是企业的自主行为。因此，企业标准化需要制定哪些标准，如何实施以及实施的程度等是由企业自身需求来决定的。

（三）体现企业文化

企业标准化中制定的标准充分体现了人在其中的作用，因此在很大程度上体现了企业文化。每个企业均有自身的文化，而且依据每个企业的特点其企业文化是各不相同的。企业标准化因各自企业的技术水准、管理水准不同，其依此开展的标准化也各具特色，互不相同，存在差异性，各自的差异性造就了差异创新，企业因此可以实施差异化竞争战略。

（四）以解决问题为目标

企业开展标准化的主要目的就是要解决企业中存在的问题。标准化只有做到切实解决企业的问题才能体现出它的价值，因此企业标准化应以最少的标准解决最大的问题作为目标进行工作。

第二节　企业标准化管理与实施

企业实施标准化应围绕企业中心工作展开，它是为提高企业产品质量，提升企业核心能力及提高企业竞争力而发展的，是企业的基础性建设，也是企业管理工作的利器。

一、企业标准化组织

企业标准化是企业的一项有组织的管理活动，要做好这项活动，必须将这项活动科学地组织起来。

（一）企业标准化组织体系设置

本书推荐的组织设置分为以专业为主的标准化组织设置和以部门管理方式为主的标准

化组织设置，分别见图 2-1（a）和图 2-1（b）。该设置方式适用于规模较大、部门较多的大中型企业。小型企业可以参考其工作内容，将标准化工作的组织管理纳入企业的计划和质量部门。企业无论大小，其组织形式如何多样，其工作内容、项目都不应实施减法。

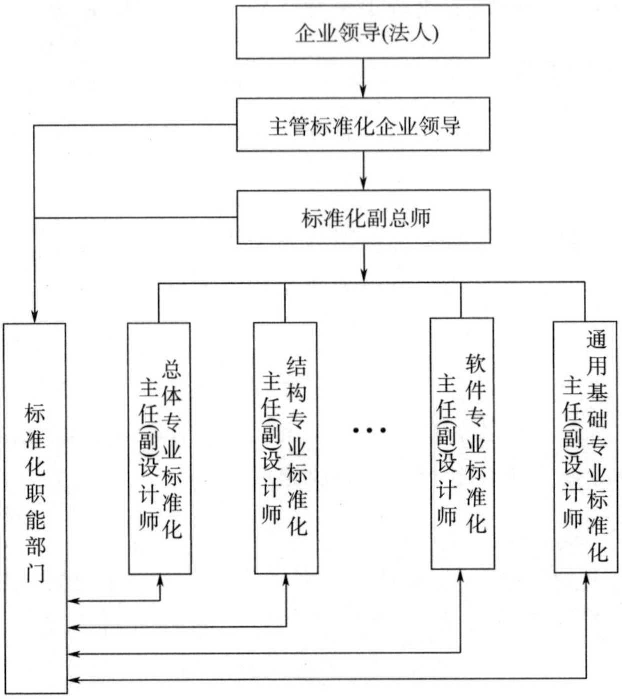

(a) 以专业为主的企业标准化组织设置

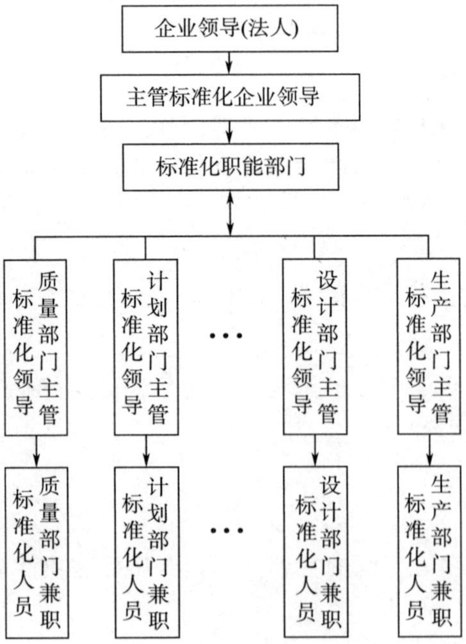

(b) 以部门为主的企业标准化组织设置

图 2-1　企业标准化组织设置

企业按图 2－1 形式设置标准化组织体系：在企业法人代表或法人代表授权的领导（或总标准化师）下，设立具体的职能部门，统一管理整个企业的标准化工作。各处室设置专职或兼职标准化人员（根据需要，设标准化师）负责本部门的标准化工作。根据需要可设立企业标准化技术委员会，负责有关标准化的重大问题讨论、审批和决策。

（二）企业标准化组织体系的工作内容

以图 2－1 为基础，阐述企业标准化重要组织机构的工作内容。

1. 企业法人代表或法人代表授权的领导工作内容

1）贯彻国家标准化工作的法律、法规、方针、政策；

2）组织制定标准化战略规划和总体策划；

3）确定与本企业方针、目标相适应的标准化工作任务和目标；

4）确定企业标准化机构、人员及其职责；

5）审批标准化工作规划、计划和标准化活动经费；

6）组织建立企业标准体系，审批企业标准和企业标准体系；

7）鼓励、表彰为企业标准化工作作出贡献的单位和个人，对不认真贯彻执行标准、造成损失的责任者，进行惩戒。

2. 企业标准化职能部门的工作内容

1）贯彻落实标准化法律、法规、规章；

2）组织制定并落实企业标准化工作任务和指标，编制企业标准化规划、计划；

3）建立和实施企业标准化体系，编制企业标准体系表；

4）组织制定、修订企业标准，认真做好企业产品标准的备案工作；

5）组织实施有关国家标准、行业标准、地方标准和企业标准；

6）对新产品、改进产品、技术改造和技术引进提出标准化要求，负责标准化审查；

7）对本企业实施情况进行监督检查，组织企业标准复审；

8）组织制定企业标准化管理标准或管理制度；

9）组织标准化培训；

10）统一归口管理各类标准，建立标准档案，搜集国内外标准化信息，并及时提供给使用部门；

11）承担或参加国家、行业和地方委托的有关标准的制定和审定工作，参加国内、国际各类标准化活动。

3. 各专业标准化设计师系统的工作内容

1）负责本专业方向的标准化课题研究；

2）负责本专业方向相关标准体系研究与策划；

3）负责本专业方向相关标准的编制及标准转化；

4）负责提出本专业领域标准实施的要求、途径及方法，并对标准的适用性及其效果进行分析、评估；

5）负责组织本专业方向标准的总结、归纳、提炼和宣贯；

6）负责本专业方向标准实施情况的审查与监督；

7）负责协调处理本专业领域出现的标准化问题。

4. 各部门专兼职标准化人员工作内容

1）组织开展本部门标准体系研究与策划；

2）组织编制本部门专业领域的标准或型号标准化文件；

3）组织实施与本部门有关的标准。

二、企业标准化工作内容

企业标准化是企业管理总系统中的一个分系统，它在完成自身工作的过程中，会与其他分系统发生联系。企业标准化依据总系统的要求，确定自己的任务，围绕自身任务同时兼顾其他分系统工作，确立工作目标。

企业标准化工作内容可分为标准化部门从事的日常工作内容、重点工作内容以及与标准化管理密切相关的专业三部分，具体见图 2－2。

企业可以依据本身的需求进行增加与删减。

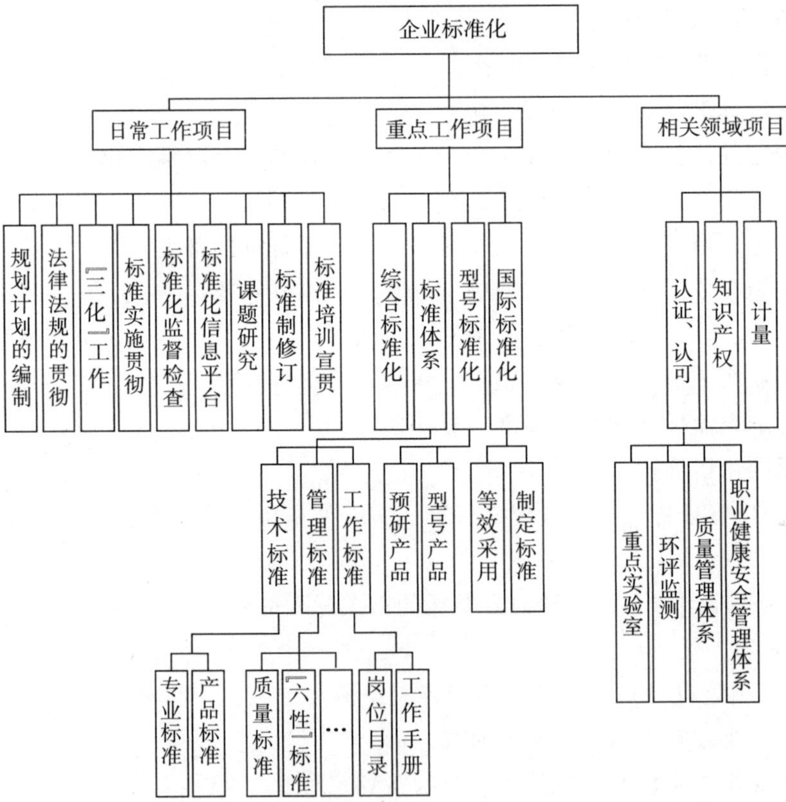

图 2－2　企业标准化工作一般包含的内容

（一）标准化职能部门日常工作内容

从图 2－2 中可看出企业标准化日常工作主要包含：

1. 贯彻法律、法规、规章制度

作为企业首先要贯彻国家的标准化法，依据企业生产经营需求，军工单位还应贯彻军用标准化、装备研制等法规。企业应将本单位应贯彻的法律、法规及规章制度列出，并作为企业管理的重要文件予以公布，确保企业每个人员了解、知晓。

2. 制、修订标准及复审

制、修订标准包含制、修订国标、国军标、航天行业标准/集团企业标准、院级企业标准及所级企业标准。国家军用标准及集团、院级企业标准一般是五年一复审，复审单位应提出复审意见，一般复审意见包括有效、废止及修订三类，依据标准的具体实施情况应提出具体的意见，具体内容见第六章。

3. 战略规划、计划的制定

企业标准化战略是企业发展战略的重要组成部分，是企业标准化的顶层设计，战略一般应具备 10～30 年的长远规划，为企业整体战略服务，应紧密联系企业的发展战略，围绕企业的发展方向，来界定标准战略的指导思想及战略目标。企业标准化战略一般从指导思想、战略目标、战略重点和战略措施 4 个方面来阐述。本章第三节列举了企业战略的示例。

企业标准化战略要通过企业标准化规划、计划落实，编制企业标准化规划年限一般为 5 年，要与企业的中期发展规划相适应、相协调。编制企业标准化年度计划是把标准化规划变成实际行动的实施计划，应在企业法人代表或企业授权的企业负责人的领导下，标准化部门协调各有关部门共同进行编制。

企业的标准化战略、规划和计划的编制可参考表 2 - 2 进行策划。

表 2 - 2　企业标准化战略、规划和计划编制依据和内容

项目＼类别	战略	规划	计划
依据	企业的战略策划	1）企业的战略策划； 2）上级的标准化工作任务及要求； 3）本企业的标准化战略大纲； 4）企业科研、生产、管理、经营活动的项目	企业的 5 年规划； 企业本年度的工作重点（党政一号文件）； 上级的标准化工作计划
内容	指导思想； 战略目标； 战略重点； 战略措施	1）企业的标准化目标； 2）应达到的要求； 3）实施途径； 4）标准项目 5 年的规划表； 5）提出标准化管理工作的项目； 6）提出标准化管理工作重点	概述：简要阐述、背景； 目的和需求； 工作项目、实施途径、负责的单位、人员及配合单位、人员等（结合规划中的项目和企业当前的工作重点提出标准制（修）订、贯彻、标准化科研项目等）
特点	顶层设计	对战略的分解、实施	对规划的分解、提出具体的实施细则并列入考评

标准化人员应依据规划和计划开展工作，组织实施规划和计划，切实将规划和计划落

地，应定期或不定期地对规划和计划实施监督检查并将规划和计划中的工作项目纳入企业考核中，切实起到监督检查的效果，从而推进企业标准化的深入和发展。实现企业标准化良性的 PDCA 循环。

跨入 21 世纪以来，经济全球化使国际标准成为国际贸易规则的重要组成部分，也成为国际贸易仲裁的重要依据，并逐渐成为国际贸易的必要条件和国际市场培育发展的制约因素，国家之间、企业之间的竞争，在较大程度上表现为标准的竞争，为了应对这些变化，主要工业发达国家纷纷开展了标准化战略研究，并制定了相应的标准化发展战略，旨在在全球性标准竞争中占据一席之地。全球主要地区和国家的标准化战略见示例 2－4。

[示例 2－4] 欧盟标准化战略概要

1998 年 10 月，欧洲标准化委员会（CEN）和欧洲电工标准化委员会（CENEIEC）均发布了标准化战略。

战略核心：充分利用《维也纳协定》和《德累斯顿协定》制定国际标准，在国际标准化活动中形成欧洲统一地位。

战略要点：1）支持欧洲单一市场的形成；2）加强欧洲产业在世界市场上的竞争力；3）在国际标准化活动中形成欧洲统一地位；4）重申与 ISO 和 IEC 签订的《维也纳协定》和《德累斯顿协定》的重要性；5）制定以欧洲标准（CEN 标准）为基础的国际标准，并推广到全世界。

1999 年 10 月，欧盟通过了《欧洲标准化的作用》决议。

欧盟标准化战略核心：建立强大的欧洲标准化体系，对国际标准化产生更大的影响，承担更多的秘书处工作，并努力将欧洲标准推荐为国际标准，力争国际贸易的主动权。

欧盟标准化战略要点：1）建立强大的欧洲标准化体系，进一步扩大欧洲标准化体系的参加国；2）继续为欧洲标准化活动提供财政支持，欧盟和欧洲自由贸易联盟（EFTA）提供的资金占欧洲标准化委员会（CEN）收入的 49%；3）欧盟各国在国际标准化组织中的标准化提案要协调一致。

[示例 2－5] 美国标准化战略概要

美国于 1998 年 9 月至 2000 年 9 月，历时两年完成了《美国国家标准战略》。《美国国家标准战略》是一个协商一致的文件，其基本观点得到政府、工业界、标准制定者和消费者代表的赞同。这个战略文件成功地解决了美国存在多年的关键问题，即如何将美国采用的多种不同的标准制定方式有效地联系起来。

（1）战略目的

美国标准化战略的目的是为了加大美国参加国际标准化活动的力度，推进与科学技术发展相适应的标准化，提高国家的竞争力，给国家带来安全、健康及优美的环境。该战略的核心是，加强国际标准化活动，使国际标准反映美国技术；承担更多的 ISO、IEC 秘书处工作。战略的重点领域是：健康、安全、环保方面的标准化。

（2）战略要点

1）因为健康、安全和环保要求日益提升，国际贸易急剧扩大，国际竞争日趋激化等原因，使标准化环境发生了很大变化，因而美国的标准化开发体系面临着新的挑战。

2）欧洲无论是在本区域内或是在 ISO，IEC，ITU 中的标准化工作，还是欧洲技术向区域以外诸国的渗透，都是积极而成功的。发展中国家纷纷将国际标准转化为本国标准采用。但是在某些领域，ISO 和 IEC 的标准却没有反映出美国的技术和需求。

3）美国要在几个主要技术领域重点开展 ISO，IEC 的工作。同时，也要在所有国际标准化活动中，始终如一地作出贡献，努力制定出反映美国技术的国际标准。

4）为了促进美国国内技术标准的利用，也为了满足健康、安全、环保方面标准化的需求，要扩大消费者代表参加标准化活动的范围。

[示例 2-6]　日本标准化战略概要

(1) 战略的主要内容

①确保标准的市场适应性和效率

1）确保标准化的需求；

2）扩大利益关系方参加标准化活动；

3）提高制定标准的速度和透明度；

4）创造良好环境。

②加强国际标准化活动

1）国际标准的对策；

2）由产业界提出战略性的国际标准提案；

3）创造良好的参加国际标准化活动的环境；

4）通过加强亚太地区国家的合作，推进国际标准化战略。

③标准化政策和研究开发政策的协调

1）以标准化的高度促进研究开发工作；

2）高薪技术领域的标准化；

3）确保技术基础研究机构在标准化活动中的作用；

4）发挥国立研究所的作用。

(2) 日本标准化战略的 4 个重点领域

1）信息技术标准化；

2）环境保护标准化；

3）反映消费者、老年人、残疾人需求的标准化；

4）制造技术、产业基础技术的标准化。

[示例 2-7]　中国标准化战略概要

(1) 目标

1）适用的国际标准的转化率：2010 年前争取超过 70%，2020 年前争取超过 90%。国际标准提案数：2010 年前争取达到 300～500 项，2020 年前争取达到 600～1 000 项。争取把中国优势、特色领域的标准转化为国际标准，以中国为主起草或中国标准被采纳为国际标准的数量争取达到 150 项。

2）企业创新成果形成专利，进而形成企业标准或通过专利池的形式形成联盟标准，最终实现产业化的比例明显提高；

3）培育一批具有自主创新能力和国际竞争力的大型企业和企业集团，参与甚至靠本身的技术实力主导起草国际标准，引导企业成为国家乃至国际标准化活动的主力军；

4）建立适应社会主义市场经济体制的、布局合理的、以自愿性标准为基础的标准体制，形成标准、技术法规、合格评定程序有机结合的机制；

5）优先发展与科技兴贸以及与传统产业改造关系密切的、具备比较优势的高新标准；重点发展先进制造业、农业和现代服务业中的重要标准；重点制定安全、健康和环境保护以及资源节约型标准，为实现可持续发展，淘汰高耗能、高污染、落后的生产工艺提供技术依据。

（2）发展重点

确定标准化发展重点的总原则是，选择国家经济发展和社会进步迫切需要的标准，主要包括：支撑中国产业发展的标准；为建设创新型国家服务，支撑中国科技成果产业化的标准；支撑科技兴贸战略，为贸易发展服务，发展高新技术领域的标准；支撑可持续发展战略，建设资源节约型和环境友好型社会，体现以人为本的标准；需要国家支持的公益类以及中国具有优势特色领域的标准等。

因此，选择了农业、制造业、现代服务业和高新技术产业等产业中的重要标准以及基础公益、安全、健康、环保、资源和能源等社会公益类标准作为发展重点。

4．"三化"工作

在第一章中我们介绍了"三化"是标准化的工作形式，"三化"工作在产品设计之初就应列入工作思路中。在整个产品的研制中切实做好"三化"工作，可以起到事半功倍的效果。在型号标准化中，我们会继续阐述"三化"工作，工作的着眼点是如何开展"三化"工作并指出明确要求。"三化"工作应是企业发展的自身需求。

5．标准的实施、贯彻、监督

通过标准化审查，可以有效地掌握标准的实施、贯彻情况，所有相关标准的应用，都可以通过产品反映出来，因此标准化审查在标准的实施监督过程中起到了重要的作用。如何实施，在实施中的注意事项等将在第七章中详细阐述。

6．标准化的培训、宣贯

企业标准化是一项由企业全体员工参与的全员性工作，要搞好企业标准化工作，就必须对企业的干部和全体员工进行标准化法律、法规和标准化知识的培训教育，提高每个干部、员工的标准化意识和贯彻执行标准的自觉性。

标准的培训、宣贯是标准贯彻的有效方法，企业应定期展开标准培训与宣贯，养成学标准的氛围，从而达到能熟练运用标准指导产品的设计。

各级标准化培训教育的对象和目标有所不同：

（1）管理者

管理者包括企业领导层和各职能部门，根据各自的职责，应该通过培训使他们熟悉国家有关标准化法律、法规、方针和政策，了解标准化的基本知识，熟悉并掌握管辖范围内的管理标准、工作标准，并能贯彻和运用。

（2）专（兼）职标准化人员

企业的专（兼）职标准化人员是企业科技队伍中的重要组成部分，为了适应企业标准化工作发展需要，应有一支有足够数量并能胜任工作的专（兼）职标准化干部队伍。由于企业标准化工作政策性和专业性都很强，要求标准化人员应具备一定的政策水平、标准化和专业知识、组织协调能力、语言文字表达能力和外语水平。

（3）工程技术人员

熟悉并能熟练运用与本职工作有关的技术标准、管理标准和工作标准。

7. 标准化课题研究

作为企业标准化工作的一项内容，标准化工作应不断地创新，去适应新的市场环境，因此对标准化课题的研究是必不可少的。企业标准化应不断地与企业发展相结合，要有先进性、预测性，并不断地发现相关领域的先进经验是否可为我所用，因此标准化课题的研究显得十分重要。

标准化课题研究的选题方向可以从管理和专业两方面着手。管理方面可以从企业如何开展标准化工作提高企业技术、管理、生产水平着眼；专业方面可以从与企业产品相关的重要材料、参数指标、检测方法等方面着手开展标准化方面的研究，如：产品的绿色化设计等。

8. 标准化信息平台建设

标准化信息平台是标准化与信息化相结合的产物，是标准化工作利用现代化的手段将其推向给使用人员的一种方式。该方式可以给使用人员提供更广泛的信息和空间，更便捷地与使用人员交流。有关标准化信息平台的建设和应用可详见本章第四节内容。

（二）企业标准化重点工作内容

企业标准化重点工作一般包括综合标准化、型号标准化和企业标准体系，具体内容将在后续章节详细阐述。

（三）与标准化专业相关的标准化领域工作内容

标准化工作不仅仅是标准化部门的工作，随着企业管理的深入、细化，其他管理专业也日渐纳入了标准化工作，在认证、认可、知识产权及计量等领域的工作中，充分体现了标准的应用，从而反映出标准化工作的重要性。在认证、认可领域，大家熟知的如：质量认证必须与标准化相结合才能得到认可。下面从几个典型方面阐述标准化工作与其他相关专业的密切关系。

1. 认证、认可领域

目前国家在认证、认可活动中，按其流程首先需要进行资料评审，即企业需要提供在整个认证认可范围内产品实现全过程有效运行的资料，那么这些资料是以企业标准的形式存在的，因此，首先要将企业全过程的运行形成企业标准。

实施的认证、认可主要是管理体系的认证，大家熟知的有：质量管理体系认证（9000认证）、职业健康安全管理体系认证（18000认证）及环境管理体系认证（14000认证）[①]；还有对于专业人员的认证，也是依据标准而进行的，如：无损检测人员资格、理化检测人员资格以及结构专业的贮箱设计人员具有压力瓶设计人员资格培训等。

某些单位的重点实验室也需要进行认可，其认可的依据和规则亦是依据标准，在提出申请时，亦需按认可单位提出的要求建立相关的管理体系。因此企业标准化不仅仅涉及企业标准化管理部门，它实际上是渗透到企业管理的各个部门中。

2. 知识产权领域

知识产权是企业的无形资产，它是企业智慧和能力的体现。知识产权可以为企业带来可观的经济效益。那么如何利用知识产权，使企业在其领域起到主导的作用呢？将企业的技术性知识产权与标准相结合，将会更好地发挥知识产权的作用。可以从以下3个方面着手，将技术性知识产权融入标准中，从而提升企业在该领域的主导权。

1）将技术标准中的技术要素含盖对某种产品功能的规定或指标要求，而实现这些技术要素需要运用到知识产权中的相关专利技术；

2）标准的技术要素涉及产品的特征需要利用专利来实现；

3）标准的技术要素包含专利技术的全部技术特征，即：技术要素的字面内容构成一项完整的专利技术方案。

3. 计量相关领域

计量是实现单位统一、量值准确可靠的活动。计量可以说是标准化的始祖，从第一章我们介绍标准化的发展可以看出，无论是中国还是其他国家，均将度量衡的统一做为首要条件，从而可以看出计量的标准化是多么重要了。只有实现统一计量概念，才能确保企业的产品在一个平台上进行对话。因此，计量与标准化的关系是密不可分的，建立计量标准是检测必不可缺的一项工作。

基于计量工作中标准化的重要工作，这就需要计量工作人员既要对本专业的知识有所了解，同时也应了解标准化工作的基础，在工作中将标准列入重要位置，以标准作为检验工作的基础。

第三节　企业标准化战略编制

企业制订标准化战略是企业占领该领域技术制高点的有效措施，是确保企业主导市场的有力保障，是确保企业经济不断增长的必要条件。

第一章中介绍了美国、欧盟各国、日本等国的标准化战略，各国纷纷出台国家标准化战略，其主旨是占领其技术领域、领导该领域，从而达到占领该领域市场的目的。

---

① 这里常说的均是ISO的标准代号，在中国一般是指19000、28000、24000。

企业标准化作为企业的一项管理规则，仅考虑当前是不够的，应将思路扩展到未来，扩展到企业工作的各个环节，要创造出自己企业的特点，这样企业标准化才能起到高瞻远瞩的作用，才能为企业的不断发展提供源泉。

企业标准化战略的制定可以从以下 5 个方面着手，即指导思想、战略目标、战略方向、战略重点和措施，围绕着产品标准化、综合标准化和标准化平台 3 个方面开展。

一、指导思想

企业标准化战略的指导思想是以企业发展目标为引导，结合企业具体的标准化工作而制定。示例 2-8 例举了企业编制的指导思想。

[示例 2-8]　企业标准化战略指导思想示例

以引领××××技术领域和提高管理水平为核心，以借力一院优势技术和特色为突破口，聚合国内专家智慧，紧密围绕××产品发展战略，充分发挥标准化的基础保障、创新推动、技术引领和市场开拓作用，坚持标准化与型号、产品紧密结合的发展格局，以××产品为主业，实现新领域突破，开拓国际市场，企业成为国际一流企业，为构建科学管理新体系和建设具有竞争力的企业集团提供支撑。

二、战略目标

企业标准化战略目标可以分为远景目标和近期目标，其主要目的是切实做到引领标准化工作的作用。企业可以依据本企业远景目标，考虑其如何从标准化方面确保企业远景目标的实现作为标准化远景目标；对标准化远景目标进行分解，使其分步实施实现，可作为企业近期标准化目标。如果远景目标设定为企业 30 年后应达到的状态，那么可以将 30 年分为 3 个 10 年，其中第一个 10 年应达到的就为近期目标，也可以将 30 年分为 5 年、10 年和 15 年 3 个层次。

[示例 2-9]　某企业 2030 年的远景目标的制订示例

紧密围绕企业建设与发展的中心任务，力争到 2030 年，实现“健全一套体系、搭建一个平台、填补一批空白、打造一支队伍、实现一种转型”，使标准化在提升型号能力、自主创新能力、产业化发展能力、规范化管理能力、市场开拓能力、国际竞争能力等方面的作用中初见成效，在支撑构建经营管理新体系，创建国际一流企业中发挥强力助推作用。

健全体系：构建一套覆盖全面、完整配套、科学先进，具有自主知识产权的企业标准体系。

搭建平台：充分利用信息化手段，实现标准化业务与信息化技术的融合。搭建标准化管理与应用平台，以标准化审查信息管理系统为试点，实现标准化审查过程电子化，标审信息数据化。不断提升标准化管理水平，促进标准有效实施，提高标准对科研生产的技术支撑能力。

填补空白：紧密围绕产品技术领域为主业的发展，完善标准的技术支撑范围，以标准实现规范管理，占领该专业领域标准制高点，填补该领域新技术和国际标准制定的空白。

打造队伍：加强标准化技术支撑机构建设，健全人才培养机制，逐步形成一支熟悉专业技术、精通标准化业务、管理能力强的标准化专业和管理队伍。推行“人人都懂标准化”的理念，扩展标准化专业队伍外延，加强良性互动，使设计、管理人员成为标准化工作的参与者、执行者。

实现转型：大胆探索实践，不断管理创新，从面向产品项目成功的标准化工作模式向面向组织成功的工作模式转型，探索新领域、新产品（项目）、严质量、严进度、专业强耦合、多业务并举情况下的新总体标准化工作模式，为企业适应国际化和市场化，提供有力保障。

［**示例 2－10**］　某企业制订的近期目标（2008—2018 年）示例

完成满足当前和未来型号发展需求、科学先进、具有市场竞争力的统一多层级企业标准体系的构建。

1）核心关键技术向标准的转化率达到 100%，形成一批内容先进、实用性好的标准，标准中具有自主知识产权的创新技术成果比例高；

2）定型产品的标准覆盖率达到 100%，支持并引领成熟产品的固化和应用；

3）信息化标准在数字化设计与制造环境等方面的完成率达到 100%，支撑信息化建设发展的需求；

4）管理标准在企业、风险管控、财经、资产经营等方面的配套率达到 100%，提升管理科学化水平。

探索适应于新形势下型号研制的标准化工作模式和运行机制，建立标准化与科技自主创新有机结合的促进机制，实现技术研发与标准研制一体化推进，形成型号标准化工作新模式，推动型号研制能力的实质性提升。

围绕产品、项目的需求，完成产品标准体系设计和建设工作，探索出一整套产品标准化的工作内容和流程，形成产品标准化工作模式，全面有效的规范产品化建设的全过程。

积极参与国际、国家等相关领域的标准制定、标准化课题研究工作，全面提升企业在国内该行业标准领域的地位。

积极跟踪国际相关领域标准化工作，从搜集相关产品的环境、材料、仿真等专业相关信息着手，进而涉及该产品所有专业，例如重点以搜集 ISO、NASA、欧空局、航天领域等技术、管理标准信息为主，争取参与相关领域的标准化工作。

三、战略方向

战略方向是为了明确实现战略需要从哪几个方面去努力。

［**示例 2－11**］　战略方向制订示例

1. 研发导向型领域支撑技术创新体系建设

在技术创新领域，以技术发展为牵引，以产品创新为方向，以技术创新组织为保证，将标准与知识产权相结合，与技术发展、管理和支撑能力相统一，开展能够拓展企业未来的发展空间，开展新技术、新项目的探索、论证及预先研究。以预研产品为基础开展试点工作，探索新产品研发模式的综合标准化管理方法。通过标准跟踪、标准先行，提升技术创新效率、固化技术创新成果，共同打造技术创新平台，提升自主创新能力。

2. 产品导向型领域引领产品创新和发展

在加快对产品成熟技术进行总结、形成标准的同时，要紧密结合国家、企业重点项目和重大科技专项的需求，借鉴并转化国内外同类技术的先进标准，同步开展型号标准化的超前策划和型号标准预先研究工作，做到“急用先行、编用结合”，将标准作为产品的设计依据、生产依据和验收依据，节约产品创新资源，降低产品创新成本，提升产品创新效率，提高产品质量，助力产品创新平台建设，加速推进产业化、市场化发展。

3. 市场导向型领域助推市场化转型

遵循“标准先行、标准先进、标准支撑”原则，积极主动参与国内外各级各类标准的制定及课题研究，引领市场开发，提高市场占有率，通过专利标准化、标准技术联盟、标准互认等手段，提高标准化管理水平，牢固确立产品市场地位，提高该领域特有技术和产品的公认程度，固化优势项目成果，加速技术向标准的转化，确保其健康发展。

4. 管理导向型领域提升规范管理

围绕精细化管理要求和产业化、规模化发展需要，紧密结合院新体系建设和集团化建设，重点加强执行系统工程管理、型号质量管理、运行风险控制、财务管理、安全管理等方面的管理标准制定，在运营管控、战略管控、财务管控等不同领域，形成流程清晰、系统完备、适用的标准体系，提升管理科学化水平。

四、战略重点

企业的战略重点应是企业未来必须达到的目标。其目标的设定应能牵引企业达到预期的高度。

[示例 2－12]　战略重点制订示例

1. 构建统一的多层级航天工程标准体系

立足主业产品，围绕型号研制的各专业技术、各级产品和全寿命周期，对所需标准进行统一策划，健全××××标准体系，对标准实现统一管理，加强标准的实施和应用。

（1）标准体系顶层策划和设计

结合发展需求，运用综合标准化的工作方法，系统策划，构建完整、配套、先进、科学，具有自主知识产权的统一的多层级企业标准体系。

标准体系的顶层策划和设计主要是对标准体系的覆盖范围、标准化对象、标准级别和递进关系进行总体规划。顶层策划和覆盖范围见图 2－3。

1）标准体系范围上覆盖目前可预见的各类型号；

2）体系中的标准化对象主要从技术、型号、产品、管理、信息化等各层面、各角度进行综合；

3）标准级别上应包含国际标准、国标、国军标、行业标准、集团公司级标准、院标

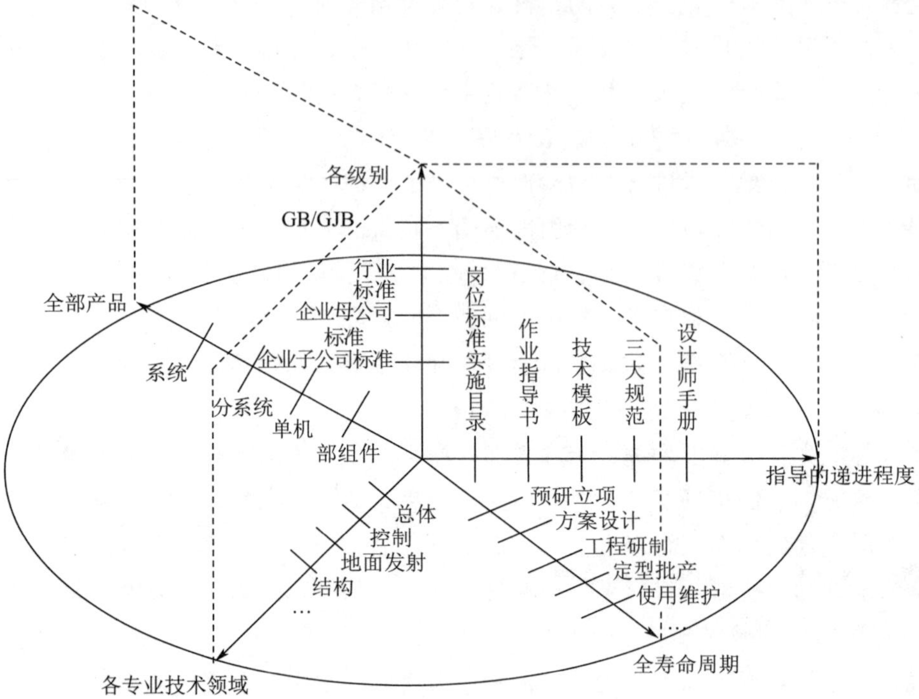

图 2-3　标准体系策划

及所标准；

4）对体系表中包含的标准进行统一策划、统一管理，避免标准的重复、交叉、矛盾。

（2）标准制定

核心关键技术标准制定。将技术标准作为技术创新的重要手段，与技术创新工作有机结合。有计划地开展该领域技术标准的制修订工作和新技术标准的预研和制定工作。

产品标准制定。通用产品的设计、生产、验收标准。结合院相关标准的建设，强化标准对产品全生产周期管理的支撑指导作用。

信息化标准制定。结合信息化发展建设的趋势和重点方向，配合院开展科研生产和企业管理信息化标准的研究与制定。开展数字化设计、仿真与制造环境下系列标准的预先研究和标准编制。

管理标准制定。及时总结提炼科研生产管理和系统工程管理等最佳管理实践经验，形成指导科研生产的型号管理标准；进一步完善质量管理标准；加快贯彻实施企业财务管理、人力资源管理、安全管理、信息化管理等相关标准。

设计师手册编制。结合型号研制的不断深入，其领域由标准贯彻逐步过渡到标准编制和落实到生产实际中。在开展专业岗位实施标准目录、技术模板、作业指导书、技术要求（设计规范、试验规范、验收要求等）编制的基础上，完成各专业设计师手册的编制。

依托研发设计等平台，实现标准制修订网上流转和受控。

（3）标准实施

岗位标准化建设。根据各专业岗位所需标准的适用性梳理分析和应用情况，编制岗位实施标准目录，明确各岗位人员应知应会标准及知悉程度，健全岗位标准化考核评价体系。将岗位标准化考评纳入到任职资格体系中。

技术模板体系建设。通过技术文件模板体系的建立，逐步将标准规范的成果固化在各类技术文件中，在工作系统中形成模板库并与专业绑定，确保标准规范的有效实施。

标准宣贯培训。结合各级标准颁布，确定重点宣贯标准，采用所、室、组三级进行标准宣贯；编写宣贯培训指南和教材，开展培训考核。

标准应用实施的监督检查。加强对标准应用实施情况进行监督检查，确定检查方式和检查内容，明确合格准则。

标准效果评价和效益评估。研究确定标准实施效果要素，制定应用效果评价准则，对型号标准化、产品标准化、企业管理标准化开展标准实施效果评价和效益评估，为后续工作的改进提供依据和支撑。

标准信息系统建设。标准化的问题是把复杂的问题简单化，简单的问题流程化，流程的问题信息化。结合信息化工程建设和技术文件模板体系建设，加快建立健全标准信息系统，将标准应用于管理融入科研生产流程，为科研生产提供强有力的指导和依据。

2. 强化型号研制全过程标准化的技术支撑

分阶段、分层次、全方位开展型号标准化工作，用综合标准化的工作方法顶层策划，针对具体问题，提供标准化解决方案，使标准化工作从强调为何不能向强调如何才能转变，切实将型号标准化工作融入型号研制全过程。

探索标准化对预研型号的支撑和预研标准化工作的全新模式，在预研阶段与技术攻关同步开展标准规范编制工作，更好地指导概念创新和技术发展，以先进标准指导型号预研，对预研关键技术做好标准预研，形成标准储备，随关键技术攻克和型号立项逐步成熟，并引入标准成熟度的概念适时进行标准分级。

充分发挥标准对型号研制过程中技术的总结和指导作用。运用标准化方法，规范研制过程，通过一整套严格、可操作的技术和管理标准的制定和实施，使型号研制工作真正按标准办事、凭标准放行，全过程受控，确保高标准、高质量、高效率地完成各项型号研制生产任务。

建立高效能的型号标准化工作系统，做好型号标准实施全流程闭环管理。结合标准化职业设置序列，建立健全包括标准化行政管理线、标准化专业技术队伍和型号线在内的标准化工作系统，研究设立型号标准化主任设计师、主管设计师。明确各自职责和工作流程，完善型号标准化工作系统。

3. 大力推进国际标准化工作

依据国际化发展的需求，按照“借鉴与吸收、掌握与利用、创新与超越”的工作思路，大力开拓国际标准化领域，力争建立中国在该领域国际标准。

研究和采用国际标准和国外先进标准，对外标的研究既要注重各专业整体层面的研究，更要根据型号研制和技术发展所需，有选择性地重点研究，为技术攻关和型号研制提供借鉴。

积极争取国际航天标准的制定工作，努力争取在国际标准的征求意见、审查和投票中反映相关技术意见，增强相关专业方面的话语权。

加强国际交流合作。利用各种资源，积极开展国际标准化的交流，开拓国际标准化工作的合作领域。

五、战略措施

企业战略措施是解决如何实现企业战略目标的渠道，管理渠道的畅通能确保企业战略目标的顺利达到。

[示例 2-13] 战略措施制定示例

1. 创新管理思路，改革管理模式

(1) 运用系统工程的方法开展标准化工作

采用型号研制经验，同时借鉴国外将标准研制作为项目，实施项目管理的模式，将标准化建设作为工程项目实施，运用项目管理、并行工程等理念，系统开展标准化建设工作。

(2) 与技术体系相结合

在对体现企业主营业务技术特点和能力水平的核心、关键技术进行全面梳理，并形成较为完整的技术体系的基础上，分析当前标准对技术的有效覆盖情况，明确标准制定的重点方向和重点领域，及时固化技术创新成果，支撑技术创新体系建设。

(3) 与知识管理紧密结合

按照“技术专利化，专利标准化，标准国际化”的思路，紧密结合知识管理工作开展，加快标准制定，丰富知识管理内涵，充分利用知识管理手段，提升标准应用水平。

2. 建立标准化与主业协同发展的良性机制

(1) 建立型号研发、产品研发与标准研制相互支撑的机制

随着企业主营业务技术的成熟及发展，为了实现标准化为型号研制、产品研制“同步保障”和“超前保障”的要求，建立型号研发、产品与标准研制相互支撑的机制，加快科研成果通过和自主知识产权向标准化转化进程，促进科研成果通过标准快速转化为生产力。

(2) 建立参与标准市场竞争的机制

通过采用市场营销、建立标准联盟等多种手段，建立参与标准市场竞争的机制，主导国家级标准制定，将企业主导制定的标准推广成为主流或一流标准，为占领市场提供技术支撑和服务。

3. 加强人才队伍建设

(1) 打造高素质的人才队伍

制定适应企业的标准化人才政策，搭建专职标准化人员的职业发展通道，吸引优秀的

一线科研技术人员从事标准化工作。使设计师队伍成为天然的标准化工作人才库。

完善任职资格和培训考核体系，着力培养一批（1～2个）有型号研制背景、精通标准、熟悉业务的复合型高端人才，建立标准化高端人才引进机制，形成专业和管理人才梯队。

建立单位标准化专家库，形成由领军人才、领域专家、业务骨干共同组成的标准化专家队伍。培养并向国家及地方或行业推荐标准化专家。

加强国际标准化人才培养，按照组织管理、技术协调、研究编写、对外交流的不同分工，针对不同岗位人员有针对性地开展培养和考核。培养专业精、能力强、外语好的复合型人才。

（2）完善标准化专业机构建设

在现有的标准化专业机构的基础上，开展各项标准化工作的研究策划工作，为企业各专业标准化工作提升提供技术支撑。

4. 加大基础保障力度

（1）加强交流与合作

进一步加强与国际、国家及各行业等上级标准化主管部门和同行业各级标准化专业研究机构、标准化技术委员会的沟通和交流，建立战略合作，拓展渠道，携手共赢。

（2）积极落实经费保障

按照需要，建立标准化经费投入长效机制，切实落实标准化工作经费，确保标准化工作经费的专款专用，确保标准化工作经费产生实效，为科研生产质量进度等环节减损耗、增效益。

5. 培养企业标准文化

将本行业标准化实践中沉淀的先进理念和优良传统及随着企业技术不断成熟，管理的规范化，不断凝练新理念、赋予新内涵，培育具有企业特色、适应其发展需求的企业标准文化，大力促进标准先行，全局标准。牢固确立标准的权威性，明确标准就是设计过程中的法，是规矩、是经验，更是教训。树立始于标准、终于标准，标准贯穿全过程的理念，营造学标准、用标准、写标准、按标准办事、凭标准放行的气氛，增强员工标准化意识，提升全员标准化素养。适时发布标准化文化理念，完善企业文化体系。

第四节　企业标准化信息平台建设

企业标准化对标准的管理实际上也是对信息的管理。在现今社会，企业标准化信息的管理也由手工管理变为计算机管理，运用信息化对企业标准信息进行管理，可以起到更好的作用。

一、标准化信息工作

标准化信息工作就是对标准化活动过程中所产生的标准化科研成果和实践经验的标准

文献，以及其他领域中与标准化相关的信息资料进行有组织、及时的搜集、加工、存储、传递、分析和研究，并提供服务等一系列活动。

其包含两层含义：

1）标准信息工作是标准化工作的有机组成部门。离开国内外广泛的、多层次的标准化活动，就没有标准信息的来源，标准信息工作就失去了存在和发展的基础。

2）标准信息工作的根本目的是促进企业发展与科技进步。标准信息工作应通过标准信息资源与服务手段建设，最大限度地满足企业生产与经营、科学研究与成果转化、标准化工作等方面对标准信息的需求。

二、标准化信息的范围

在GB/T 15496－2003《企业标准体系要求》中规定了企业应掌握的标准化信息主要有以下方面：

1）企业生产、经营、科技、贸易等方面有效的各种企业标准文本；

2）国内外有关标准化的期刊、出版物、专著；

3）国家和地方有关标准化的法律、法规、规章和规范性文件；

4）有关的国家标准、行业标准、国际标准、国外先进标准、地区标准、技术法规的中、外文本；

5）其他与本企业有关的标准化信息。

三、标准化信息管理的要求

（一）企业应按以下要求搜集、整理、保管和使用标准化信息

1. 建立广泛而稳定的信息搜集渠道。企业应通过与国家或行业的标准出版、发行机构建立供应关系，可以交换、索取等方式加入行业或地方的标准信息网络等。企业可以利用各种途径，与有关方面建立广泛而又稳定的收集渠道，以便能够及时、完整地获得有关的标准化信息资料；

2. 及时地了解并收集有关的标准发布、修订、更改和废止的信息，及时传递到使用部门，做到信息畅通，废止的标准应及时收回；

3. 对收集到的信息进行整理、分类、登记、编目和借阅，做到妥善管理；

4. 收藏的标准信息应及时更替、更改，保持良好的时效性；

5. 建立标准信息服务系统。

（二）建立标准信息服务系统

标准信息服务系统，即指通过信息化手段进行标准化信息管理，实现标准信息资料的加工、检索、管理自动化，减少重复劳动，提高工作效率，节省时间、节省人力和物力。

标准信息服务系统是为应用实施提供咨询服务的平台，对于标准化工作提供全面的信息服务，一般可实现如下功能。

（1）标准法规、新闻等信息的浏览

包括国家、行业及企业的标准化法规、政策的浏览及查询；标准化资料的浏览及下载；国家、行业及企业的标准化工作动态、新闻的浏览及查询。

（2）国内外标准的查询及浏览

建立标准资源数据库，提供国外标准、国家标准、行业标准的目录及全文等。

（3）提供岗位标准目录的查询及浏览

实现基于用户的岗位标准目录列表的查询。用户可选择自己的岗位，根据各单位的岗位标准目录，生成用户的标准订阅列表。

（4）标准实施意见反馈

科研人员所提出的问题即时传递到相关标准化人员手中，同时标准化人员也能够及时将问题的处理情况返回给科研人员，实现标准的闭环管理。

四、利用信息平台管理标准信息

依据标准化信息收集范围建立的标准信息化平台，依据企业的标准化需求进行定制，一般考虑从以下 6 个方面进行收集与利用：各级标准资料、标准化审查利用、岗位标准实施目录、标准件库信息、通用产品库及标准基础知识宣贯。

[示例 2-14]　某企业标准化信息平台管理示例

某企业标准信息平台管理框架设计见图 2-4。

1. 标准化审查管理

标准化审查管理有效解决了传统标准化审查工作中存在的数据分散、再利用率低等问题。平台将标审信息进行电子化管理，对相同、相似问题进行统计，丰富了数据源，为标准化工作的综合分析提供证实性材料。

平台与邮件系统集成，实现了标审意见批量自动发送到设计人员手中，提高了工作效率。除此之外还可以掌握标准的执行情况，为有针对性地开展标准宣贯打好基础，从而最大程度地发挥标准化审查的作用，真正实现标准化审查与设计工作的良性互动，提升企业软实力。

2. 岗位标准实施目录

岗位标准实施目录与各岗位应用相结合，构建了标准在科研生产一线的实施和应用系统。岗位标准实施目录明确了各岗位应掌握哪些标准，了解哪些标准。平台操作界面相对于原来的电子文件操作更为方便，重点也更为突出。平台实现了在添加引用标准时的快速筛选，实现了标准的增删改查功能，方便标准化人员对目录的动态管理。

另外，在对文件进行标准化审查时，将文件引用的标准列入审查项中，通过对比文件所用到的标准和岗位标准实施目录中对应部分的标准，掌握标准的应用情况，对岗位标准实施目录进行动态管理和及时更新，切实将岗位标准实施目录运转起来，更好地实施标准的监督检查。

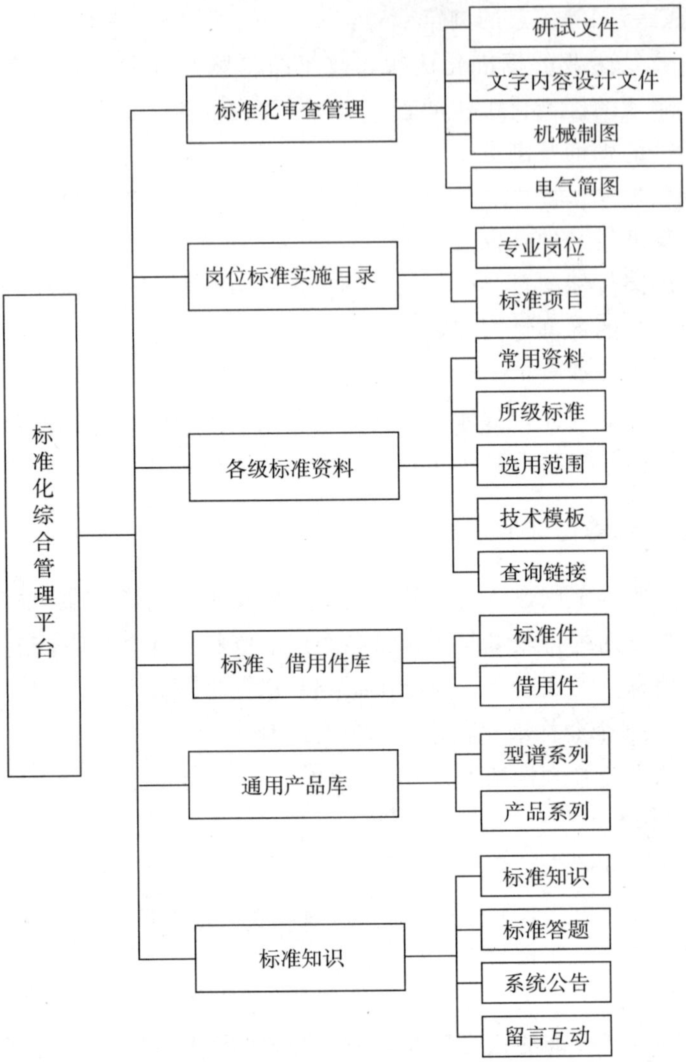

图 2-4　标准化综合管理平台

3. 各级标准资料

该平台可以实现对国家标准、国家军用标准、航天行业标准、航空行业标准、院标及所标的查询。对标准资料的查询方式进行了整合优化，将常用的标准查询链接集中管理，并将本单位设计过程中常用的标准资料如常用标准、选用范围、所级标准、技术模板、纸质标准扫描件等进行整理归纳，分门别类导入系统，方便设计人员查阅和下载。实现了进入此平台就能查到标准或者进入相关查询系统的功能，统一了设计人员使用的系统界面，简化了操作。

4. 标准、借用件库

标准、借用件库建立在各产品采用的标准、借用件的基础上，通过统计列入该库后，可以方便设计人员选用，降低产品成本；标准化人员利用该信息有利于量化标准化经济效益，方便计算。

5. 通用产品库

通用产品库建立在通用产品的基础上，其目的是减少产品的重复设计和研制，提高型号研制效率效益和质量与可靠性，实现基于产品型谱的产品规划、开发与选用的良性循环，规范推广通用产品选用，提升产品化管理水平。其应包含单机、子系统、分系统产品。

6. 标准知识

平台设立了标准知识栏目，对标准实施过程中发现的问题进行整理，为设计人员学习提供了便捷的渠道；对型号研制过程中的标准化工作经验也及时进行总结，从而在全单位范围内得到推广。平台开发了标准答题板块，定期开展全员答题活动，采用系统自动评分，为量化考核提供依据。通过数据统计分析使标准宣贯针对性更强，彻底去除了以往纸质答卷成本高、统计难的弊端，节省了大量的人力、物力。

平台设立了公告留言板块确保沟通渠道顺畅，包括标准化工作动态、相关工作通知、用户留言等。此栏目的设定，有利于广泛收集研制、管理工作在标准化方面的需求信息，以及对标准化工作的建议。通过互动模块及时准确地了解型号管理研制工作对各种信息的需求和使用，还能根据标准使用情况的反馈实现标准使用的监督检查，有效提高标准化信息服务质量。

第三章　综合标准化

在第一章中我们介绍了标准化发展的历程，谈论到目前我们处在“现代标准化阶段”，那么，“现代标准化阶段”最突出的一个特点就是综合标准化方法的应用。

随着工业化大规模生产的发展，生产一个产品所涉及的领域从单个专业向多个专业、集成化专业发展，产品的研制生产日趋复杂和多样化，从产品整体成本的降低、质量的提高等方面的要求也越来越突出，那么如何做到全面考虑、全面测评；如何运用系统理论和方法将其达到最优化，综合标准化方法便成为企业标准化工作的一个重点方向。

综合标准化是一种在一定空间和时间内综合地、成套地解决问题的方法。综合标准化的产生是随着企业由计划经济向市场经济转化过程中而出现的，是随着标准化的主要任务由制定标准转向解决问题而出现的。综合标准化是想企业所想、急企业所急，它更加注重实施和效益，因此综合标准化成为实现企业标准化中一项重要的工作方法。

第一节　概述

综合标准化是标准化的一种新方法，是从传统的标准化的基础上发展而来的，是对标准化观念和理论的创新，是科学的方法论。

一、概念

在企业标准化工作中，为达到确定的目标，运用系统分析方法，建立标准综合体并贯彻实施的标准化活动，我们将其称为综合标准化。

从其定义可知，综合标准化是以解决问题为目的，主张适用性，追求标准之间互相关联、协调，能形成一个最佳有机整体。

企业的综合标准化需要具备以下 4 个要点：

1）明确的目标。

2）系统分析方法，即系统工程的方法。

3）标准综合体，即综合标准化对象及其相关要素按其内在联系或功能要求，以整体效益最佳为目标，形成建立的相关指标协调、优化、相互配合的成套标准。

4）贯彻实施。综合标准化是系统科学与标准化相结合的产物，它是在标准化工作同产品研制生产的发展过程中，逐步认知并与理论知识相结合而来的；它是以系统理论为指导，遵循系统分析方法开展的标准化活动。

二、综合标准化是方法论

综合标准化不仅是企业标准化的一种方法，也是一种企业标准化的科学方法论。它是为了达到确定的目标，运用系统分析方法，建立标准综合体，并贯彻实施的标准化活动，以目标导向、系统分析和整体协调为现代理论体系的基础。因此目标导向、系统分析和整体协调是综合标准化方法论的三块基石。

（一）目标导向

目标导向指综合标准化将目的转化为目标，并且以目标先导引领标准化全过程。

“目标”是整体目标，是将综合标准化对象及其相关要素视为一个整体，从整体效果最佳出发确定目标，它把传统的、单个的、分散的、互不统一的目标变为统一的、而且是整体最佳目标。

为提出并确定整体最佳目标需全面权衡、分析论证，比较后选出最佳方案，有时需要为整体目标的最佳，舍弃单个最佳方案。

目标即是综合标准化的起点，同时也是综合标准化的归宿，伴随综合标准化的全过程。目标的制定应尽可能地量化、易于判别。

[示例 3－1]　目标制定示例

制定某个项目标准综合体规划时，要以总体目标为根据，找出相关要素，要将总目标分解，确立各相关要素的目标，要将相关要素的目标落实到每个标准，实施标准过程中的检查、评价、验收都是围绕这个目标在起指引和导向。

为明确设计人员的工作程序、内容，完善对设计人员进行的上岗培训，准备制定设计人员岗位操作手册，依据要达到的目标，首先明确相关要素，各个岗位对总目标（提高、规范设计工作程序内容）进行分解，对确立提高规范的相关要素（从岗位职责、工作流程、完成形式、在完成工作过程中需具备的条件、注意问题等）进行明确，从而形成各岗位的工作标准，依据工作标准进行上岗前培训，工作过程检查、评价。以上是较简单的一项综合标准化工作项目。

（二）系统分析

系统分析是系统工程的主要方法，是以系统整体效益为目标，寻求解决特定问题的最佳可行方案，为决策者提供判断的依据。可以有选择地采用系统分析的具体方法和工具，如规划论，预测技术，构思方法，技术经济分析，模拟技术，评价方法等研究方法，提出各种可行方案和替代方案，进行定性与定量分析和评价，从而最大限度地减少决策失误。

（三）整体协调

整体协调的实质是整体优化，协调是方法，优化是目的。

通过整体协调，是针对综合标准化对象及其相关要素所制定的全套标准，形成一个互相支持，互相配合的有机整体。这个有机整体中的每一个标准都必须放到系统中加以考察和调整，都必须符合系统整体的要求。因此整体协调简单地说，就是为实现最佳整体目标而制定的全部标准，根据总目标的要求同时相互协调。通过协调建立起要素（标准）之间的联系，如系统的输入与输出之间的联系，系统之间的层次联系，系统的所有组成部分中的参数和变量与系统特定功能之间的关系等。这些相互作用、相互依赖的联系建立起来，形成了有机整体。

[示例 3-2]　标准之间的整体协调示例

在 20 世纪 90 年代以前，航天行业针对设计过程产生的文件均有规定，是分散的，是依据需求制定的，当时的 QJ 1714.1～1714.12—1989 是由 QJ 1～QJ 12—1981 修订而来来的，后来经过工作需求又分别针对研试文件编制了 QJ 1167，针对软件文档编制了 QJ 1912，但它们之间均是独立的，没有从整体进行协调，在综合标准化理念的指导下，确立目标完善设计生产过程文件的规定，对其进行分析后确定在生产研制过程中涉及的文件种类有设计文件、研试文件、工艺文件及软件文档四类，针对各类文件应有其应用指南。分别考虑整体的协调性（如研试文件的种类与设计文件种类的协调、文件编号的协调等），应同时考虑文件的完整性（如各类任务书的编制），签署等要求的协调（如研试、设计、工艺及软件文档之间各级签署的职责、等级要求等），因此制定了 QJ 1714B—2011、QJ 1167A—2011、QJ 19A—1995、QJ 1010A—1995、QJ 3096A—2011、QJ 3092A—2011、QJ 3098—1999、QJ 2549—1993、QJ 13A—1997、QJ 1912.1～1912.6—1999、QJ 1912.7—2003、QJ 903B—2011、QJ 2999—1997 等一系列标准。

三、综合标准化与传统标准化的关系

传统标准化是从无到有的过程，综合标准化是在传统标准化的基础上总结、发展、创新出来的。传统标准化一般是指工业化时代开创的标准化，它对技术进步缺乏敏感度，它通常是为制定标准而制定，关注标准的数量增长而对其实施关注较少。在标准制定过程中也是单个的、分散的和孤立的，对从整体上解决问题考虑得较少。从表 3-1 可以看出综合标准化与传统标准化的区别。

表 3-1　综合标准化与传统标准化的关系

项目	传统标准化	综合标准化
目的	制定标准，各标准的目的互不相同	多个标准相互协调，目的集中
解决对象	个别、具体的问题	综合性问题（可以跨行业、部门）
目标	追求标准数量，单个标准水平的提高	标准够用、适用即可
制定	单个制定或系列制定	成套制定
计划性	仅制（修）订标准有计划性	计划覆盖全过程［制（修）订、实施、检查及改进］
应用性	重制定，为制定主导型	重应用并追求应用效果
反馈机制	无反馈机制	有反馈机制
过程控制	无反馈、无跟踪、无验收考核	闭环控制
指标参数	协调代价高	统一、整体协调
系统性	标准之间关联性差或无关联	各要素间关联性高、系统性强
效益	效益显现度较差，不易定量分析	明显，能提供较强的定量分析信息
实用性	标准系统日益复杂、繁多，使用更新不便	实用性强，针对性强
两者关系	为综合标准化打基础，提供资源	弥补常规标准化的缺陷和不足

四、综合标准化与型号标准化的关系

型号标准化是中国军工系统标准化工作者，在系统理论指导下，总结了综合标准化的实践经验，结合国防科研的新形势和新要求，在标准化方法论上的创新。

综合标准化以目标为导向，沿着总目标、分目标，建立标准综合体、实施标准，实现预定目标的逻辑过程进行。型号标准化是以过程为导向，沿着立项、型号研究、型号设计、型号试制、型号定型、型号生产的过程开展标准化工作。这两种方法，各具特色，相互补充。目标中有过程，过程中有目标，交叉并用，从而达到最佳效果。其具体关系见表3－2。

表3－2　综合标准化与型号标准化的关系

项目	综合标准化	型号标准化
关注点	标准协调，效益最大化	注重研制全过程的指导和控制
对象	综合性问题，对象可大可小，可以是某一产品亦可以是某一项目、分系统或系统	大型、复杂的工程系统
涉及范围	可以是跨行业、跨部门、跨企业的	一定是跨行业、跨部门、跨企业的
目标	标准仅涉及产品，够用、适用即可	标准不仅涉及产品还涉及相关的管理工作机构
结构	以主体为核心、由相关要素组成隶属关系结构，结构稳定、有序度高	内在联系及层次联系组成有机整体
列入项目	仅涉及标准	不仅包含有标准代号的标准还包含具有文件代号的法规性文件（如：型号研制程序、定型条例等）
工作阶段的划分	以工作顺序为依据划分准备阶段、规划阶段、制定标准阶段和实施阶段	以型号研制为基础进行划分标准化工作即论证、方案、研制、定型阶段、批生产
工作内容	涉及标准的制（修）订计划覆盖全过程[制（修）订、实施、检查及改进]	除涉及标准的制（修）订工作外，标准化审查和协调生产过程标准化问题亦是重要工作
动态特性	更新调整容易	标准一经选用，基本是不允许变动的

第二节　企业综合标准化过程

一、阶段的划分

企业综合标准化是一项有组织、有计划的标准化活动，企业应针对各个时期的重点任务及问题，作为企业标准化的工作重点，开展综合标准化活动。

企业开展综合标准化活动一般按计划、执行、检查及修正4个阶段进行，即PDCA循环过程，见图3－1。

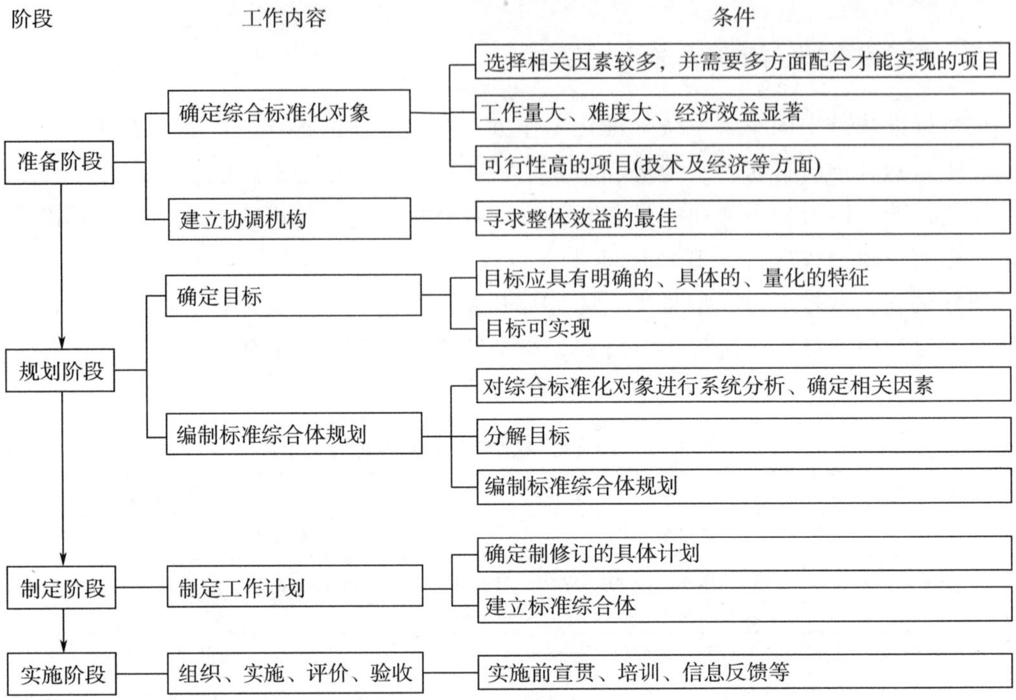

图 3-1 企业综合标准化阶段

二、标准综合体

在讨论综合标准化概念时，其中的一个要点是建立标准综合体，那么什么是标准综合体？标准综合体又如何建立呢？GB/T 12366—2009 给出了标准综合体的定义——综合标准化对象及其相关因素按其内在联系或功能要求形成的相关协调优化、相互配合的成套标准。其特征见表 3-3，建立方式可参见图 3-2。

表 3-3 标准综合体的特征

特征	含义	内容
成套标准	量	实现综合标准化目标相关的全部标准和集合
	质	标准是有序的，即相关指标协调优化并相互配合
构成要素	物质因素	形成综合标准化对象物理实体所需的标准
	非物质因素	实现综合标准化目标必不可少的规范性文件
有机整体	具有特定功能	是标准综合体建设的核心

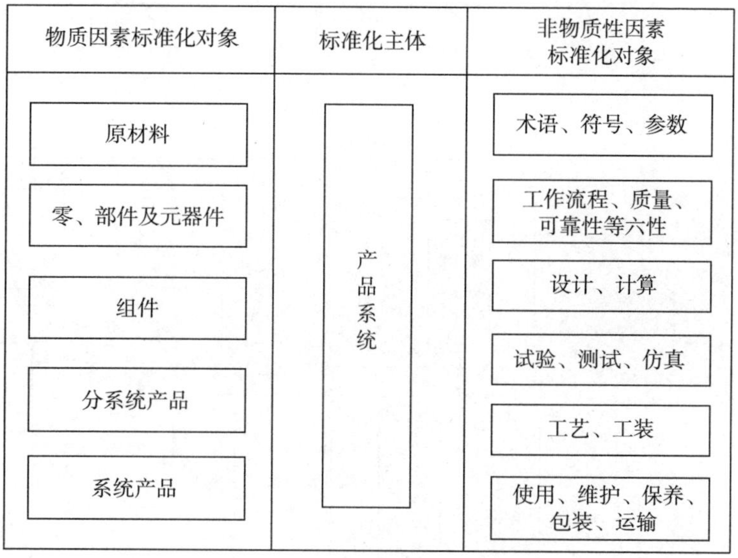

图 3－2　标准综合体的建立方式

第三节　企业标准化系统工程

一、概述

企业综合标准化即企业标准化系统工程。

企业标准化系统工程（见图 3－3），即以系统工程的方法论从宏观上组织管理企业标准化活动，也就是把系统工程的理论和方法应用到企业标准化这一总体过程中。企业标准化系统工程实质上是以系统工程组织管理技术与企业标准化相结合，使企业建立起完善的标准系统和标准化工作系统，从而确保企业及其工程对象系统获得最佳秩序和最佳经济效益。

企业标准系统的最基本要素是标准，各个标准在标准系统中依靠相互依存、相互联系、相互制约、相互协调的关系而形成的有机整体，就是标准系统的结构形式。企业在开展综合标准化工程中，每实施一个综合标准化项目都会形成一个标准综合体，即标准系统，这样每个综合标准化项目就构成了企业标准系统的核心要素。

企业标准化工作系统，是企业标准化的管理机构和有关参与人员集合的总称，负责具体制定和贯彻实施标准。

企业标准化系统工程依存主体是：型号标准系统工程、产品项目标准系统工程、管理机构和参与人员（直接服务的对象）。

从图 3－3 看出，企业标准化系统工程是将系统工程的科学方法应用到企业标准化中，从而形成企业标准化系统工程。企业标准化系统工程研究对象包括：标准系统、标准化工作系统及各自依存主体的系统，其中：标准系统和标准化工作系统为直接研究对象，而其

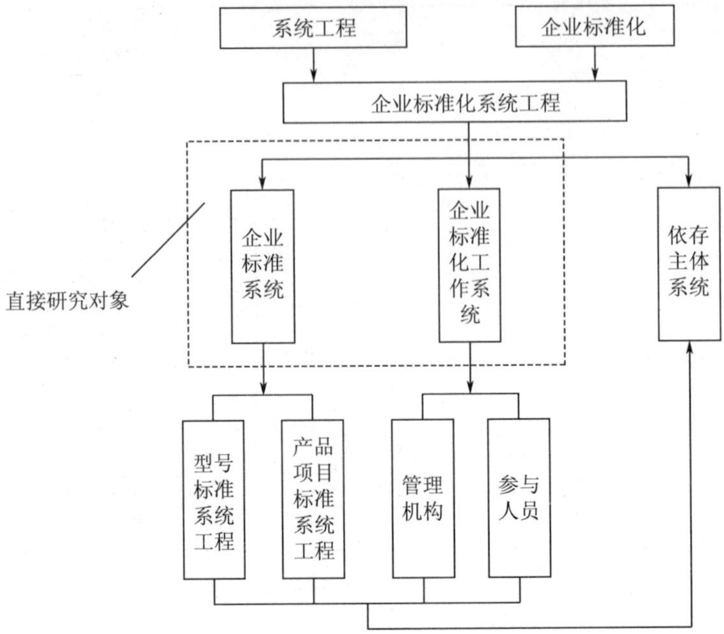

图 3-3　企业标准化系统工程

依存的主体系统则为间接研究对象，如目前我集团实施的航天标准化工程项目，即企业标准化系统过程的具体实施项目。

“标准系统工程”是1979年由著名科学家钱学森提出的。“综合标准化”20世纪60年代起源于苏联，因此，在航天系统更早灌输与应用的是“标准系统工程的特点”的概念。根据我们前面讲解的综合标准化所固有的理论基础和系统工程的特点，因此也可以说综合标准化具备了标准系统工程的属性，主要表现在综合标准化把标准提升到系统水平；实践了系统论的基本思想；模块化结构使标准系统具有动态性，奠定了现代标准化的方法论基础。

二、主要特性

企业的研制、生产全过程是由技术和管理两部分组成的，是把以技术为基础的直接作业和以管理为基础的间接作业相结合，构成有紧密联系的生产活动。研究直接作业活动的规律，以标准的形式固定下来，就是技术标准；研究间接作业运行的规律以标准的形式固定下来，就是管理标准（含工作标准）；研究直接作业和间接作业联系的标准化规律，以标准的形式固定下来，就是技术管理标准化。

[示例 3-3]　企业技术和管理标准关系图

其关系见图 3-4，主要特性如下。

综合性：跨越技术和管理两大领域，是企业内部综合程度最高的活动领域。

技术性：研究共性的技术，是标准化的基本原则；发掘共性，优选和技术稳定的过程；开发各项工作的潜在能量的特种技术。

效益性：通过进行标准化效果的统计分析，评价宣传企业标准化取得的实际效益。

继承性：表现在标准的制、修订过程中，一般以标准化系数、通用化系数、借用件系数等参数作为定量指标。

法规性：上级标准一经选用，就必须贯彻执行，在企业内部就变成强制性标准，从而使企业标准化具有鲜明的立法执法特征。

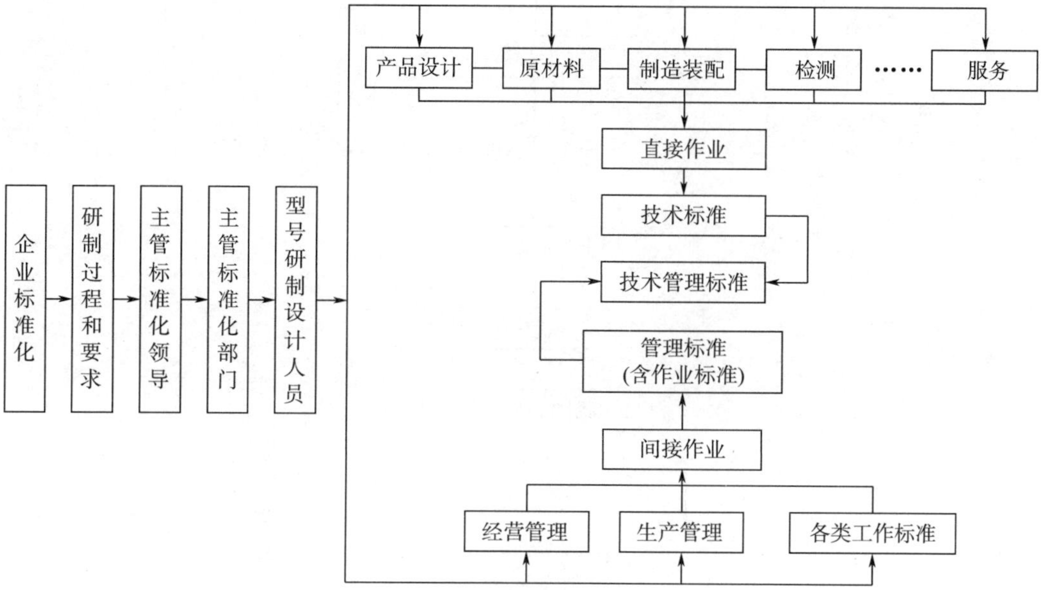

图 3－4　企业技术和管理标准关系图

三、企业标准化系统工程工作流程

企业标准化系统工程工作流程可以理解为一个 PDCA 循环的过程，即：选择对象，建立协调机构，确定目标。目标分解到：

编制标准综合体规划和制定工作计划——P（计划）；

建立标准综合体和组织实施——D（执行）；

跟踪检查，记录到反馈信息——C（检查）；

审查、评价到验收或再改进——A（修正）。

标准化是一项活动，这项活动包括计划、执行、检查及修正，即 PDCA 循环，只有走完这个过程，才能称其为标准化，而综合标准化就是全过程的标准化。

[示例 3－4]　企业标准化系统工程工作流程推荐示例

图 3－5 是推荐的企业标准化系统工程工作流程。它实现了企业标准化 PDCA 循环。

四、企业标准系统的建立

以图 3－5 为基础，企业标准化系统工程中直接研究对象之一的标准系统随着企业的生产、技术、管理的发展，以及构成该系统的标准集合程度、集合水平而不断地发展并被

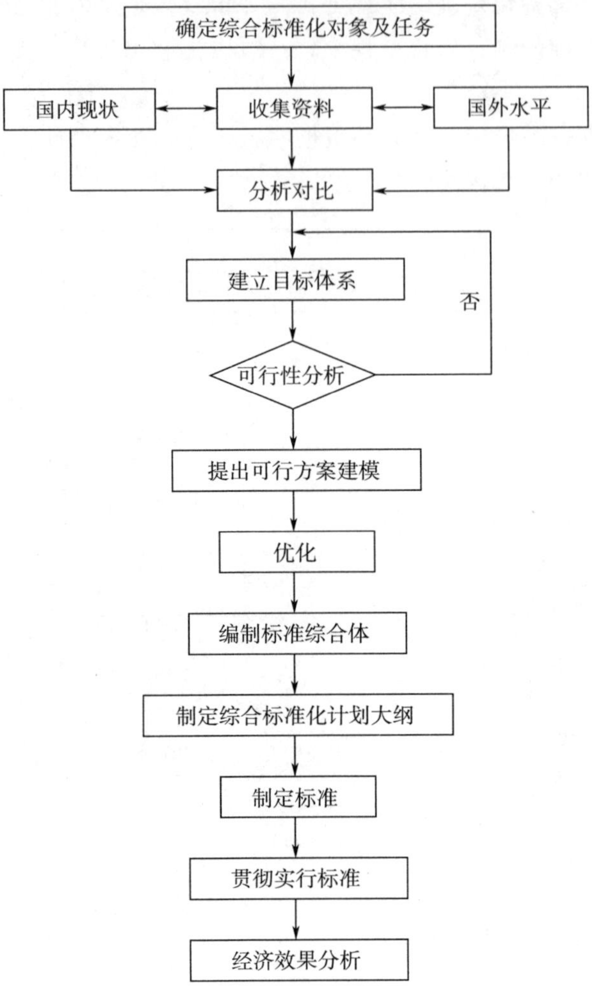

图 3-5　企业标准化系统工程工作流程

赋予新的内容，企业标准系统是动态的、开放的系统。它具有目的性、系统性、层次性、阶段性和动态性 5 个方面的特征。

构成企业标准系统的内容是指企业在一定范围内生产、技术、管理活动中所需要的各项标准，包括现行有效的标准和可预计到应制（修）订的全部标准，按照其性质，类别和隶属关系，配套协调关系等构成一个完整的有机整体。企业标准系统的目标不同，其依存主体对象亦不同。因此，标准化系统与依存主体对象在结构上有着密切的关系，不同的结构形式产生不同的功能，满足不同的要求。如：就某个具体产品而言，也可以说是一个“系统”。例：火工品的标准所包含的产品分类、技术要求、试验方法、检验规则、标志、包装、运输、贮存等内容，便是组成这个“系统”的要素。

（一）分类

企业标准化涉及企业技术、生产、经营和管理活动的诸多方面，而且每个方面的活动最终以标准的形式出现。企业不仅制定和贯彻执行自己的企业标准，同时还要采用大量的国际、国家、行业标准。按照企业的经营模式及国家标准要求，一般是“技术标准为主体，包括工作标准和管理标准在内的企业标准系统。”

[示例 3-5]　企业标准系统关系

企业标准系统示例简图见图 3-6。

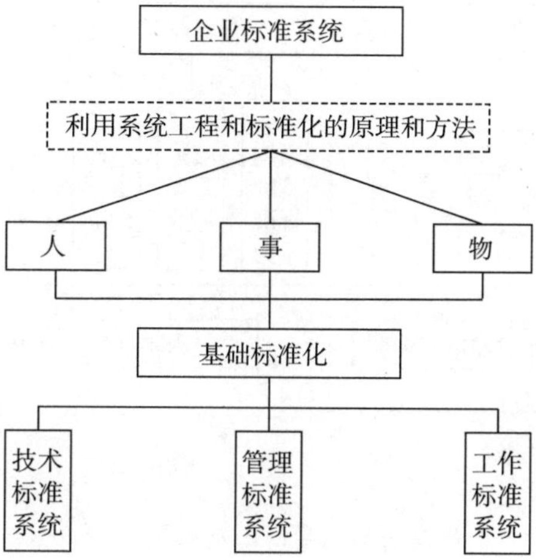

图 3-6　企业标准系统简图

（二）结构形式

企业标准系统的最终表现形式是企业标准体系表。主要有“层次结构”和“以产品为中心与层次结构相结合的综合结构”两种形式。

1. 层次结构

层次结构是根据系统工程原理和系统分析方法，对企业内的共性标准和个性标准的集合进行“层次恰当”和“分工明确”的排列而产生的层次结构体系。根据标准的适用范围和标准属性，合理地将每项标准放在相应层次上。共性标准按照标准的共性程度，依次从高层到低层排列，个性标准均排列在最下层。一项标准只能出现一次。

2. 以产品为中心与层次结构相结合的综合结构

此结构是在层次结构的基础上发展出来的，主要是针对技术标准而言的。其管理标准和工作标准系统与层次结构一致，它突出了按产品的分类及其层次的划分。

[示例 3-6]　以产品为中心与层次结构相结合的综合结构示例

图 3-7 展示了以产品为中心与层次结构相结合的综合结构。

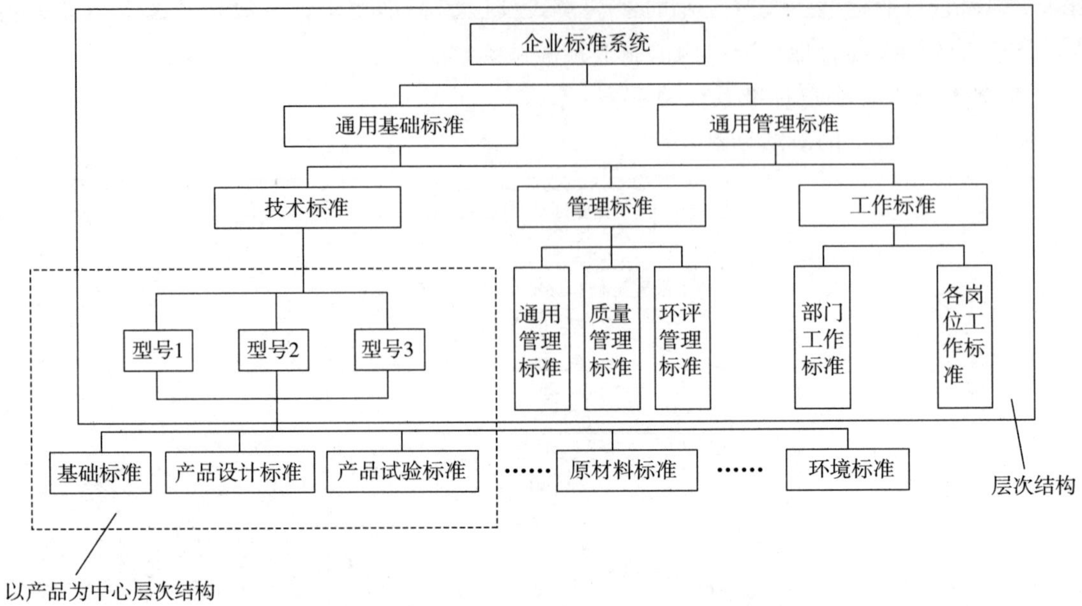

图 3-7　以产品为中心与层次结构相结合的综合结构

第四章　型号标准化

型号标准化是以某特定型号为主体对象而开展的标准化工作。型号标准化是型号研制工作的组成部分，在型号研制中起技术指导和保障作用。型号标准化是提高型号研制产品质量和装备效能、缩短研制周期、降低研制成本的重要保证，也是确保型号研制获得最佳秩序和最佳经济效益的有效途径。

型号标准化的发展促进和带动了整个航天标准化工作的发展。型号标准化是一项系统性很强的工作。从层次看，包含了从系统、分系统到设备的多层次的标准化工作；从过程看，包含了从方案论证到定型（批产）、交付使用时间跨度很大的全过程的标准化工作。随着新标准的不断颁发，新技术不断充实到型号研制中，任务要求不断调整，型号标准化工作必须实施动态管理。

第一节　概述

一、型号标准化的基本任务及工作内容

型号标准化工作的基本任务是在型号研制中实施标准和标准化要求及对标准实施情况进行监督、检查，开展产品通用化、系列化、组合化（即“三化”）设计，并根据型号研制需要，补充制定有关标准。

型号标准化是围绕型号研制任务开展的。由于型号研制任务在不同研制阶段有所不同，这就决定了型号标准化工作任务和工作内容是随型号研制阶段的变化有所区别的。型号研制程序是制定型号标准化工作程序的依据，航天系统各类型号研制程序不尽相同，标准化工作程序也有所差异。根据上级单位颁布的有关文件规定，航天型号的研制程序如表4-1所示。

表4-1　航天型号研制程序

<table>
<tr><td>型号类别</td><td colspan="6">研制程序</td></tr>
<tr><td rowspan="2">导弹</td><td rowspan="2">论证阶段</td><td rowspan="2">方案阶段</td><td colspan="2">工程研制阶段</td><td colspan="2">定型阶段</td></tr>
<tr><td>初样</td><td>试样</td><td>设计定型</td><td>工艺定型</td></tr>
<tr><td rowspan="2">运载火箭</td><td rowspan="2">论证阶段</td><td rowspan="2">方案阶段</td><td colspan="2">工程研制阶段</td><td colspan="2" rowspan="2">应用发射阶段</td></tr>
<tr><td>初样</td><td>试样</td></tr>
<tr><td rowspan="2">航天器</td><td rowspan="2">论证阶段</td><td rowspan="2">方案阶段</td><td colspan="2">工程研制阶段</td><td colspan="2" rowspan="2">使用改进阶段</td></tr>
<tr><td>初样</td><td>正样</td></tr>
</table>

二、型号研制标准化工作程序

型号研制程序是制定型号标准化工作程序的依据。各类航天型号研制程序不尽相同，各个阶段的标准化工作也不尽相同。考虑到各类航天型号在相同研制阶段内，标准化工作的任务及内容虽有差异，但也具有共同特征。本文将型号研制程序分为论证、方案、工程研制、设计定型（鉴定）和生产（工艺）定型5个阶段，给出航天型号标准化工作的一般模式。在实际工作中，由于各类型号的研制程序和研制规模、周期及工作内容不同，型号各阶段的标准化工作的任务、内容及形成的标准化文件也有所差异，可视特定型号研制的具体情况予以剪裁。

型号研制各阶段标准化工作程序如图4-1所示。

第二节　型号研制各阶段标准化工作

型号标准化是型号研制工作的组成部分，贯穿于型号研制全过程的各个领域，即从型号战术技术指标论证到型号定型验收，从产品设计到试制、试验和生产都包含有标准化工作。

一、论证阶段标准化工作

论证阶段型号研制的主要工作是进行作战使命任务、技术指标、初步总体方案、研制经费概算等的论证，形成综合立项论证报告或研制要求（含标准化要求）。论证阶段的标准化工作是型号标准化工作的起点。

（一）论证阶段型号标准化的主要任务

论证阶段型号标准化的主要任务：一是根据型号研制特点进行标准化要求的论证；二是贯彻装备体制系列或航天器研制系列，在提出技术指标的同时提出贯彻标准和保证新产品总体性能及可靠性、维修性、安全性、互换性、环境适用性等方面的标准化要求。在这些指标要求中，如已制定了相应的标准，在对某项指标提出具体参数值要求的同时，应提出贯彻相应标准的要求，或是结合型号具体情况提出对该标准进行剪裁的贯彻要求，以保证该项指标的实现。

（二）论证阶段标准化工作的主要内容

1. 收集国内外类似型号研制的标准化信息

信息是论证的基础，论证前要广泛收集国内外类似型号研制的有关标准化信息。例如，搞清楚国外有无与论证型号性能相当的类似型号，其技术指标及标准化要求是如何提出的，所依据的标准有哪些，国内同类型号的论证情况等，使论证工作有所借鉴。

2. 进行标准化要求的论证

标准化要求的论证工作主要由使用部门负责，研制部门参加。标准化要求的主要内容有：

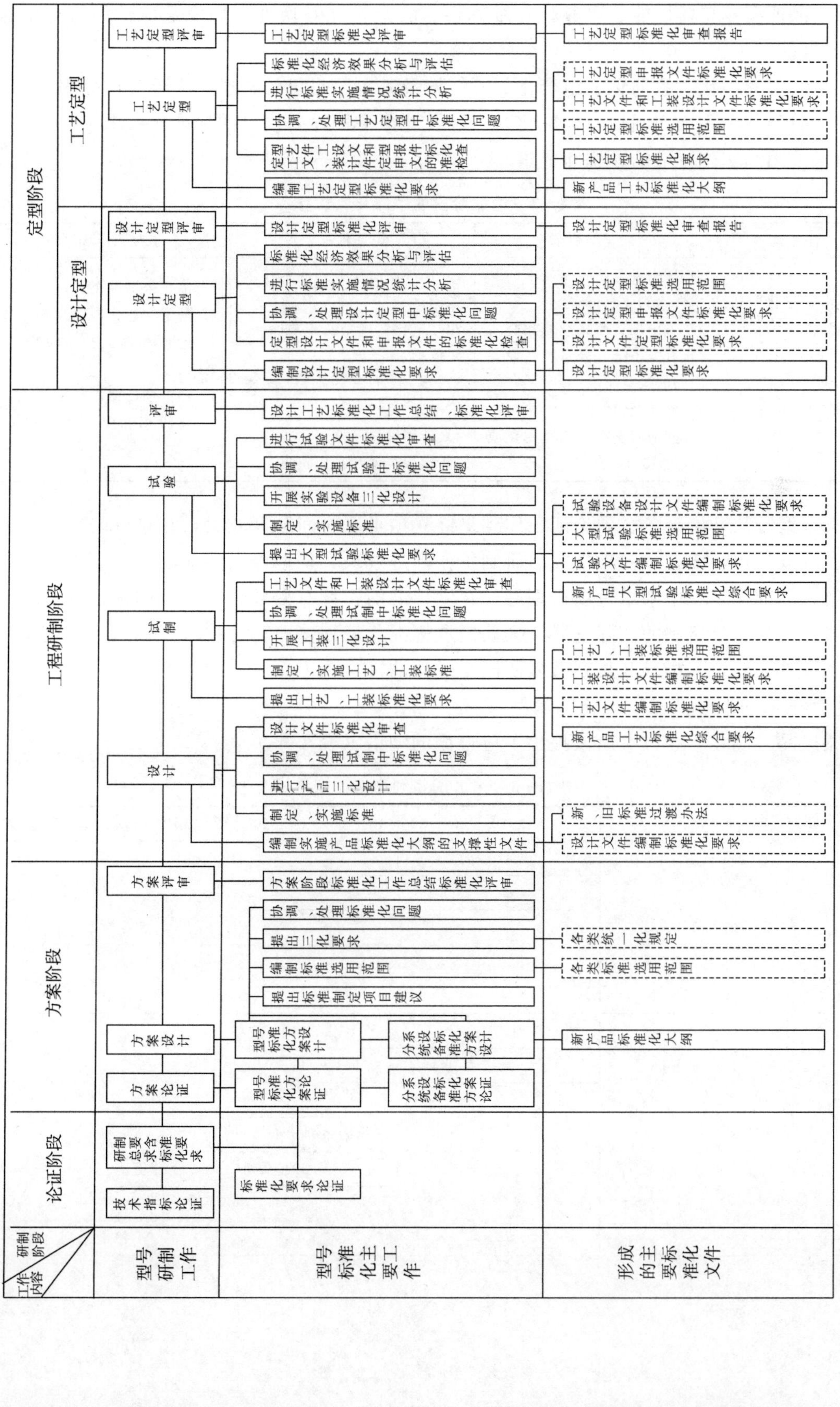

图4-1　型号研制各阶段标准化工作程序

1）保证型号总体性能、可靠性、维修性、安全性、互换性、环境适应性等方面的标准化要求；

2）实现通用化、系列化、组合化的可能性及其主要对象的选择，主要工作见表 4-2；

3）明确各个系统之间接口标准化要求以及地面专用设备接口的标准化要求；

4）采用和实施标准的原则和要求。

表 4-2　论证阶段的“三化”工作

任务	“三化”要求	论证依据	主要工作程序
1）提出“三化”初步设想； 2）提出“三化”目标和要求； 3）投标书中提出“三化”初步方案	1）采用现有产品和技术的继承性比例要求； 2）采用现有产品资源要求； 3）有关系统、分系统、设备之间的接口要求； 4）验证及组织管理要求； 5）同期研制产品的通用化或兼容性要求	1）作战使命任务和战术技术指标； 2）“三化”规划及相关标准、规范； 3）现有资源条件和技术水平； 4）使用维修要求； 5）类似装备存在的问题	1）消化依据性文件； 2）搜索“三化”资源； 3）论证和提出初步设想和要求； 4）评审和反馈； 5）将设想和要求纳入相关文件

有些型号从开始准备立项论证工作到最终立项批复时间跨度较大，在这一时期，型号研制多阶段并行，而型号立项批复后研制工作推进较快，是型号立项前的工作新特点。例如，航天标准化工程中某示范项目型号，在立项之前，针对型号研制跨越的论证和方案两个阶段，结合型号研制的实际进展，提前开展标准化策划，即配合技术指标提出需贯彻的标准和标准化要求，指导和规划型号研制全过程的标准化工作。

[示例 4-1]　产品“三化”示例

某产品“三化”在方案阶段提出了应遵循的型谱（表 4-3）。

表 4-3　××阀系列型谱总表

<table>
<tr><th>额定流量/（L/min）</th><th>1</th><th>5</th><th>10</th><th>20</th><th>30</th><th>40</th><th>60</th><th>80</th><th>100</th><th>120</th><th>150</th><th>180</th><th>200</th><th>250</th><th>300</th></tr>
<tr><td rowspan="5">阀芯直径/mm</td><td colspan="5">4.5</td><td></td><td></td><td></td><td></td><td></td><td></td><td></td><td></td><td></td><td></td></tr>
<tr><td></td><td colspan="7">6.4</td><td></td><td></td><td></td><td></td><td></td><td></td><td></td></tr>
<tr><td></td><td></td><td></td><td></td><td></td><td colspan="5">9.4</td><td></td><td></td><td></td><td></td><td></td></tr>
<tr><td></td><td></td><td></td><td></td><td></td><td></td><td></td><td></td><td colspan="4">12.5</td><td></td><td></td><td></td></tr>
<tr><td></td><td></td><td></td><td></td><td></td><td></td><td></td><td></td><td></td><td></td><td colspan="5">15</td></tr>
<tr><td rowspan="7">液压接口</td><td colspan="2">第一系列</td><td></td><td></td><td></td><td></td><td></td><td></td><td></td><td></td><td></td><td></td><td></td><td></td><td></td></tr>
<tr><td colspan="6">第二系列</td><td></td><td></td><td></td><td></td><td></td><td></td><td></td><td></td><td></td></tr>
<tr><td></td><td colspan="7">第三系列</td><td></td><td></td><td></td><td></td><td></td><td></td><td></td></tr>
<tr><td></td><td></td><td></td><td></td><td colspan="5">第四系列</td><td></td><td></td><td></td><td></td><td></td><td></td></tr>
<tr><td></td><td></td><td></td><td></td><td></td><td colspan="6">第五系列</td><td></td><td></td><td></td><td></td></tr>
<tr><td></td><td></td><td></td><td></td><td></td><td></td><td></td><td colspan="5">第六系列</td><td></td><td></td><td></td></tr>
<tr><td></td><td></td><td></td><td></td><td></td><td></td><td></td><td></td><td></td><td></td><td colspan="5">第七系列</td></tr>
</table>

续表

额定流量/（L/min）		1	5	10	20	30	40	60	80	100	120	150	180	200	250	300
基本型	喷嘴档板	①	⊙	③	⊙	⊙	⊙	⊙	⑤	⊙	⊙	⊙	⊙			
	偏导射流				⊙	⊙			④	④	④	⊙	⊙	⊙	⊙	
	射流管											⊙				
动压反馈	喷嘴档板		⊙		⊙	⊙			⊙	⊙						
	偏导射流				⊙	⊙										
	射流管															
机械反馈	喷嘴档板				⊙	⊙										
	偏导射流				⊙	⊙										
	射流管											⊙	⊙	⊙	⊙	
多余度	喷嘴档板		⊙									⊙				
	偏导射流															
	射流管															

注：①已有产品的安装面为安装面 1 系列；

②已有产品的安装面为安装面 2 系列，以下类推；

⊙代表军工已有产品，但液压接口与系列不符。

（三）在投标时针对招标书中的标准化要求提出实施方案

当型号研制采用招标形式确定研制单位时，投标单位应根据型号任务针对招标书中的标准化要求，进行充分分析、综合论证，提出标准化要求的实施方案，纳入投标书中。

（四）论证阶段形成的标准化文件

在论证阶段，主要是进行型号标准化要求的前期论证，提出型号研制的标准化要求，标准化要求一般纳入研制总要求。

二、方案阶段标准化工作

方案阶段型号研制工作包括方案论证、方案设计和方案评审。

方案阶段标准化工作是确定型号标准化工作要求和计划的关键阶段。该阶段要确定整个型号标准化的方案，全面规划并绘制好型号标准化工作的蓝图。

方案阶段的标准化工作对型号研制各阶段的标准化工作还具有承前启后的作用。即将论证阶段提出的标准化要求经过本阶段的分析、论证和细化，提出贯彻和实现这些要求的措施和办法，进而将这些要求转化成指导型号标准化工作开展的具体方案，为后续研制阶段开展型号标准化工作确立目标、提供依据。因此，方案阶段标准化工作的好坏，对整个型号标准化工作具有决定性的意义。

（一）方案阶段标准化的主要任务

方案阶段标准化工作的主要任务有两项：一是组织上建立标准化工作系统；二是技术上进行标准化方案论证，提出标准化方案。也就是说，方案阶段型号标准化的主要任务是从组织和技术两方面为型号研制标准化工作打好基础。

1. 建立标准化工作系统

型号研制过程中，围绕型号标准化工作的主要任务，在不同研制阶段、不同产品层次的各个环节均有大量的标准化工作要做。建立型号标准化工作系统是完成型号标准化工作任务的基本条件和组织保证。

2. 进行标准化方案论证，提出标准化方案

拟制型号研制标准化方案，是方案阶段标准化工作的中心任务。这项工作可分两步进行，第一步先进行标准化工作方案的论证；第二步在充分论证的基础上，进行方案对比择优，提出切实可行的最佳标准化方案。

（二）方案阶段标准化工作的主要内容

方案阶段的标准化工作任务决定了方案阶段应开展的主要标准化工作内容。围绕方案阶段型号标准化的两大任务，方案阶段标准化工作有以下主要内容。

1. 组建型号标准化工作系统，明确标准化工作系统的组成、工作方式和职责，建立必要的规章制度，开展有关标准化活动

型号标准化工作系统在型号总设计师领导下，由承担型号研制任务的系统、分系统和设备研制单位及标准化研究机构的有关人员组成。在系统研制单位设标准化总师，在分系统研制单位设标准化主任设计师，在设备研制单位设标准化主管设计师。

标准化总师可由型号总设计师或主管型号标准化工作的副总设计师兼任，标准化主任设计师和标准化主管设计师一般由专职标准化人员担任。型号标准化工作系统的具体设置和人员配备应与型号标准化工作的任务相适应。

根据需要，可在型号标准化工作系统内设型号标准化办公室。办公室由型号标准化工作系统的有关人员组成。

标准化工作系统的各级负责人应按相应的设计师系统任命规定进行任命。

在航天系统某些型号的研制中，已建立了相应的型号标准化工作系统，并已任命了型号标准化总师、标准化主任设计师和标准化主管设计师。

2. 开展型号标准化方案论证，编写标准化大纲

在方案阶段，型号标准化的中心工作是开展型号标准化方案论证。型号标准化方案论证是型号研制方案论证的有机组成部分，进行型号标准化目标分析、确立型号标准化工作范围和总体方案的过程。

型号标准化方案论证的依据一是来源于论证阶段提出的标准化要求，二是来源于型号研制的目标、技术方案和产品组成，同时要考虑型号研制的有关法规、条例等。

型号标准化方案论证的步骤和内容如下：

（1）进行标准化目标分析

标准化方案论证的首要任务是进行标准化目标分析，要在充分消化、领会依据性文件要求和分析国内外同类产品标准化状况和水平的基础上，根据使用和研制生产的需要，提出明确的标准化目标（或目标体系），并对实现这些目标的必要性、可行性及实现途径进

行分析。分析的内容一般应包括：

1）国内外同类产品的技术状况和标准化水平分析；

2）技术继承与开展“三化”可行性分析；

3）实现目标可能碰到的问题和技术难点分析；

4）实现目标的主要技术途径与措施分析。

（2）明确型号标准化工作范围

在标准化目标分析的基础上，要将标准化目标（目标体系）转化为具体的标准化工作范围和任务，通过在相应的工作范围内开展工作，执行具体任务，才能保证最终实现全部目标。

标准化工作范围和任务一般包括：

1）需要实施标准的专业领域，需要重点贯彻的标准项目；

2）需要组织制（修）定的标准项目及标准制（修）定的难点与攻关项目；

3）需要开展的“三化”项目及实施途径；

4）需要在型号范围内制定的标准化文件；

5）需要开展的标准化研究课题和工作项目等。

上述内容将是制定型号标准化规划和工作计划的重要依据。

（3）编写标准化大纲

型号标准化方案的核心内容是经分析、论证确定标准化目标和工作范围与任务，以及完成这些任务的计划与措施，它是为型号研制开展标准化工作所绘制的一份蓝图，其表达形式即“新产品标准化大纲”。

“大纲”是为实现型号战术技术指标，对型号研制标准化工作做出的总部署，是用于指导型号研制全过程开展标准化工作的纲领性文件。编写“大纲”的过程，是对型号研制标准化进行方案论证与设计的过程，是把型号标准化方案论证的结果用文字的形式表达出来。“大纲”应按产品的组成，按系统、分系统、设备的层次进行编写，一般建议系统和分系统应编制“大纲”，重要的设备级产品应编制“大纲”，一般的设备产品可按分系统或系统的“大纲”执行即可。“大纲”一般应在方案阶段编制，并指导型号的后续阶段工作，但随着管理的深入细化，此模式已经不十分适合工作需求，建议“大纲”的编制亦可参照型号技术文件的阶段进行修改管理。各层次的“大纲”就是该层次的标准化方案。

“新产品标准化大纲”一般包括如下内容：

1）概述：一般包含任务来源、产品的用途、产品主要性能、组成、特点、标准化要求等内容；

2）标准化目标：一般包含水平目标、效果目标及任务目标等内容；

3）标准实施要求：一般包含通用要求、重大标准实施要求及标准选用范围的贯彻等内容；

4）产品“三化”及接口、互换性：一般包含产品通用化、系列化、组合化设计要求和接口、互换性的设计要求等内容；

5）建立型号标准化文件体系要求：一般包含标准化文件体系表、项目表等内容；

6）图样和技术文件要求：一般包含技术文件的完整性、正确性和统一性要求等内容；

7）标准化工作范围和研制各阶段的主要工作：一般包含产品研制各阶段标准化应做的工作和工作范围；

8）标准化工作协调管理要求：主要包括针对型号研制过程中各工作系统之间标准化问题的处理方式等内容。

［示例 4－2］ 某产品标准化大纲的标准示例

某产品标准化大纲见附录 B。

3. 确定标准选用范围

标准选用范围是型号研制选用标准的依据性文件，也是“大纲”的支撑性文件。型号研制所使用的标准，一般均应在这个范围内选用。凡超范围选用，应按规定办理相应的手续，经审批（评审）后方可选用。标准选用范围可按标准类别和使用需要分类编制，单独成册，一般包括：通用基础标准选用范围、专业标准选用范围、材料选用范围及元器件选用目录等。也有些型号采用技术文件配套表的形式，进一步推动标准的选用和实施。

［示例 4－3］ 采用配套表形式推动标准选用和实施的措施情况

例如，航天标准化工程中某示范项目型号，为了推动各级标准在型号研制中的应用，使各项研制和管理工作能够有标准可依，按标准办事，规范各项工作，通过梳理在各个文件编制过程中应使用的标准，编制技术文件标准配套表，明确各项研制文件需要遵循的标准，即技术文件中明确标准选用范围并要求在技术文件审签及评审中，对文件引用标准的符合性进行检查。

4. 提出标准制定项目的建议

根据方案论证中对缺项标准的论证结果和“大纲”中的缺项标准制定建议项目，按制定标准的渠道和程序，向主管标准制定工作的标准化职能部门提出标准制（修）定的建议。

5. 提出系统、分系统和重要设备的“三化”方案，开展型号的“三化”工作

应根据方案论证中对通用化、系列化、组合化的论证结果，以及“大纲”中确定的“三化”的内容，在型号设计之前提出系统、分系统和重要设备的“三化”方案，并开展“三化”前期工作。包括制定有关规定和标准，作为型号设计的依据，主要工作见表 4－4。

表 4－4 方案阶段的“三化”工作

任务	“三化”要求	论证依据	主要工作程序
1）进行“三化”方案论证和设计； 2）对下层次提出“三化”要求； 3）验证“三化”方案	1）订购方要求分析； 2）国内外同类产品分析； 3）现有产品资源分析； 4）提出系统整合的方案； 5）现有产品论证及采用清单； 6）其他“三化”要求	1）订购方的要求和约束条件； 2）现有资源及其可获得性； 3）本专业“三化”规划和相关标准、规范； 4）研制总方案	1）消化上一层次提出的“三化”要求； 2）搜索“三化”资源； 3）总体设计单位进行“三化”方案论证，对下一层次提出“三化”要求； 4）分系统和重要设备承研单位进行“三化”方案论证； 5）“三化”方案验证； 6）评审和反馈； 7）将方案和要求纳入相关文件

6. 进行系统、分系统和设备之间的标准化协调

在“大纲”的编写及落实标准化任务的过程中，系统、分系统、设备各层次内部、上下层次以及各层次之间均有大量的标准化问题需要协调，如各层次“大纲”内容的界面划分，各层次的接口标准化问题等，标准化工作系统应组织有关人员进行充分的协调。

7. 提出型号标准化工作的保障条件

型号标准化方案确认以后，方案中各种标准化工作任务的落实，需要有各方面的保障条件，如经费保障、物资保障和资料保障等。对可预见到的重大保障条件，应及早在方案阶段向有关方面提出，以保证各阶段的标准化工作任务的顺利进行。

8. 总结方案阶段标准化工作，进行方案阶段标准化评审

方案阶段结束时，应对方案阶段所进行的标准化工作进行全面的总结，对照方案阶段规定的工作内容，检查是否已经完成。同时应由型号标准化工作系统在各级产品层次上组织标准化评审。方案阶段标准化评审的重点是型号标准化大纲的正确性、先进性和可行性。确认其达到要求后，方可转入下一个阶段的标准化工作。

（三）方案阶段形成的标准化文件

方案阶段是对型号研制标准化工作进行构思与规划的阶段。在此阶段内，可能形成的标准化文件有：

1）各级产品标准化大纲；

2）各类标准选用范围；

3）各类统一化规定。

在上述标准化文件中，“新产品标准化大纲”是方案阶段必须形成的文件，其他标准化文件可视需要予以选择。

三、工程研制阶段标准化工作

工程研制阶段，型号研制分为初样阶段和试样阶段。工程研制阶段要将型号标准化方案付诸实施，是全面、具体实施标准和标准化要求的阶段。工程研制阶段标准化工作也是型号标准化工作的主体，大量的标准化工作需要在此阶段完成。此阶段型号标准化工作的操作性和实践性最强，工作完成得好坏关系到整个型号标准化工作的成败。

（一）工程研制阶段标准化的主要任务

工程研制阶段标准化的主要任务是实施“新产品标准化大纲”，验证型号标准化方案的正确性和可行性，通过工程的实践，发现问题，积累经验，进一步修改、完善“大纲”，为设计定型打下基础。

在工程研制阶段，要进行产品的试制、试验，工艺工作和大型试验工作相继展开，工艺标准化工作和大型试验标准化工作已提到议事日程上来，标准化的主要任务中，除了实施“产品标准化大纲”外，还有一个重要任务，就是以“大纲”中提出的对工艺和试验方面的标准化要求为依据，着手编写“新产品工艺标准化综合要求”，并在产品试制、试验中贯彻实施。

（二）工程研制阶段标准化工作的主要内容

工程研制阶段的标准化工作是围绕产品的研制而展开的，其内容包括产品设计标准化、产品试制标准化和产品试验标准化。

1. 产品设计标准化工作的主要内容

（1）编制实施标准化大纲的支撑性文件

一般来说，“新产品标准化大纲”不可能对型号研制的标准化工作都规定得很细，需要制定相应的支持性文件对其内容进行细化和补充，以便于“大纲”的实施。例如，编制标准化实施细则，为指导设计人员进行设计文件的编写，需依据相关标准和规定，结合本型号的实际进行细化和补充，编制“设计文件编制标准化要求”；又如，在研制过程中遇有标准更新变化时，提出“新、旧标准过渡办法”等。

（2）组织实施标准，对重要的标准进行宣贯

方案阶段已经编制好型号研制的标准选用范围，规定了型号研制应贯彻执行的标准。在产品设计中，设计人员应按规定正确选用，认真实施这些标准。在贯彻实施标准过程中，对某些重要标准，要在设计工作开始前进行宣贯，以帮助设计人员掌握标准，有利于标准的正确实施。

（3）组织制定缺项标准

对型号需要的缺项标准，已在方案阶段提出清单，由标准化职能部门按制定标准的正常渠道组织制定。但由于这些标准项目是由本型号提出的，颁布后也往往是本型号最急需使用，且本型号有关人员对标准项目的内容也最熟悉，因此从使用的角度，这些标准的制定任务一般将落实到本型号的研制人员承担。遇有这种情况，就需要从产品设计开始，在主管部门组织下开展缺项标准的制定工作。

（4）进行产品设计文件的标准化审查（以下简称“标审”）

标准化审查是监督标准实施的重要手段之一，设计文件须按有关规定进行标审。设计文件经标审通过后才能生效。

（5）处理标准的超范围选用情况

设计人员在选用标准时，一般应按标准选用范围的规定选用，但遇到特殊需要，或因选用范围制定时存有不可预测因素，会出现标准选用范围不满足要求的情况。当确实需要超范围选用时，应按标准规定的程序办理相应手续，经评审、批准后方可选用。

（6）协调与处理设计、试制和试验中出现的标准化问题

在产品设计、试验或图纸下厂试制的过程中，均会出现大量的标准化问题，如对标准的理解不一致、标准之间不协调等。当出现这些问题时，应在调查研究的基础上，与有关人员共同讨论、协商解决。

（7）进行标准实施情况的统计和分析，并开展标准化效益分析与评估

产品设计结束后，应对产品实施标准进行统计和分析，开展标准化效益分析与评估，为转入下一阶段的标准化评审和型号研制结束进行标准化效益的评价与计算做准备。

（8）开展重要标准实施情况的监督检查

对于重要标准在型号研制中的实施情况应适时进行监督检查，包括自查和配合使用部门、行政主管部门的监督检查。

（9）总结产品设计标准化工作，进行产品设计标准化审查

产品研制结束时，应对产品设计中开展的标准化工作进行总结，为进行产品设计标准化评审做准备。产品研制中应对产品设计的标准化工作和标准的实施情况进行评审。评审可单独进行，也可以和设计评审合并进行。

（10）修订和补充“新产品标准化大纲”以及标准选用范围

“新产品标准化大纲”、标准选用范围经过产品研制的考核后，应进行总结，找出其不足之处，如哪些问题规定得不切实际，哪些问题考虑不够周到等等，然后根据发现的问题进行补充和修订，以便更好地指导下一阶段标准化工作的开展。

2. 产品工艺标准化工作的主要内容

产品工艺标准化工作的主要内容有：

（1）编制“新产品工艺标准化综合要求”并组织实施

承担型号产品试制和生产的单位应根据“新产品标准化大纲”和有关规定编制“新产品工艺标准化综合要求”。“新产品工艺标准化综合要求”是指导产品试制和生产标准化工作的依据性文件，其主要内容包括：

工艺、工装标准化目标和范围；

工艺、工装采用与实施标准的要求；

工装的“三化”要求；

工艺文件和工装设计文件的完整性、正确性及统一性要求等。

（2）编制实施“新产品工艺标准化综合要求”的支撑性文件

为便于“新产品工艺标准化综合要求”的实施，视需要可将其有关内容进行细化，编制成相应的支撑性文件，以便更有效地指导工艺、工装标准化工作地开展。支撑性文件一般包括：“工艺文件编制标准化要求”、“工装设计文件编制标准化要求”、“工艺、工装标准选用范围”等。

（3）组织实施标准，对重要新标准进行宣贯

在产品试制过程中应认真组织各类标准的贯彻实施，对某些重要新标准要进行宣贯，做好技术准备，同时要配合有关部门做好物质准备。必要时，可组织制定有关标准。

（4）进行工艺文件和工装设计文件的标准化检查

对工艺文件和工装设计文件进行标准化检查是监督工艺、工装标准实施，提高工艺文件和工装设计文件质量行之有效的重要措施，在标准化检查过程中要注意收集和分析各种信息，为更好地开展后续工艺（生产）定型中的标准化工作提供依据。

（5）开展重要标准实施情况的监督检查

对于重要标准在型号研制中的实施情况应适时进行监督检查，包括自查和配合使用部门、行政主管部门的监督检查。

(6) 协调和处理试制过程和工装制造过程中出现的标准化问题

在产品试制和工装制造过程中，当出现有关标准化问题时，应在调查研究的基础上，与有关方面的人员共同研究，协商解决。必要时，应报总工程师或总工艺师审批。

(7) 进行工艺、工装标准实施情况的统计和分析，开展标准化效益分析与评估

进行工艺、工装标准化实施情况的统计和分析，开展标准化效益分析与评估，为工艺标准化评审和进行标准化效益分析提供数据。

(8) 总结工艺标准化工作，进行产品工艺标准化评审

在产品研制结束时，应认真总结工艺标准化工作。应对产品工艺的标准化工作和标准实施情况进行评审。工艺标准化评审可单独进行，也可与工艺评审一并进行。

3. 产品试验标准化工作的主要内容

试验标准化工作在航天器研制中是作为一项重要工作独立开展的，产品试验标准化工作的主要内容如下。

(1) 编制与实施“新产品大型试验标准化综合要求”

承担型号产品试验的单位应根据“新产品标准化大纲”和有关规定编制“新产品大型试验标准化综合要求”。“新产品大型试验标准化综合要求”是指导型号产品试验标准化工作的依据性文件。

(2) 编制并实施“新产品大型试验标准化综合要求”的支撑性文件

为有效指导产品试验和试验设备研制标准化工作的开展，视需要可将综合要求的有关内容进行细化，编制成相应的支撑性文件。一般包括“试验文件编制的标准化要求”“大型试验标准选用范围”“试验设备设计文件编制标准化要求”等。

(3) 组织试验标准实施，对重要新标准进行宣贯

在产品试验过程中应认真组织对各有关试验标准的宣贯实施，对某些重要的试验标准要组织宣贯，做好技术准备。同时要配合有关部门做好贯彻标准的物质准备。必要时，可组织制定有关标准。

(4) 进行试验文件和试验设备设计文件的标准化检查

对试验文件和试验设备文件进行标准化检查是监督试验标准实施，提高试验文件和试验设备设计文件质量的有效措施。在标准化检查过程中要注意收集和分析各种信息，为更好地开展后续试验标准化工作及进行试验标准实施情况的统计、分析提供依据。

(5) 协调和处理试验设备制造过程和试验过程中出现的标准化问题

在试验设备制造和产品试验过程中，当出现有关标准化问题时，应在调查研究的基础上，与有关方面的人员共同协商解决。

(6) 开展重要标准实施情况的监督检查

对重要的试验标准在产品试验中的执行情况应适时进行监督检查，包括自查和配合行政主管部门的监督检查。

(7) 进行试验标准实施情况的统计、分析，开展试验标准化效益分析与评估

进行试验标准实施情况统计、分析，开展试验标准化效益分析与评估，为试验标准化

评审和进行试验标准化效益分析提供数据。

(8) 总结试验标准化工作，进行产品试验标准化评审

在产品研制结束时，应认真总结试验标准化工作。应对产品试验标准化工作进行评审，试验标准化评审可单独进行，也可与试验评审一并进行。

(三) 工程研制阶段“三化”工作

该阶段“三化”工作的内容是落实“三化”方案，将“三化”方案的构想和要求设计到图样和规范中，并对“三化”设计的结果进行验证。所以该阶段是“三化”设计的实施阶段。主要工作见表4-5。

表4-5　工程研制阶段的“三化”工作

任务	设计依据	设计要点	主要工作程序
1）进行各层次产品的“三化”设计； 2）验证“三化”设计的正确性和通用产品的适用性； 3）编制工艺装备“三化”方案，进行“三化”设计	1）订购方或上层单位提出的“三化”要求及要求贯彻实施的标准； 2）研制方案中所包含的“三化”方案和要求； 3）现有产品资源条件	产品单元： 1）引入通用单元； 2）统一零件要素和技术要求； 3）注意各类产品特殊要求 工艺装备： 1）选用标准工装； 2）选用标准零部件； 3）推行组合夹具	1）消化相关文件和标准； 2）进一步检索“三化”资源数据库； 3）“三化”设计； 4）评审； 5）完成“三化”设计考核

(四) 工程研制阶段形成的标准化文件

工程研制阶段是型号标准化方案的实施阶段，围绕产品研制、设计标准化工作、工艺标准化工作和试验标准化工作全面开展。

在此阶段内，一般形成的标准化文件有：

1）设计文件编制标准化要求；

2）新、旧标准过渡办法；

3）新产品工艺标准化综合要求；

4）工艺文件编制标准化要求；

5）工装设计文件编制标准化要求；

6）工艺、工装标准选用范围；

7）新产品大型试验标准化综合要求；

8）试验文件编制的标准化要求；

9）大型试验标准选用范围；

10）试验设备设计文件编制标准化要求。

“新产品工艺标准化综合要求”是各类航天型号在工程研制阶段必须形成的标准化文件，“新产品大型试验标准化综合要求”是航天器在工程研制阶段必须形成的标准化文件。

四、定型阶段标准化工作

定型阶段主要包括设计定型和工艺定型。

(一) 设计定型 (鉴定) 阶段的标准化工作

设计定型的主要任务是对武器装备的性能进行全面考核，确认是否达到《研制总要求》和研制合同的要求，作出设计定型的结论。

设计定型（鉴定）阶段是对型号设计标准化工作进行全面考核的阶段，也是型号设计标准化要求最终固化的阶段，做好设计定型阶段的标准化工作十分重要。

1. 设计定型（鉴定）阶段标准化的主要任务

设计定型（鉴定）阶段标准化的主要任务是全面检查“新产品标准化大纲”在产品设计中贯彻实施的情况，同时对设计定型（鉴定）工作的规范化提供指导并进行监督检查。

2. 设计定型（鉴定）阶段标准化工作的主要内容

(1) 编制“设计定型标准化要求”

该文件是设计定型标准化方面的基本要求，也是指导设计定型工作的依据性文件之一。编制该文件的依据是使用方提出的型号设计定型要求和各类武器装备定型的有关标准与规定。

设计定型标准化要求的内容一般应包括设计定型贯彻标准的要求、设计文件定型的标准化要求和定型申报文件的标准化要求等。

(2) 编制设计定型（鉴定）阶段标准化要求的支撑性文件

为保证定型工作顺利开展，必要时可将“设计定型标准化要求”的内容进一步细化，制定成相应的支撑性文件。例如：在对工程研制中贯彻的各类标准选用范围进行动态管理基础上，提出设计定型标准选用范围；再如，根据有关标准和文件的要求，结合设计定型的具体情况编制“设计文件定型标准化要求”“设计定型申报文件标准化要求”等。

(3) 进行定型设计文件和定型申报文件的标准化审查

设计定型意味着型号设计文件的正式冻结，一般不许再作变动，因此定型设计文件的标准化审查较之研制过程设计文件的标准化审查更具有特殊的重要意义，应严格把关。

(4) 协调和处理定型（鉴定）中出现的标准化问题

设计定型过程中，在标准贯彻、设计文件定型和申报文件编写等方面均有大量的标准化问题，需要按有关标准和文件要求进行协调和处理。

(5) 进行设计定型（鉴定）标准实施情况的统计和分析

定型设计文件的最后确定性，保证了统计数据的可靠性，所获数据可直接提供使用和评估，应当很好地利用这些文件，收集和统计标准实施的情况，作为标准化效果分析的依据。

(6) 开展“三化”工作

设计定型阶段“三化”工作的内容是对研制全过程的“三化”工作进行全面检查和评审，在定型（鉴定）试验时进一步验证“三化”设计，确认其达到“三化”方案和上层次提出的“三化”要求。主要工作见表 4 - 6。

表 4 - 6　设计定型阶段的“三化”工作

任务	“三化”鉴定依据	主要工作程序
1）检查“三化”要求的实现情况； 2）验证“三化”设计； 3）总结“三化”工作； 4）充实“三化”资源数据库	1）研制总要求、合同或技术协议书； 2）“三化”方案和产品标准化大纲； 3）产品图样和定型（鉴定）试验大纲	1）完成试验验证； 2）总结“三化”成果，充实“三化”资源数据库； 3）做好技术总结工作； 4）冻结“三化”设计

（7）进行标准化经济效果分析

在设计定型阶段的后期，应根据工程研制阶段和设计定型阶段获得的统计数据，对型号研制开展标准化获得的经济效果进行评价与计算，纳入“设计定型标准化审查报告”中。

（8）编写报告

全面检查“新产品标准化大纲”实施情况，编写“设计定型（鉴定）标准化审查报告”。“设计定型（鉴定）标准化审查报告”是型号设计中实施“新产品标准化大纲”情况的总结报告，其主要内容一般包括：

1）选用与实施标准的情况；

2）标准化文件制定情况；

3）设计文件完整性、正确性及统一性评价；

4）产品“三化”、接口互换性和继承性情况；

5）标准化程度评价；

6）标准化效果分析；

7）存在问题及解决措施与建议；

8）审查结论意见等。

该文件是型号设计定型申报文件的项目之一，是产品设计定型的必备文件，该文件须经定型标准化评审通过后方可申报。

（9）进行设计定型标准化评审

设计定型的标准化评审按相关标准规定进行，视产品的复杂程度和定型级别可独立组织评审，也可与产品设计定型（鉴定）评审一并进行。一般情况下，分系统以上及重要设备的设计定型标准化评审，单独组织为宜。单独进行时，应在产品设计定型评审前完成。

3. 设计定型（鉴定）阶段形成的标准化文件

设计定型（鉴定）阶段一般形成的标准化文件有：

1）设计定型标准化要求；

2）设计文件定型标准化要求；

3）设计定型申报文件标准化要求；

4）设计定型标准选用范围；

5）设计定型标准化审查报告。

在上述各种标准化文件中，“设计定型标准化要求”和“设计定型标准化审查报告”是本阶段必须形成的标准化文件，其他标准化文件可视型号研制需要予以选择。

（二）生产（工艺）定型阶段的标准化工作

生产（工艺）定型阶段型号研制的主要工作是对武器装备批生产条件进行全面考核，该阶段型号研制主要工作包括：试生产（只有批量生产的战术型号进行试生产）、生产（工艺）定型和生产（工艺）定型评审。

由于各类型号的研制程度不同，工艺定型或生产定型的设置也各不相同。型号需进行工艺定型且将工艺定型与设计定型同时进行，一并纳入定型阶段。战术型号通常是在设计定型并经试生产后，进行生产定型。从标准化的角度看，型号的工艺定型和型号的生产定型其目的是一致的，都是为以后的小批或批量生产奠定基础。在工艺定型或生产定型中，标准化工作的主要任务和主要内容基本上相同。为避免内容重复，本文将工艺定型和生产定型（以下用生产（工艺）定型表示）中标准化应开展的工作一并加以叙述。生产（工艺）定型的含义是指战术型号进行生产定型，战略型号进行工艺定型。

1. 生产（工艺）定型中标准化的主要任务

生产（工艺）定型中标准化的主要任务是对生产和型号研制过程的工艺标准化工作进行全面的审查与考核，确认是否已达到“新产品工艺标准化综合要求”规定的目的和要求。即从标准化的角度确认是否具备批量生产的条件，能否生产出符合设计定型图样、技术文件要求、质量稳定和经济性好的产品来。同时，对生产（工艺）定型工作的规范化提供指导并进行监督检查。

2. 生产（工艺）定型中标准化工作的重要内容

（1）编制“工艺定型标准化要求”或“新产品工艺标准化大纲”

进行工艺定型的型号，在此阶段编制“工艺定型标准化要求”，该文件是指导工艺定型工作的依据性文件，其主要内容一般应包括：工艺定型实施标准的要求、工艺文件和工装设计文件定型的标准化要求和工艺定型申报文件的标准化要求等。

进行生产定型的战术型号，在此阶段编制“新产品工艺标准化大纲”，该文件是在工程研制阶段编制的“新产品工艺标准化综合要求”的基础上进一步完善、深化而成的，是指导试生产、生产定型及以后批量生产工艺标准化工作的指导性文件。该文件的内容可参照“工艺标准化综合要求”的内容，并适当扩展。

（2）编制“工艺定型标准化要求”和“新产品工艺标准化大纲”的支撑性文件

根据需要可将“工艺定型标准化要求”或“新产品工艺标准化大纲”的内容进一步细化，编制成相应的支撑性文件，以便于其贯彻实施。如在对工程研制和试生产中贯彻的标准选用范围进行动态管理的基础上制定“生产（工艺）定型标准选用范围”；再如，根据相关标准和文件的要求结合生产（工艺）定型的具体情况编制“工艺文件和工装设计文件定型标准化要求”“生产（工艺）定型申报文件标准化要求”等。

（3）进行定型工艺文件、工装设计文件和定型申报文件的标准化检查

定型工艺文件意味着其技术状态已冻结，一般未经办理加严批准手续不允许再作变动，因此，此时工艺文件的标准化检查，应严格把好质量关。

（4）协调和处理生产（工艺）定型中出现的标准化问题

生产（工艺）定型过程中，在标准实施、工艺文件和工装设计文件及申报文件编写等方面均有大量的标准化问题，需按有关标准和文件的规定进行协调和处理。

（5）进行标准实施情况的统计和分析

经生产（工艺）定型后的工艺文件的确定性，为各种工艺、工装标准化统计数据的准确性、可靠性提供了依据，因此，此时统计的各种数据可以直接提供给有关部门作改进管理和决策用。

（6）进行标准化经济效果分析

生产（工艺）定型中，应根据工艺标准化工作得到的各种统计数据，对开展工艺标准化所获得的经济效果进行评价与计算，作为“生产（工艺）定型标准化审查报告”的支撑性文件，为生产（工艺）定型准备资料。

（7）检查

检查“新产品工艺标准化综合要求”或“新产品工艺标准化大纲”的实施情况，编写“生产（工艺）定型标准化审查报告”。

“生产（工艺）定型标准化审查报告”是产品研制和试生产中实施“新产品工艺标准化综合要求”或“新产品工艺标准化大纲”情况的总结性报告，是生产（工艺）定型申报文件的项目之一，是产品生产（工艺）定型的必备文件。其主要内容包括：

1）标准实施情况；

2）标准化文件制定情况；

3）工艺文件和工装设计文件完整性、正确性及统一性评价；

4）工装设计的“三化”情况；

5）工艺、工装的标准化程度；

6）标准化效果分析；

7）存在问题及解决措施与建议；

8）审查结论意见等。

9）该文件需经定型标准化评审通过后，方可申报。

3. 进行生产（工艺）定型标准化评审

生产（工艺）定型标准化评审按产品复杂程度和定型级别可独立组织，也可与产品生产（工艺）定型评审一并进行。单独进行时，应在产品生产（工艺）定型评审前完成，生产（工艺）定型标准化评审结论是评价该产品生产（工艺）能否定型的依据之一。

工艺定型标准化要求；

1）生产（工艺）定型标准选用范围；

2）工艺文件和工装设计文件定型标准化要求；

3）生产（工艺）定型申报文件标准化要求；

4）新产品工艺标准化大纲；

5）生产（工艺）定型标准化审查报告。

在上述各种标准化文件中，工艺定型标准化要求、新产品工艺标准化大纲和生产（工艺）定型标准化审查报告是本阶段必须形成的标准化文件，其他标准化文件可视型号研制需要予以选择。

（三）定型后和批产标准化重点工作

型号一旦定型批生产后，生产单位就应按其定型后的文件执行。定型后的设计、工艺文件一般情况下是不能更改的，当确有必要更改时应按技术状态的管理实施更改。

定型后和批生产涉及的周期较长（有时可能会长达几年、十几年），此时的标准化重点工作是跟踪原材料、元器件标准的更新、替代等问题。设计人员应对相关原材料、元器件标准的变化进行跟踪，生产单位应及时将原材料、元器件标准的更新、替代等问题反馈给设计单位。设计单位应与生产单位协调相关原材料、元器件标准的更新、替代。对待原材料、元器件标准的更新、替代应经过评审，并编制相关的设计和工艺文件作为产品生产和验收的指导性文件。可以采用偏离单的模式也可采用统一编制对照表的模式，具体的采用方式可根据实际情况协商确定。

第三节　型号综合标准化

型号综合标准化实际上就是将综合标准化运用到型号研制中去。型号综合标准化就是以型号为标准化对象，保证型号整体协调一致与最佳性。局部效益服从整体效益，以型号整体效益最佳为目标，运用系统分析方法建立标准综合体（型号各组成部分及相关要素）并贯彻实施的标准化活动。

一、目的

型号综合标准化的目的主要有两点：一是保证型号达到最佳技术水平和质量水平，提高型号研制体系的技术经济效益；二是促进型号组成部分及其相关要素标准体系的形成与完善，提高型号研制的开发能力和企业的管理水平。

二、型号综合标准化的阶段划分和各阶段主要任务与工作内容及程序

型号综合标准化一般可分为 4 个阶段，即论证阶段、规划阶段、组织实施阶段和总结阶段。

[示例 4－4]　型号综合标准化任务、工作内容和程序示例

各阶段的主要任务、工作内容及程序如图 4－2 所示。

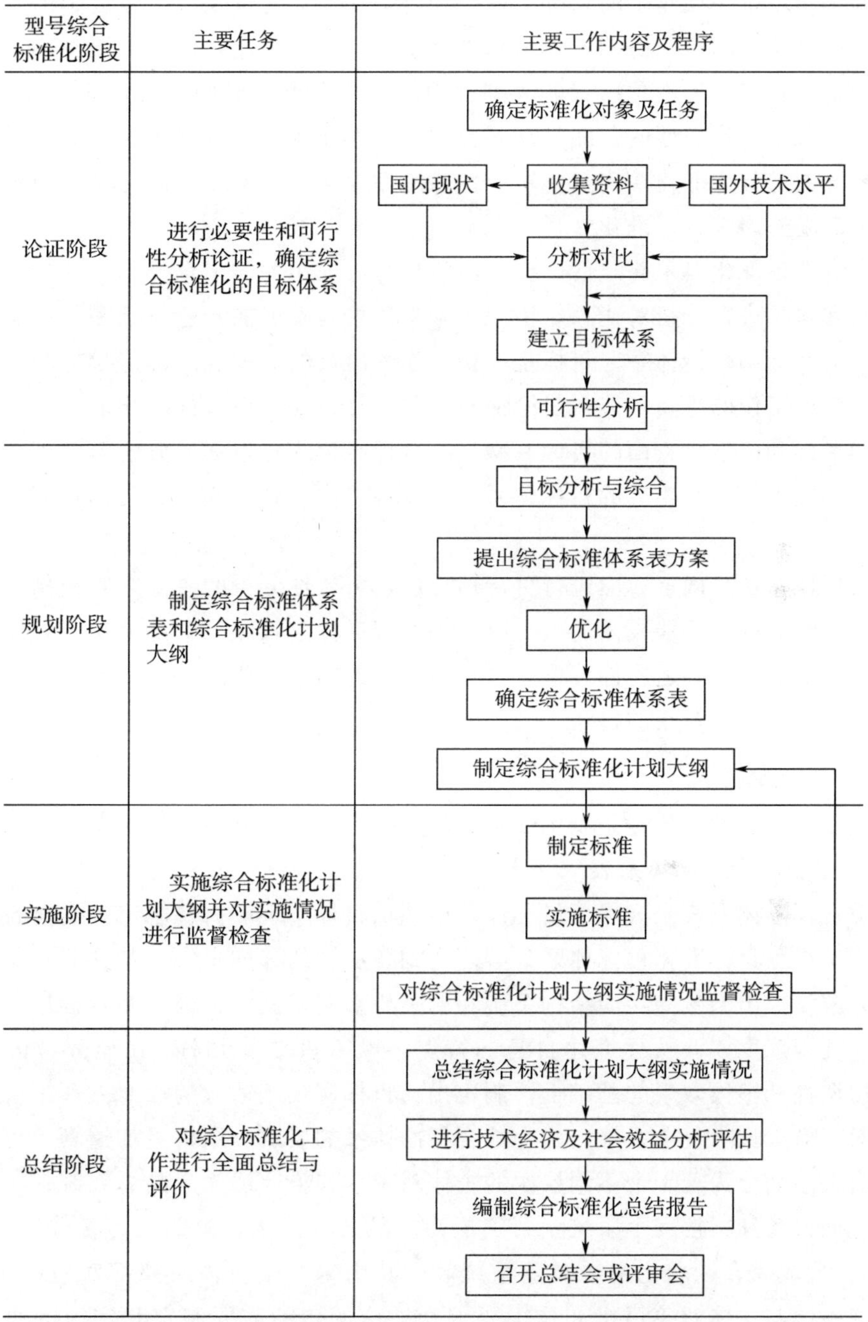

图 4-2 综合标准化的阶段划分和各阶段的主要任务、工作内容与程序

（一）论证阶段

论证阶段的主要任务是进行必要性和可行性论证，确定综合标准化的目标和目标体系。

鉴于开展综合标准化需要有关方面的配合和大量的人、财、物的投入，特别是武器装备研制本身就是一项复杂的系统工程，开展综合标准化也是一项很复杂的系统工程，具有涉及面广、跨部门多、协调工作量和难度大的特点。因此，没有必要也不可能在所有型号研制中都推行综合标准化。就航天型号而言，只有那些对国防现代化建设有重大意义的、在同类型号中有代表性的、能带动同类型号标准体系建立并促进科学技术进步的型号，才有必要开展综合标准化。当然，对一些通用性很强、技术要求高、发展前景看好的产品也可以视需要开展综合标准化。

在综合标准化对象确定后，要广泛收集与对象相关的信息资料，并在对同类型号国内外现状和水平进行分析对比、对该型号未来需求与发展前景进行预测的基础上，确定综合标准化的目标和目标体系。目标是一切工作和决策的出发点，确定目标和目标体系是综合标准化前期工作的重要环节，是论证阶段的中心工作。综合标准化的目标应包括对象产品达到的目标和标准化方面的目标。型号综合标准化的总目标应分解落实到各层次、各专业的分目标之中，形成相应的目标体系。只有各层次、各专业的分目标达到了，总目标才能实现。

目标体系初步确定后应进行可行性分析，可行性分析的主要内容包括：技术指标和水平的可行性分析；可能投入的人、财、物及现有标准状况等资源分析，开展工作的时机与各有关方面的态度等适应性分析。可行性分析的结果往往涉及目标体系的调整，二者是一个相互交叉、不断修正的过程。

（二）规划阶段

规划阶段的主要任务是制定综合标准体系表和综合标准化计划大纲。

1. 制定综合标准体系表

综合标准体系表是为保证目标体系中各项目标实现而需要制定和实施的标准体系表。

为了将综合标准化目标体系分解落实到各层次的标准中去，首先要将型号按功能结构进行分解，提出型号的功能结构系统和相关要素图，据此，确定制定标准，深化综合标准化的深度与广度，并从标准化自身的特点、规律和要求出发，在充分考虑标准体系综合性、协调性和整体效果的基础上，制定出与目标实现相适应的标准体系。

对于航天型号复杂系统，为使综合标准体系的层次、结构更加清晰，可按其功能结构和配套关系划分为若干个不同层次的主体对象（如第一层为产品总系统；第二层可分为弹上、地面设备和指挥三个系统；第三层为产品各分系统；第四层为各分系统的设备或部、组件），形成综合标准化主体对象系统表。其中每一个主体对象都对应一个标准综合体，即对应一组与主体对象目标和技术要求相适应的包括需要制定和实施的协调、配套的标准。每组标准可用标准项目明细表列出，其内容应反映标准的名称、需实施的现行标准的代号，拟制定标准的级别、时间等内容。因此，航天型号作为一项复杂系统，其综合标准体系表一般均由主体对象系统表和标准项目明细表两部分组成。

综合标准体系表是制定综合标准化计划大纲的重要依据，对开展综合标准化所需要的人、财、物的投入及其产生的效益有重大影响。因此，在编制综合标准体系表时应进行多方案的分析、比较，分层次地优化，并组织包括设计、工艺、试验、使用、管理及标准化等各有关方面的专家进行评审、修改完善后审批确定。

2. 制定综合标准化计划大纲

综合标准化计划大纲是用于指导制定和实施综合标准体系表中所有标准，实现综合标准化目标的纲领性文件。

综合标准化计划大纲的内容一般应包括：最终产品和相关要素的技术水平和质量水平要求；需要组织制定（修订）标准项目的名称、级别、完成单位及进度要求；实施标准的要求；工作机构及其人员组成与职责分工；保障条件与措施等。

综合标准化计划大纲要通过充分协调，各有关单位认可，经各有关方面专家评审及主管部门审查批准，以保证有关单位在技术要求和时间安排上相协调。计划大纲中每一项标准的制定计划应和型号或对象产品研制、生产的进度相协调，并充分体现超前性。凡最终产品研制生产中所使用的原材料、元器件、配套制品及检测设备、工具等有关的标准应超前制定。

（三）实施阶段

实施阶段的主要任务是实施综合标准化计划大纲，包括制定标准、实施标准和对标准实施情况进行监督检查。实施综合标准化计划大纲，需要落实一系列物资保障条件，比较可行的办法是通过标准化对象，依托一定型号新产品的研制和有关部门共同解决。在以某特定型号为对象开展综合标准化时，综合标准化的各项工作应与型号研制同步或超前进行。综合标准化的论证与规划阶段的任务必须在型号研制的方案阶段完成，实施阶段的主要工作在型号工程研制阶段进行。

开展综合标准化涉及大量的技术协调和组织协调的问题，涉及面广，工作量大，任务十分艰巨，必须建立具有一定权威的，能完成指挥、协调和监督检查等任务的，由各级标准化职能部门和型号设计师系统与行政指挥系统参与的工作机构或工作系统，以便调动各有关部门密切配合，共同努力。组织落实是开展综合标准化的重要保证。

综合标准化计划大纲中所列的各项标准制定（修订）任务原则上要通过现有各级标准化管理渠道有组织、有计划、有目标地组织实施。首先应将各标准项目按级别分别列入各级标准化规划，然后按规划和先急需后配套原则列入国家标准（国家军用标准）、行业标准和企业标准的年度计划，并且由各级标准化主管部门按正常标准制定（修订）程序下达计划，组织制定（修订）和审批发布。在开展综合标准化的过程中根据综合标准化任务的需要或型号研制的急需等实际情况，亦可采取一些特殊措施，保证综合标准化制定（修订）标准任务的顺利完成。如在时间紧、任务急的情况下，打破标准制定（修订）年度计划，按季度成熟一项上一项；不同级别但协调性要求很强的一组标准可以成组下达计划，成组组织审定，成组发布；还可以采用试行标准的办法压缩标准制定（修订）周期，满足研制与生产的需要。

综合标准化的标准实施工作由型号研制单位具体组织。型号综合标准化实施标准的原则和要求基本上与型号研制中标准实施的要求相同。这里需要指出的是，在结合新型号研制开展综合标准化时，标准的实施要按照边制定、边实施的原则，对按综合标准化计划大纲要求组织制定的标准项目一经发布应立即实施，无需受《标准选用范围》动态管理的制约。

开展型号综合标准化，对标准实施情况的监督，与型号研制中标准实施情况监督的要求和做法基本一致。这里需要强调的是，在综合标准化实施阶段，要抓住时机（如新型号研制转阶段）对综合标准化计划大纲的实施情况进行评审和监督。这样做，可及时发现问题和薄弱环节，明确为达到预定目标需要做哪些改进，以便全面完成综合标准化的各项任务。综合标准化计划大纲在实施过程中的评审与监督的主要内容包括两个方面：

1）计划进度评审。检查综合标准化制定（修订）任务是否列入相应级别的标准制定（修订）计划，是否列入各承办单位的科研生产计划；检查计划的进程和协调程度。

2）目标评审。检查总的目标体系在阶段工作中、在标准的编制中是否已经贯彻和达到。评审的结果应形成相应的文件，必要时可对综合标准化计划大纲进行修改和调整。

（四）总结阶段

总结阶段的主要任务是对综合标准化的工作进行全面总结和评价。总结阶段的主要工作是全面检查综合标准化计划大纲的实施情况，提出综合标准化总结报告。对于新产品研制综合标准化，此阶段的工作结合产品定型为宜。

综合标准化总结报告的内容一般应包括：最终产品和相关要素达到的技术水平和质量水平，预定目标实施的程度；各级标准制定（修订）任务完成的情况，标准体系是否建立；各级标准的实施情况及其效果；综合标准化技术、经济及军事、社会效益分析与评估；主要经验及存在的问题等。

综合标准化总结报告应采取适当形式（如召开综合标准化工作总结会议或召开评审会）与参与综合标准化工作的各有关单位商定，取得有关方面的认同。

三、型号综合标准化和型号标准化的比较

型号综合标准化和型号标准化是中国型号研制中同时存在的两种标准化管理形式，它们在系统工程方法的运用上基本上是一致的，但是它们的目标、任务、对象及管理方式等方面存有一定差异。把握这些差异，对我们正确理解其基本概念，在实践中具体运用是有益的。作为航天产品，各型号研制都必须按相关的要求开展型号标准化管理，在同类产品中有代表性（如基本型）能带动同类产品标准体系建立并促进科学技术进步的型号，在研制中应开展综合标准化。表 4－7 对型号综合标准化和型号标准化两种形式进行了比较。

表 4－7　型号综合标准化和型号研制标准化的比较

比较内容	标准化形式	
	型号综合标准化	型号标准化
指导方法	系统工程方法	系统工程方法
对象	某一类型号（选该类型号中的典型产品、基本型产品为依托）	特定研制的型号

续表

比较内容	标准化形式	
	型号综合标准化	型号标准化
目的	提高某一类型号的技术水平和质量水平；建立某类型号的标准体系	保证和提高特定型号新产品的技术水平和质量水平
任务	制定标准、建立某类型号的标准体系；实施标准并对实施情况进行监督检查	实施标准并对实施情况进行监督检查
责任主体	标准化职能部门；型号研制行政指挥和设计师系统	型号研制行政指挥和设计师系统
组织形式	成立综合标准化领导、协调机构；成立综合标准化工作系统	成立标准化工作系统，并纳入型号研制设计师系统
工作依据	经相应级别领导机关批准的申请或领导机关下达的任务	相关任务方文件要求
阶段	论证、规划、实施、总结	与型号研制所涉及的阶段相同
内容	参考图 4－2	参考本章第二节中的相关内容
程序	参考图 4－2	参考图 4－1 型号研制各阶段标准化工作程序

第四节　型号标准化需要贯彻的重要标准

型号标准化工作针对的是具体的型号研制，开展的相关工作需与型号密切结合。

一、分阶段、动态编制产品标准化大纲

产品标准化大纲是型号标准化管理的纲领性文件，必须明确技术文件的完整性、正确性、一致性要求，文件的完整性为设计、工艺人员编制各类技术文件具有明确的指导意义。同时规定文件编制的格式、标识、签署、借用等文件的编制和管理要求。需进行标准选用范围的动态管理以及新标准、标准化要求的细化。编制标准化大纲的主要依据见表4－8。

表 4－8　标准化大纲编制依据

标准代号	标准名称
GJB/Z 114A—2005	产品标准化大纲编制指南
GJB/Z 106A—2005	工艺标准化大纲编制指南
QJ 20065.2—2011	航天型号标准化文件编制要求 第 2 部分：产品标准化大纲

二、组织开展型号研制中重要标准的宣贯

在型号产品的研制和生产过程中，涉及的标准众多，同时针对同一标准化对象存在多个

相关标准，并且存在引用关系。因此，在进行相关标准的宣贯时，应对相关标准进行分类分析，统一宣贯。如有关特性分类分析内容，通过对特性分类分析相关标准（表 4－9）的学习，明确特性分类分析报告是研试文件的重要组成，并且编制时机在初样阶段末期，开展产品的特性分类分析，形成特性分类分析报告，报告须进行设计评审，在此基础上形成试样阶段设计文件《关键件（特性）、重要件（特性）汇总表》。同时，在相关设计文件（图样）上进行关键件（特性）、重要件（特性）的标识，及在产品实现过程中进行关键件、重要件质量控制。通过标准的综合应用和贯彻执行，生产部门可以了解设计重点，分清主次，在生产中加严控制，合理分配检验重点，保证产品设计质量，实现技术管理闭环。

表 4－9　有关特性分类分析标准

标准代号	标准名称
GJB 190—1986	特性分类
GJB 431—1988	产品层次、产品互换性、样机及有关术语
GJB 909A—2005	关键件和重要件的质量控制
QJ 892A—2012	航天产品特性分类和管理要求
QJ 2664—1994	关键工序质量控制
QJ 3230—2005	产品特性分类分析报告编写规定

三、组织对《宇航和导弹武器标准体系》的学习与宣贯

在现代化生产的今天，单个标准已难以发挥作用，只有某个完整的标准体系内的全部标准共同作用才能取得最佳效果。《宇航和导弹武器标准体系》除了宇航和导弹武器研制、生产全过程使用的现行有效标准，还应结合航天专业和技术发展需求，包括具有一定的前瞻性和发展性的标准，其中的各类标准是广大型号管理人员、专业技术人员和标准化人员必须学习和贯彻的。

航天产品研制分为若干个阶段，有关航天产品研制阶段划分的标准文件见表 4－10。如：对于战术武器来说，其中工程研制阶段分为初样和试样阶段，阶段标记分别为“C”和“S”；对于航天器来说，初样研制阶段之后转入正样研制阶段，初样研制阶段和正样研制阶段的阶段标记分别为“C”和“Z”。对战术武器来说，用“正样研制”的表述方式不符合标准。通过对《宇航和导弹武器标准体系》中各项标准的学习和贯彻实施，不断提高学习、掌握各类标准的能力，促进专业人才岗位能力的提升，促进航天科研生产的能力建设。

表 4－10　有关航天产品研制阶段划分的标准

标准代号	标准名称
GJB 2993—1997	武器装备研制项目管理
QJ 1714.2B—2011	航天产品设计文件管理制度 第 2 部分：设计文件的标识
QJ 3133—2001	航天产品项目阶段划分和策划
QJ 3263.4—2005	型号、型号系统及型号研制阶段、状态代码 第 4 部分：型号研制阶段代码

四、新标准的贯彻实施

一项标准的产生，要做许多工作，经历许多环节，但关键的一环就是要把人类社会在该领域的实践经验和创新成果加以总结和提炼，纳入标准，这就是积累。而在标准的实施过程中又会有新经验和科技成果需要加以总结和提炼；随着标准的修订，这些经验和创新成果又被纳入标准，这就是技术的再积累。标准化就是托起技术创新和产品创新的一个平台。表 4-11 例举了最新发布的几项项目管理标准，充分体现了航天管理技术的新要求和新发展，对于基层单位编制各类文件具有重要的指导意义。

表 4-11　重要项目管理标准

标准代号	标准名称
GJB 3206A—2010	技术状态管理
QJ 903B—2011	航天产品工艺文件管理制度
QJ 1714B—2011	航天产品设计文件管理制度
QJ 1167A—2011	研究试验文件管理制度
QJ 20065—2011	航天型号标准化文件编制要求

五、新标准及标准化信息的搜集

对涉及产品研制生产技术标准、管理标准进行搜集，并进行宣贯学习，充分发挥标准指导型号研制生产的作用。型号标准化管理人员需及时掌握型号研制生产相关新标准的发布情况，并落实到具体的产品标准化大纲、工艺标准化综合要求或工艺标准化大纲中，以促进标准的贯彻实施。另外，对于上级征求意见的标准给予关注，提高对新标准更新换版的敏锐性，及时掌握新技术、新要求的发展动向与趋势。

六、贯彻实施标准和标准化要求

型号研制和管理涉及众多标准，为了保证标准贯彻的动态性、专业性和层次性，不同层次的产品一般都编制标准选用范围，单独编制或纳入相应的标准化技术文件。这些标准包括通用基础标准和专业标准等，不同的标准需要不同的标准实施主体去贯彻实施。产品标准化大纲中标准化选用范围列出的标准及标准化技术文件提出的标准化要求均需认真贯彻实施，同时标准化大纲等标准化技术文件需进行标准化评审，以保证标准化大纲的正确性和完整性，确保标准化目标和要求的切实实现。

七、对标准的贯彻实施进行监督检查

对技术文件进行标准化检查，检查的结果和执行大纲的情况，视需要分阶段分别形成设计标准化工作报告、工艺标准化工作报告，在设计定型和生产（工艺）定型阶段形成相应的标准化审查报告。在开展技术文件的标准化审查的同时，也应开展重要标准的监督检查和新标准的实施情况检查。

八、提出标准制修订建议

在型号研制过程中，为了规范技术、细化管理，需要补充制定技术标准、管理标准，指导型号研制管理工作，因此需要提出制修订建议。对上级标准进行学习、消化和研究，并形成切实可行的推进计划，把需要补充细化的内容形成企标或补充规定，以形成对上级标准贯彻实施的支撑作用。应建立和完善企业在产品开发、生产过程中的统一的设计方法、计算方法以及原材料和工艺、工装的标准。

第五节　预研产品标准化

预先研究是指项目研制之前的新原理、新技术、新材料、新工艺、新型元器件及装置等突破关键技术的研究。可以看出它包含理论研究和新产品的预制两个方面，而我们此节将以讨论新产品的预制研究方面的标准化工作该如何开展为主要内容。

一、分类

根据内容不同可分为应用基础研究、应用研究及先期技术开发三类。

第一类：应用基础研究是指以产品应用为目的进行的探索新思想、新概念、新原理的科学研究活动，为解决产品研制的技术问题提供理论依据，其成果形式一般为论著、论文和研究报告等。

第二类：应用研究是指运用基础研究或其他科学研究的成果，探索新思想、新概念、新原理应用于航天产品研制的可行性，确定其主要参数的技术活动，为研制新型航天产品提供技术储备。成果形式一般是可行性分析报告、实验报告、样品和原理样机等。

第三类：先期技术开发是指运用前两类的研究成果，通过部件或分系统原型样机攻关以及技术综合集成和演示试验，验证其应用于产品研制的实用性的开发研究活动，为研制新型产品及改进现役产品研制的实用性的开发研究活动，为研制新型产品及改进现役产品性能提供技术准备。成果形式一般是部件或分系统、系统原型样机、试验样机、示范性工艺规程和验证试验报告等。

二、研究对象

依据需求，本章主要以第三类中飞行演示验证项目为主要研究对象开展标准化工作。

飞行演示验证项目从立项来源可分为国家或集团公司、院自筹及所自筹三类。

三、代号的确定

（一）已知应用范围

已知应用范围是指产品从论证开始就明确目标客户，并且被目标客户采用概率十分大的产品，该产品具有企业主业产品功能扩展或系列开发的性质（如某导弹飞行演示验证试验、箭对地等预研产品）。该系列产品从论证开始已明确为已知应用于导弹或运载（长征）系列。此类的代号一般运用在国家或集团公司立项的飞行演示验证项目。

（二）未知应用范围

未知应用范围是指由企业自主研发的、将来目标客户不十分确定的产品或为开拓产品范围而研制的（如可重复使用运载器、自主接近飞行器等产品）。针对该类产品其命名原则可在以下 3 种中选取：自然现象（如风、雷、电、云……），动、植物名称（如：火烈鸟、蜂鸟、龙、麒麟、沙棘……）及中国神话人物或人文背景（如：太极、夸父……），名称一般不应超过 5 个字。此类的代号一般运用于企业自筹的飞行演示验证项目。

（三）其他项目

其他项目主要指企业承担的总体为其他单位的产品，或者任务方已给定代号的产品。其代号一般按任务书或合同来确定。

四、阶段的确定

企业自筹飞行演示验证项目一般分为概念论证、样机研制和集成演示 3 个阶段。

目前国家或集团立项的飞行演示验证项目采用与型号产品一致的 4 个阶段，即方案阶段、初样阶段、试样阶段和定型阶段。

依据项目研制的步骤，综合考虑项目的实施情况，可按图 4 - 3 确定项目的阶段，采用细化或基本或简化的研制阶段。

五、标准化工作内容

演示验证飞行项目依据确定的阶段，应适时开展标准化工作，其具体工作内容见表4 - 12。

表 4 - 12　标准化工作内容

项目研制步骤	标准化工作内容	标准化成果形式
概念探索	1）参与立项可行性报告编制工作； 2）编制立项阶段标准化工作调研报告，主要包含相关已有标准可提供的支撑； 3）充分利用已有型号的技术，根据具体情况，提出利用方案（主要针对该型类的演示验证飞行项目）	标准化工作调研报告； 标准化工作策划； 可行性报告中应提出相关技术的标准化分析，对提出的国外、国际标准应提出采纳程度，需要翻译的应列入计划
概念研究和技术开发		

续表

<table>
<tr><th>项目研制步骤</th><th>标准化工作内容</th><th>标准化成果形式</th></tr>
<tr><td>初步设计和技术完善</td><td rowspan="3">1）明确选用的原材料、元器件应有稳定的货源供给；
2）统计标准选用情况，梳理缺项标准；
3）提出标准选用范围（可参考已有的选用范围提出选用原则）；
4）提出标准化贯彻方案；
5）提出同步开展“三化”方案要求为工程立项做好准备；
6）提出标准化预研课题项目</td><td rowspan="3">标准化工作计划；
标准化实施要求；
各类标准选用范围；
预研课题项目表；
制修订标准项目表；
新材料统计表；
新技术统计表</td></tr>
<tr><td>详细设计和制造</td></tr>
<tr><td>产品组装、集成、验证</td></tr>
<tr><td>演示验证飞行</td><td>1）负责审查该阶段设计文件；
2）编写标准化工作总结，提出后续建议及今后制修订标准方向；
3）提出需要制修订标准的具体项目及标准编制草案；
4）初步形成“三化”方案，可能的情况下提出“三化”项目、统一化规定及体系表；
5）编制标准化鉴定验收要求；
6）检查是否提出预研课题；
7）参加鉴定验收阶段评审，并提出标准化鉴定验收</td><td>标准化工作总结；
标准制修订项目计划表；
标准草案；
标准化审查报告</td></tr>
</table>

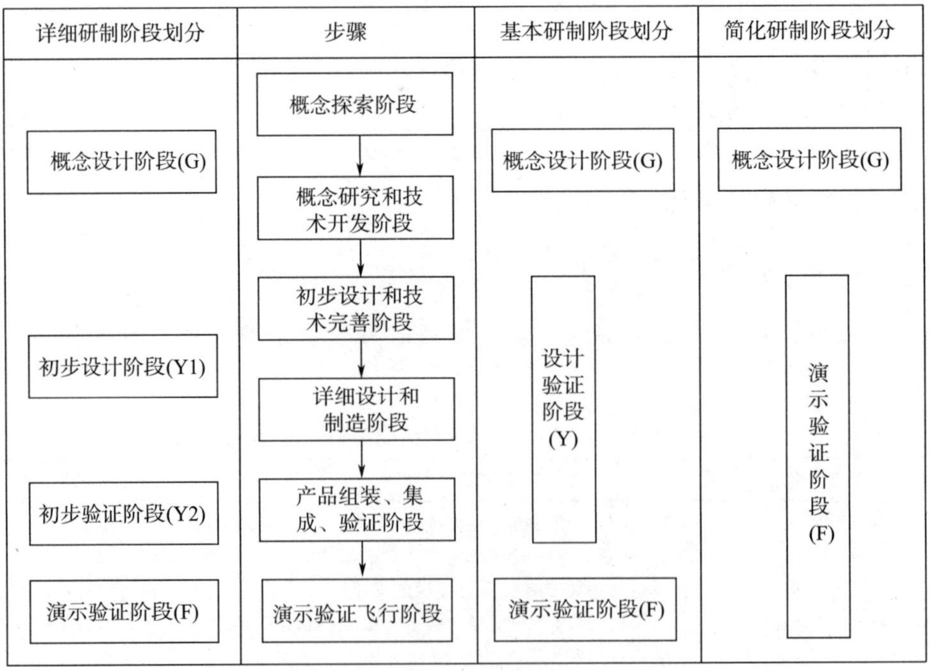

图 4－3　研制阶段

第六节　外包单位标准化管理模式

在型号标准化工作中，外包单位的标准化工作贯穿于型号研制生产的全过程。对外包单位的标准化管理重点是标准化大纲的贯彻和转阶段标准化工作的检查。

外包产品标准化工作要求、外包产品验收等是标准化的重要工作。

一、标准化大纲的贯彻

随着科学技术发展的多元化和专业化，设备的外包产品将愈来愈多，因此对供方的研制和生产质量控制也越来越重要。外包产品的标准化工作已成为承制单位对供方的研制和生产质量控制的一个重要内容。企业应根据产品的寿命周期的不同阶段，对外包产品的供方提出各阶段应贯彻标准化大纲。

设计及管理人员需在任务书或合同中明确提出标准化要求，提出的内容应包含对标准化大纲实施、选用范围、标准编制和对重要标准的贯彻，明确具体要求。

[示例 4-5]　标准化要求示例

7 标准化要求
7.1 金属材料选用的标准应执行××××。
7.2 非金属材料选用的标准应执行××××。
7.3 专业标准的选用应执行××××。
7.4 通用标准的选用应执行××××。
7.5 导线电缆统一化规定应执行××××。
7.6 对新材料的研制，在产品定型前应形成标准，并经甲方设计和质量、标准化人员会签后，列入选用范围中。
7.7 对超出选用范围的标准，应按 QJ 893A 办理手续，按流程签署后由甲方备案。
7.8 外包产品的关、重件应按 QJ 892A 执行。
7.9 文件的完整性应符合 QJ 1714.6B。

二、转阶段标准化评审

任务提出方应在任务书中提出外包产品的转阶段标准化评审要求。外包产品承制单位应按任务书要求进行标准化评审，其评审可以与设计评审同时进行，与设计评审同时进行不单独出报告时，其标准化评审内容应体现在设计评审报告中。任务提出方标准化相关人员应参与评审，并给出结论。

三、外包产品转阶段标准化工作具体实施举例

型号转阶段主要任务是：对其性能进行全面考核，确认是否达到研制总要求和研制合同的要求，作出是否可以转阶段的结论。

外包产品作为其组成部分其转阶段工作能否顺利圆满完成对以后的型号任务计划起着至关重要的作用，而标准化策划和组织在转阶段工作过程中起到重要作用。下面根据我们的工作实践，举例说明外包产品如何做好型号转阶段中的标准化工作。

（一）状态清理

作为外包产品单位，针对产品的状态清理可以从以下方面着手开展。

对产品技术状态的全面复查进行策划，形成策划文件。其内容可以包括结构尺寸是否符合任务书要求、文件是否协调一致、研制期间“三单”（技术通知单、更改单、质疑单）办理情况等。对于“三单”应关注“三单”的内容是否可纳入转阶段正式的技术文件中，需要做哪些状态更改，并应要求设计人员形成详细总结报告；设计师系统编制转阶段需要的设计文件清单，工艺师系统在充分了解产品性能、结构特点的基础上编制产品的工艺文件清单，使设计、工艺和管理人员对转阶段过程中的技术状态做到人人心中有数，为转阶段工作的顺利开展打下基础。

（二）及时与任务提出方协调

任务提出方的标准化文件是外包产品转阶段过程中的纲领性文件，各项标准化工作应严格贯彻，才能确保转阶段标准化工作顺利实施，最终通过任务提出方的验收。外包产品研制单位在转阶段工作之前应认真与任务提出方商讨相关标准化文件，领会其中真正含义，并对照自己单位的研制实际，考虑哪些要求可以做到，哪些要求做不到，原因是什么，如确实无法做到，应及时反馈，如实反映文件执行中的困难，协商出解决问题的可行办法。同时，配合技术人员对本单位产品所选用的各种标准进行清理，在满足产品性能和结构要求的前提下尽可能减少标准选用种类，以提高产品固有可靠性，简化生产管理模式，并将标准汇总结果与任务提出方的标准选用范围作比较，对于超出选用范围的标准按照标准类别、标准名称和选用理由报与任务提出方，协调纳入其中，为转阶段文件编制的合理性打下基础。

（三）编写标准化要求

在满足任务书要求的前提下，应根据自己单位的实际情况，将任务提出方文件的要求具体细化，转化为本单位的标准化要求文件，其中包括产品转阶段的一般要求（含转阶段级别划分结果、每个级别所应编制的文件、文件格式、内容以及责任单位）、转阶段实施标准要求；根据标准的时效性还应提出标准更新代替后技术文件如何应对的原则、转阶段技术文件的完整性要求、产品的“三化”要求；重点强调技术文件的更改方法，该项内容一定要具体可操作，因为它直接指导技术人员进行技术文件的编制；强调技术文件签署的严肃性，要求各级人员认真履行各自的责任，做到签署负责。

（四）动员宣贯标准化要求

为使外包产品技术人员掌握相关标准要求，任务提出方或任务承担方应积极组织宣贯。任务提出方标准化主管人员应就转阶段的有关标准化问题详细讲解，主要包括转阶段的一般要求、技术文件完整性、技术文件更改方法、定型申报文件的种类以及每类文件所应编写的章节和内容；根据以往工作过程中经常出现的问题，提醒外包产品承担单位应要注意技术文件间的协调性，即设计输入与设计输出的协调、设计与工艺的协调。同时，还要注意产品在工艺实现过程中不易解决的问题，反馈给设计部门，尽量使设计文件考虑到工艺的可实现性。

（五）整理复查技术文件

产品转阶段意味着型号设计技术状态的正式冻结，一般不允许再作变动。所以，技术文件的编制是整个型号转阶段过程中最重要的一环，起到源头作用，其编制质量直接影响到产品生产能否顺利进行，也是各项标准能否贯彻实施的重要时期。因此，对技术文件进行标准化审查就显得尤为重要，任务提出方设计和标准化人员应按转阶段标准化要求和上级各项法令法规对其进行仔细全面检查，以保证技术文件的正确、合理、协调、完整。

以上是外包产品在转阶段过程中标准化的重点工作项目提供给各位，供参考。

第五章　企业标准体系

前面几章，我们介绍了综合标准化、企业标准化系统工程及企业标准系统的概念。本章将详细介绍各类标准体系的建立及实施。

第一节　概论

一、对标准体系的解析

标准体系是指一定范围内的标准按其内在联系形成的科学的有机整体。

（一）一定范围

“一定范围”是指标准体系所包括的范围。按 GB/T 15496—1995《企业标准化工作指南》中的要求，在企业范围，凡是企业需要协调统一的技术要求、管理要求和工作要求都应制定企业标准，并纳入企业标准体系中，同时企业标准体系范围内所有标准的活动在企业应具有强制效力。

（二）内在联系

“内在联系”包括 3 种联系：即：“系统联系”“结构联系”和“功能联系”。

1）“系统联系”是指企业标准体系内，各分系统之间及分系统与子系统之间存在着相互依赖又相互制约的联系。依照这种联系，可正确地确定各分系统及子系统的合理位置。

2）“结构联系”包括上下联系和左右联系。上下联系可分为从下到上的共性形成或制定关系和从上到下的指导制约或贯彻关系，企业应尽量扩大共性标准的适用范围，并尽量安排在高层次上；制定标准时应明确标准化对象，避免在一个标准中包括过多的标准化对象。左右联系指标准门类之间相互协调统一、衔接配套的联系，即制定标准时要注意与已有标准的协调统一。

3）“功能联系”包括标准相同功能联系和标准不同功能联系。功能相同的标准应归到同一系统或同一子系统中；功能不同的标准可按功能联系安排标准的先后顺序。

（三）科学的有机整体

“科学的有机整体”是指根据“内在联系”原则制定的标准实施后能发挥出标准化系统的功能，从而达到最佳秩序和社会效益，反之，在制定标准时，也应紧紧围绕整体系统从而达到最佳秩序和社会效益这一原则。

二、标准体系与标准综合体

标准综合体与标准体系的区别和联系是什么呢？标准综合体是在开展综合标准化过程

中形成的，而企业标准体系是企业标准长期积累的结果，是在标准规划管理中建立的。其区别和联系见表 5－1。标准综合体与标准体系各有特点、各有用途，两者相互配合才能使企业实现更好的经济效益。实际上我们可以认为标准综合体是企业标准体系的缩小版。

表 5－1　标准综合体与标准体系的区别和联系

项目	标准体系	标准综合体
对象	通常以整个企业的经营管理为对象，是多专业的	通常以某产品或项目为对象，具有具体、单一的特征
目标	抽象，宏观	明确，量化
形成过程	是长期的积累过程	在限定的时间内协同完成
制定模式	单个制定，其背景、目的各不相同	围绕综合性目标成套制定
范围	企业内部	有时跨行业、跨部门、跨专业或跨企业的
协调方式	单个制定的标准个别协调，力求不重复、不矛盾，协调范围和深度有限	全套标准集中、统一、整体协调，以实现整体效益最佳为目的
构成要素	在用标准、用过的标准和将来可能用的标准	仅涉及与实际目标相关的标准
实施方式	实施和备用标准并存	按限定时间全部实施
结构	按标准性质和层级关系形成分类结构，体系秩序调整不方便	以主体为核心由相关要素组成隶属关系结构，结构稳定、有序度高
属性	要素多，联系较松散	要素间整体协调，关联度高
控制模式	通常做不到全过程监控	全过程监控，闭环管理（制定-实施-检查-反馈-验收）
主攻方向	需考虑企业整体的方方面面	以应用带动制定（属应用主导型）
动态特性	标准数量庞大，层次依存关系强，不易调整	更新调整容易
性质	标准化规划、计划方法	标准化系统工程的典型方法
二者关系	为标准综合体的建设提供可选资源（如：基础、通用、选用标准）	向企业标准体系成批输送最新适用的标准

三、企业标准体系的组成

企业标准体系以技术标准为主体，包括管理标准和工作标准。企业标准体系的组成结构可参见图 5－1。

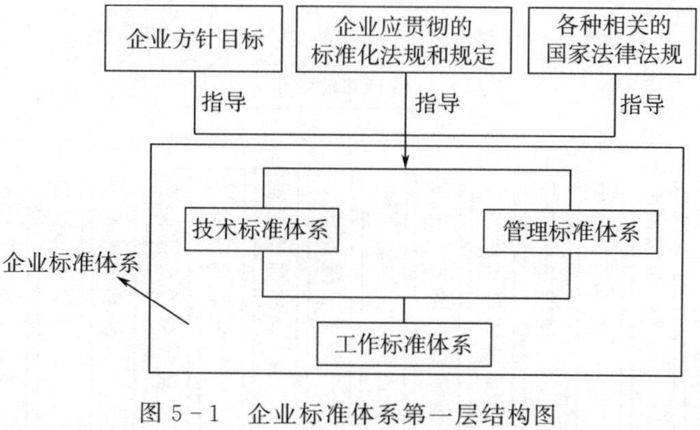

图 5－1　企业标准体系第一层结构图

从图 5－1 可以看出，技术标准体系、管理标准体系的制定必须遵循企业的方针目标，并在标准化法规、规定及国家法律、法规的指导下编制；管理标准和技术标准之间存在着相互交叉、相互渗透的关系，技术标准是主体，管理标准是实施技术保障的保证；工作标准是技术标准和管理标准在某部门或岗位的具体落实和体现，是技术标准和管理标准共同指导的下一层标准，它表明技术标准和管理标准是通过人的工作标准去实现的。

在建立企业标准体系中，应处理好工作标准、技术标准和管理标准的关系。管理标准体系、工作标准体系应贯彻国家有关法律、法规、强制性国家标准、行业标准和地方标准。构成技术标准体系、管理标准体系的标准之间应相互协调一致。管理标准体系应能保证技术标准体系实施，并成为企业管理的保障。工作标准体系应确保技术标准体系或管理标准体系的实施。管理标准、工作标准体系应与企业的其他管理体系相互兼容。工作标准在企业标准体系中起着承上启下的作用。

（一）企业技术标准体系的层次结构

GB/T 15497—2003《企业标准体系 技术标准体系》中，企业技术标准体系层次及分类可参考图 5-2。

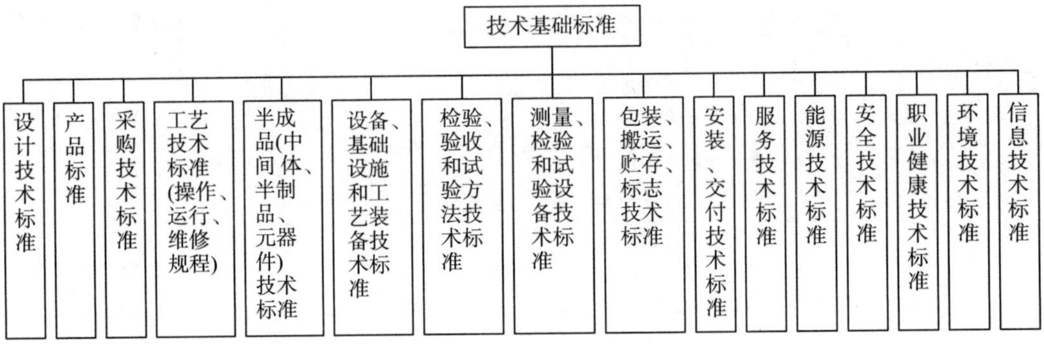

图 5-2 企业技术标准体系的层次结构形式

（二）管理标准体系层次结构

GB/T 15498—2003《企业标准体系 管理标准和工作标准体系》中规定的管理标准体系层次结构见图 5-3。

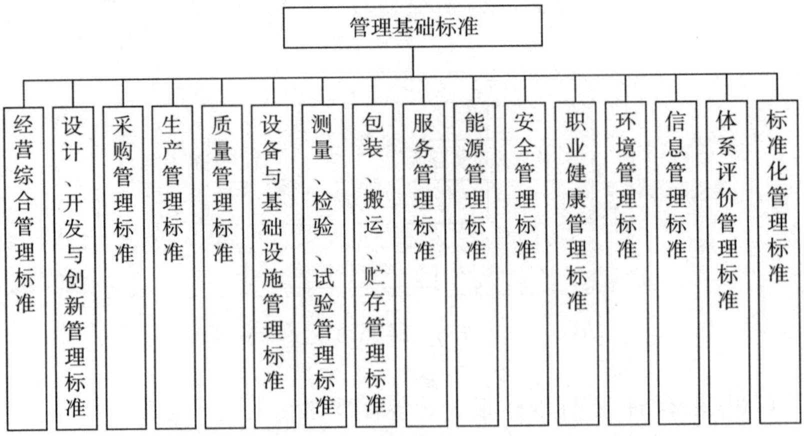

图 5-3 管理标准体系的结构形式

（三）工作标准体系层次结构

GB/T 15498—2003《企业标准体系 管理标准和工作标准体系》中规定的工作标准体系层次结构见图 5-4。

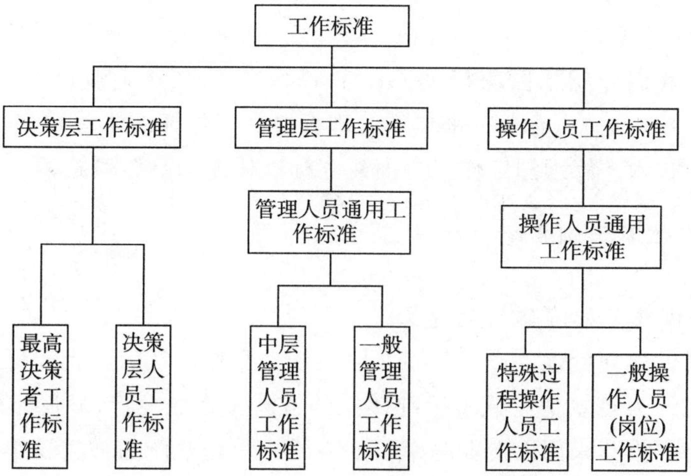

图 5-4　工作标准体系的结构形式

四、标准体系表的编制原则和要求

标准体系表是把一定范围的标准体系内的标准按一定形式排列起来并以图表的形式表达出来，以作为标准制定或修订规划和计划的依据之一；是促进企业标准化工作合理、有序的基础；能展示企业现有、应有和预计发展标准的全面展图。标准体系表是标准化工作的一项基础性工作。

（一）编制原则

目的原则：任何标准体系表的建立都有明确的目标，都是围绕某一个特定的标准化目标形成的，即目标性。

系统原则：系统是由两个以上的组成部分结合成具有特定功能的有机整体，它本身又是它所从属的一个更大系统的组成部分。

层次原则：将一定范围内所有的标准按其一定的划分原则进行集合，而形成层次，如通用标准集合起来，成为最上层次，个性标准的集合为下一层次。

协调原则：指系统内的标准之间必须相互协调一致。

（二）编制要求

全面成套：企业的标准体系表应力求全面成套。凡是本企业科研生产所需要的所有标准都应列入企业标准体系。

层次恰当：每一项标准应根据标准的适用范围，恰当地安排在相应的层次和位置上。

划分明确：标准所属门类的划分应按其功能进行划分。功能相同的要求，应统一制定相同的标准。

第二节　企业标准体系编制示例

第五章第一节我们介绍了国家标准 GB/T 15497—2003《企业标准体系 技术标准体系》和 GB/T 15498—2003《企业标准体系管理标准和工作标准体系》。本节我们将以示例方式来体现企业在技术、管理和工作三方面建立标准体系的具体实施。

一、技术标准体系示例介绍

（一）企业整体技术标准体系的建立

技术标准体系的建立可以以产品和专业两条线分别作为牵引。企业可以根据自身的特点和目的选择哪条线为建立企业技术标准体系的方式，当企业产品种类多，共同特点多、各专业交叉进行时，推荐采用以专业为牵引的方式，当企业产品种类较单一时，可以采用以产品为牵引的方式来建立。当企业产品种类多、专业分工多并且各专业交叉较多时，推荐以专业和产品相结合的方式建立。

[示例 5－1]　以专业为牵引的方式建立技术标准体系

某行业的主业为航天领域的产品，其产品种类多，涉及的专业领域广，如果按产品为主线建立技术标准体系，会造成重复性高的现象，而以专业为主线，则脉络清晰，同时，经分析认为产品的共性较多，适合采用以专业为牵引建立该行业的技术标准体系。某企业的产品按专业划分为：总体、结构与强度设计、制导与姿控设计、导航设计、遥外测设计、数据分析、地面设备设计、供电装置设计、设备运行与服务等，图 5－5 为该企业技术标准框架。

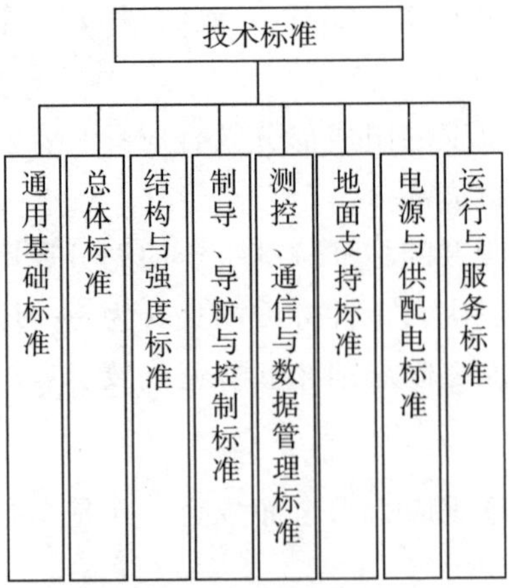

图 5－5　技术标准体系框架

［示例 5－2］　以产品为主线的方式建立技术标准体系

某企业以研制运载器为主产品，虽然运载器的种类很多，但基本构成的主要产品相似，因此选择以产品为主线的方式建立该企业的技术标准体系。

主体对象系统表采用了以型号产品为主体、兼容技术通用标准的结构，即按照企业产品的隶属关系，在项目结构分解的基础上，纵向分层、横向分类编制而成。主体对象系统表共分三层若干个门类。第一层为某系统总体层，第二层为系统产品，第三层为分系统产品，第四层为部、组件产品。第一层设有共用层即技术基础标准层，这些标准适用于该层次及其以下层次的产品，可参考图 5－6 建立其框架。

［示例 5－3］　以属性为主线的方式建立技术标准体系

企业产品种类繁多又各具特点，其中有共性产品，亦有特性产品，专业分工多、交叉多，可以专业和产品相结合的方式划分。标准体系由基础类、设计类、试验类、生产制造类、产品类、项目管理类、质量管理类、服务保障类、信息化类等九大类组。图 5－7 以属性为主线，将企业与产品密切相关的管理标准和技术标准一同建立成为该企业的标准体系，此种建立方式可清晰有效的对产品进行各方面的控制，同时也为标准的完整性提供了明确的方向。

（二）专业类技术标准体系的建设思考

前面我们均是以企业的整体进行思考来建立企业标准体系，那么如果一个专业领域或一个部门为完善其技术标准项目该如何做呢？可参考示例 5－4 的“六性”技术标准体系框架及示例 5－5 可靠性设计准则体系框架的的建立，完善企业的更细致的需求。

［示例 5－4］　“六性”技术标准体系

“六性”技术标准体系主要是从设计、试验、分析和评价 4 个方面考虑其标准体系的构成，其具体结构可参见图 5－8 的模式建立。

［示例 5－5］　可靠性设计准则体系

产品可靠性设计准则体系编制过程中充分利用了质量问题归零和举一反三过程中积累的设计改进经验教训，产品可靠性设计准则体系的编制解决了型号产品可靠性设计准则编写不系统、不量化、覆盖面不全等问题。产品可靠性设计准则结合型号产品树和专业设置情况，遵循了如下思路：结合已有基础，编写型号通用可靠性设计准则；以专业为主线，建立完善的项目总体、分系统各专业可靠性设计准则体系。在分系统可靠性设计准则体系基础上，建立典型产品可靠性设计准则体系；可靠性设计准则以院标和所标形式发布；根据可靠性设计准则在型号研制过程中的具体应用，以及质量问题归零及举一反三改进措施的经验积累，可阶段性地动态更新、维护修订型号产品可靠性设计准则体系。参见图5－9。

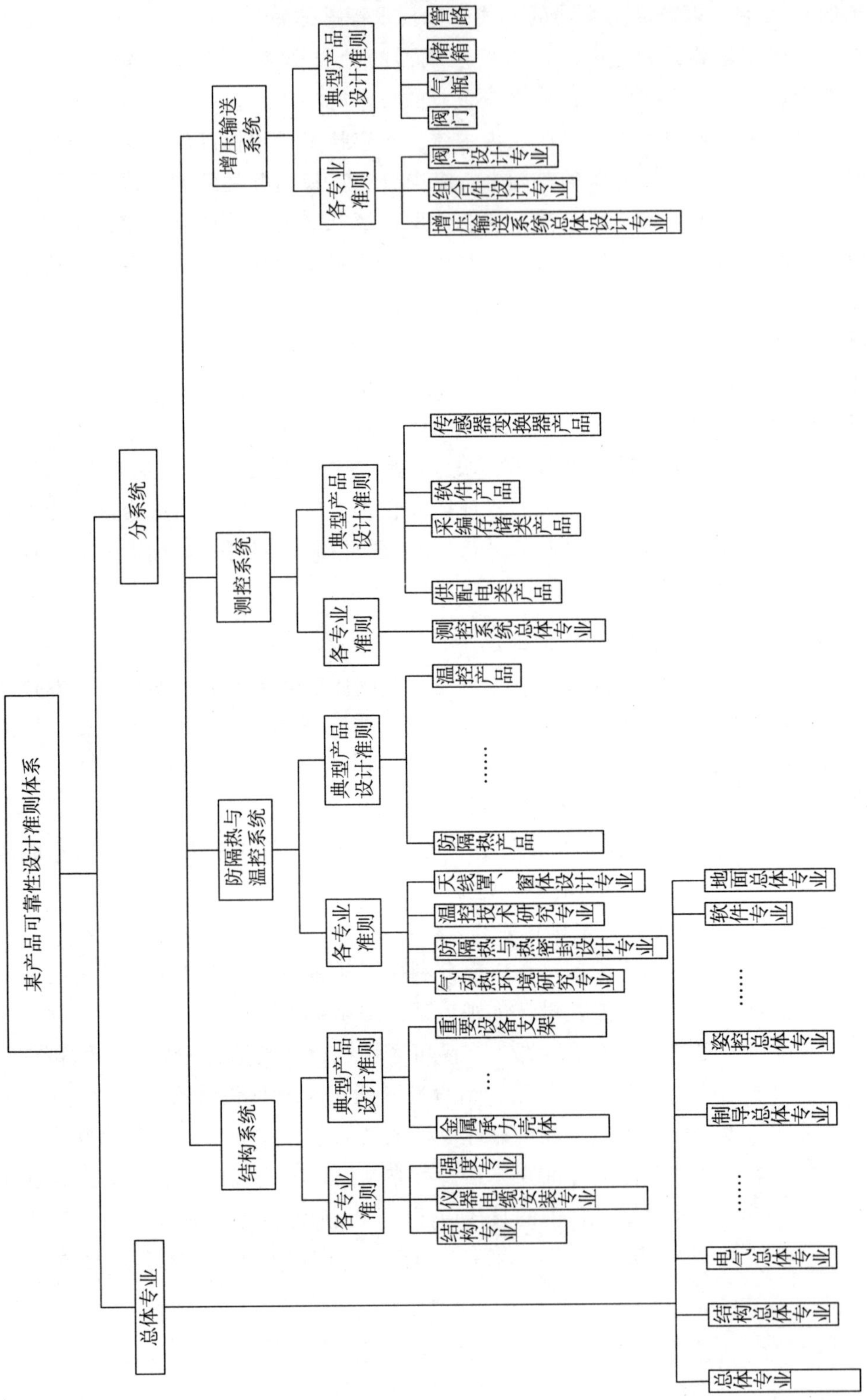

图5－6　某系统标准体系框图

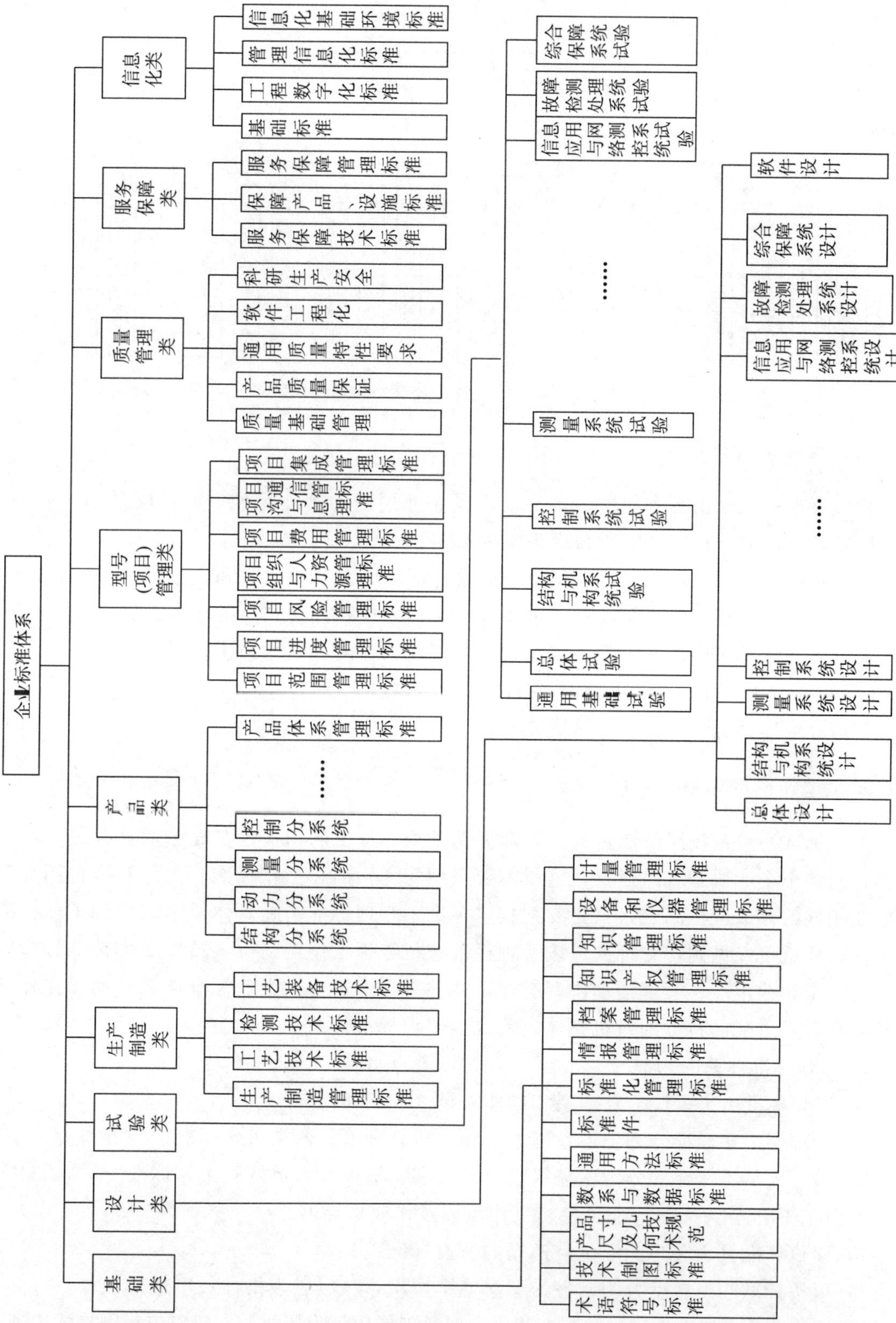
企业标准体系
信息化类
信息化基础环境标准
管理信息化标准
工程数字化标准
基础标准
服务保障类
服务保障管理标准
保障产品、设施标准
服务保障技术标准
质量管理类
科研生产安全
软件工程化
通用质量特性要求
产品质量保证
质量基础管理
型号(项目)管理类
项目集成管理标准
项目沟通与信息管理标准
项目费用管理标准
项目组织与人力资源管理标准
项目风险管理标准
项目进度管理标准
项目范围管理标准
产品类
产品体系管理标准
……
控制分系统
测量分系统
动力分系统
结构分系统
生产制造类
工艺装备技术标准
检测技术标准
工艺技术标准
生产制造管理标准
试验类
综合保障系统试验
故障检测处理系统试验
信息应用与网络测控系统试验
……
测量系统试验
控制系统试验
结构与机构系统试验
总体试验
通用基础试验
设计类
软件设计
综合保障系统设计
故障检测处理系统设计
信息应用与网络测控系统设计
……
控制系统设计
测量系统设计
结构与机构系统设计
总体设计
基础类
计量管理标准
设备和仪器管理标准
知识管理标准
知识产权管理标准
档案管理标准
情报管理标准
标准化管理标准
标准件
通用方法标准
数系与数据标准
产品尺寸及几何技术规范
技术制图标准
术语符号标准

图5－7　标准体系框图

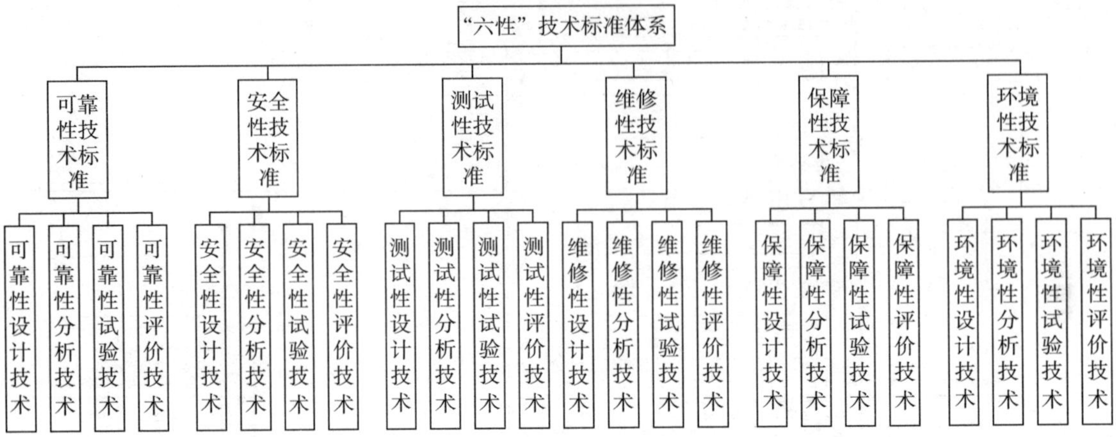

图 5－8　"六性"技术标准体系结构图

二、管理标准体系

管理标准一般采用两个层次，第一层次是企业层面的管理标准，覆盖面是整个企业，第二层是各部门的管理标准，覆盖面为本处或本室。

管理标准一般由企业制定，它是使企业管理活动所涉及的内容和应达到的要求、措施和方法，经过一定范围内协调统一，采用标准化的原理和方法制定的标准。管理标准规定了企业的各种管理事项由谁来管、怎么管、管到什么程度、应达到什么要求等。

[示例 5－6]　常见管理标准体系的构成

管理标准体系的具体构成可见图 5－10。

三、工作标准体系

工作标准一般是按岗位制定的。企业要调动全体员工的积极性，充分发挥各层人员的职责，使整个企业协调有序运行，这就需要采用管理标准和工作标准。工作标准也用与管理标准相同的办法进行制定，只是要把技术标准、管理标准实施具体要求制定到工作标准中去。这样就可以做到，管理人员按管理标准进行管理工作，岗位人员按工作标准进行操作，使整个企业生产、管理活动协调有序，井井有条地进行。企业标准体系中的工作标准按其内在联系形成的科学的有机整体，称之为工作标准体系。

1. 工作标准体系的构成

1）工作标准由决策层、管理层和操作人员 3 个层面构成；

2）管理层工作标准分为中层管理人员和一般管理人员两类工作标准；

3）设计人员工作标准分为主任级设计人员和一般设计人员两类工作标准。

2. 工作标准分为岗位标准目录、工作流程及作业指导书

1）岗位标准目录应为此岗位应遵循的所有标准；

2）可按标准的熟悉度分为掌握、了解两个层次，一般以表格样式出现；

3）工作流程可按工作流程及节点和应完成的工作项目为依据，一般以流程图格式出现。

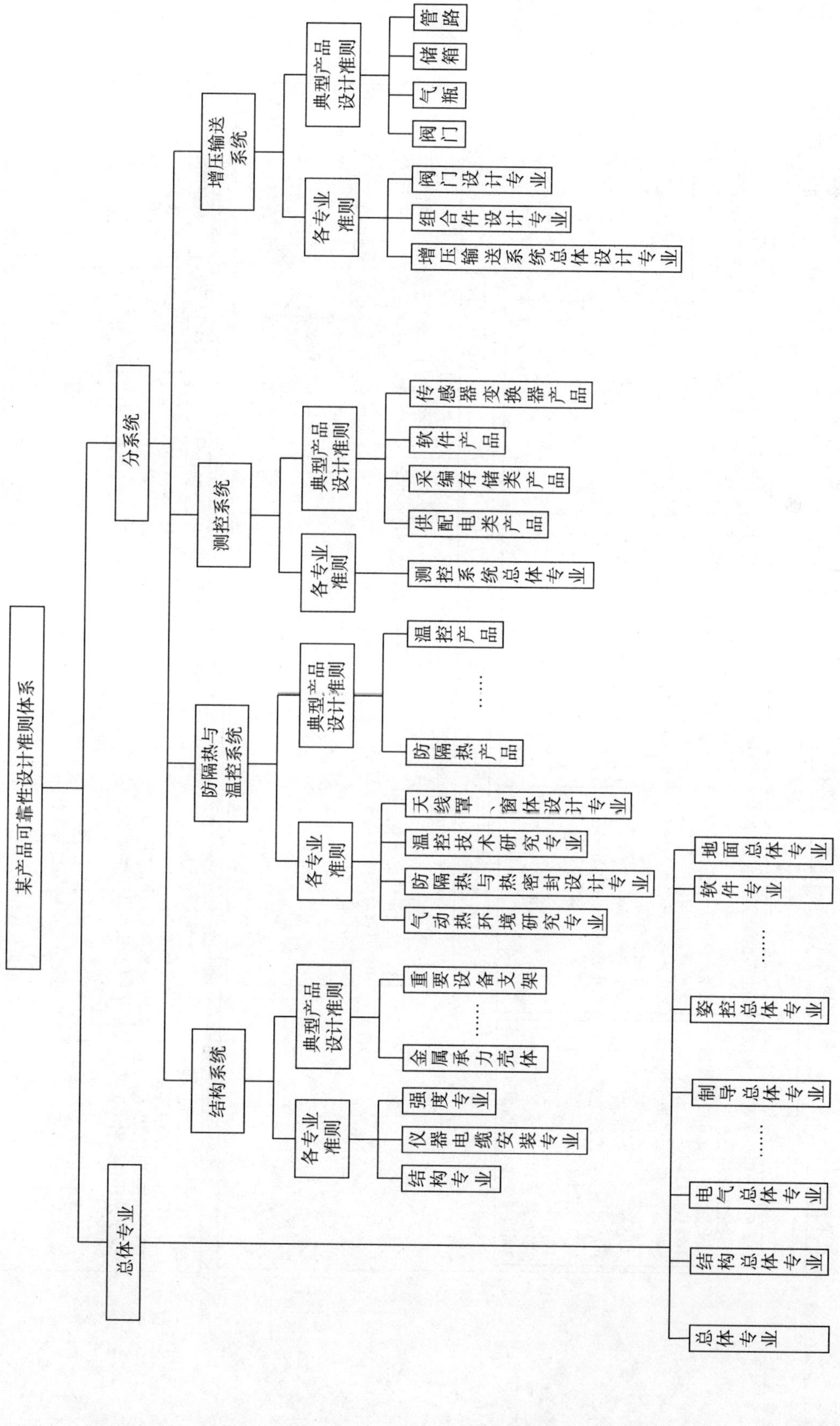

图5-9　某型号分系统可靠性设计准则体系框架

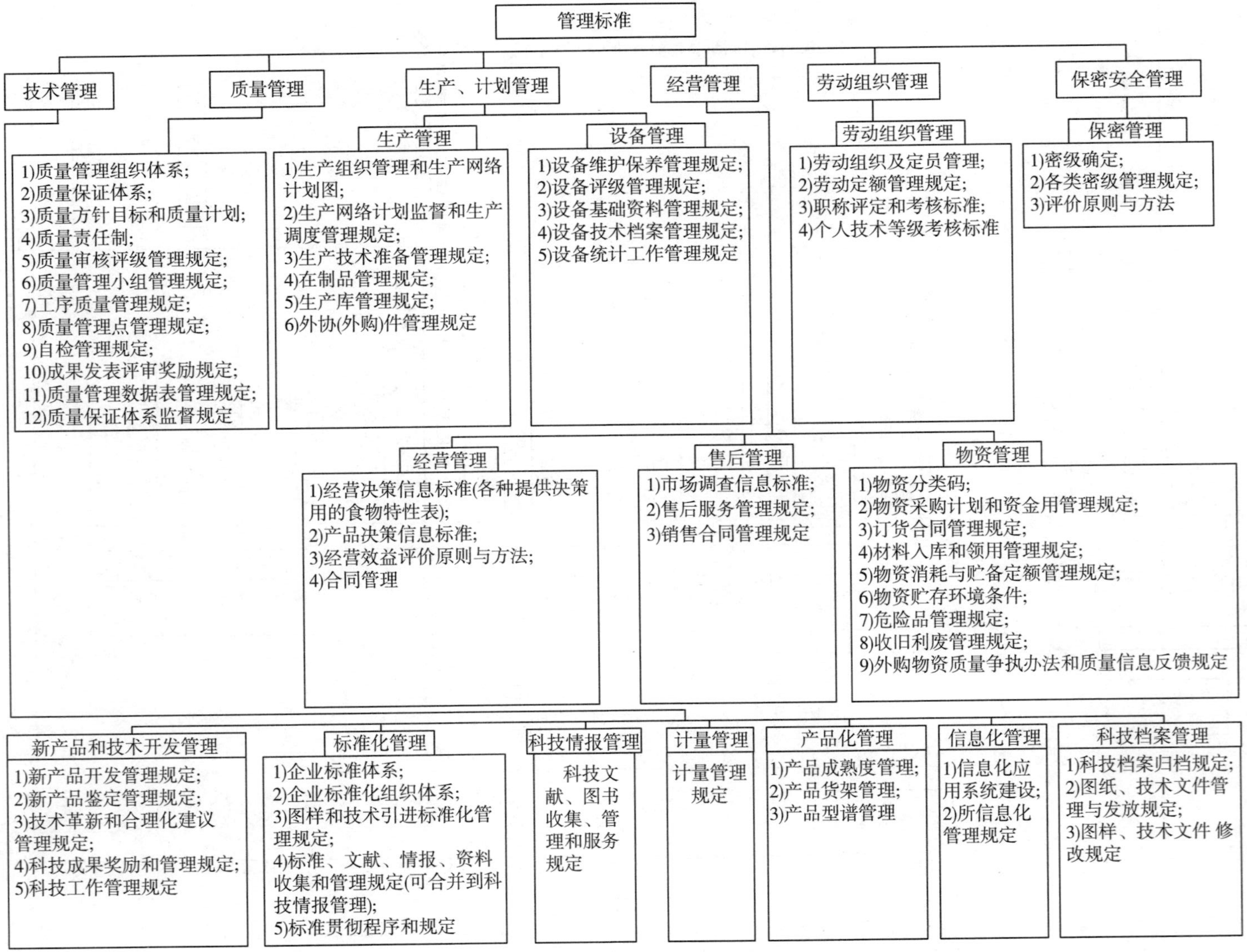

图5－10　管理标准体系基本组成表

[示例 5-7]　某企业工作标准体系构成框架

某企业工作标准体系的框架见图 5-11。

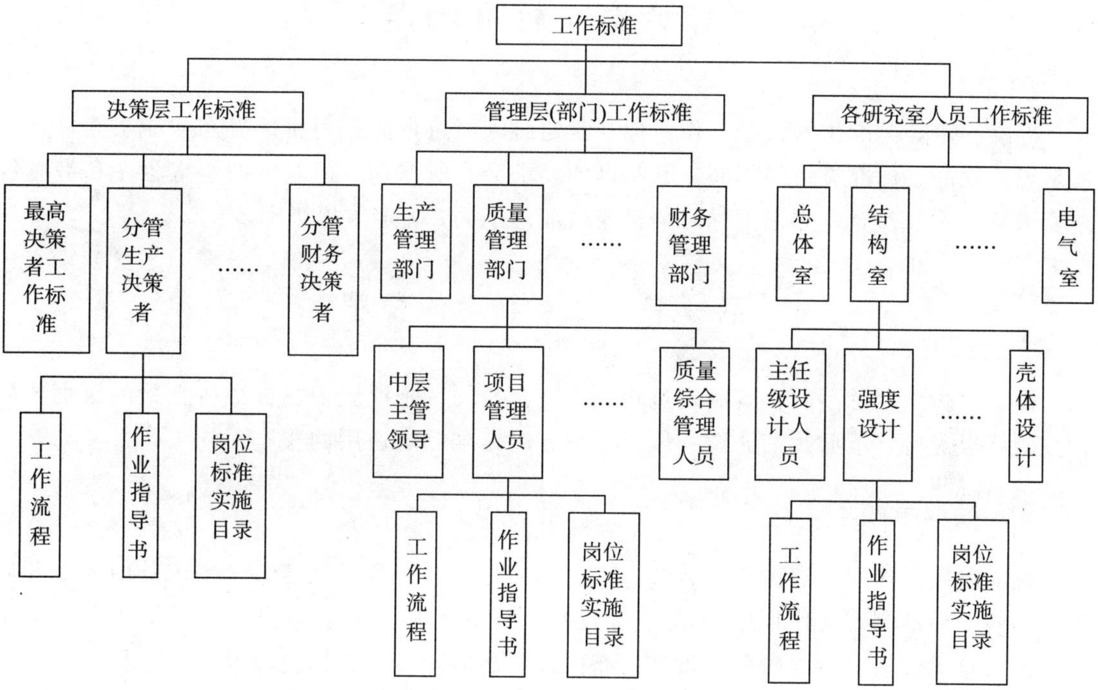

图 5-11　工作标准体系构成形式

第六章　标准制定

标准制定是标准化的核心工作。标准制定必须经过审查、审批、发布才能实施，其过程是规范化的。标准级别的不同，其制订的要求会有所差别，但基本的制定程序和编制规定要求是一致的。企业应根据标准项目受众面的不同，确定申报级别。

第一节　标准制定的程序

标准根据级别的不同，其制定过程亦不完全相同。企业应根据标准应上报的级别按照相关的要求进行。下面我们介绍一般情况下各级标准制定通用的程序。

一、标准制定流程

标准制定工作应在遵循先进、统一、协调、适用、一致及规范 6 个要求的前提上开展工作。各级标准制定工作程序一般可分为 9 个阶段：明确需求阶段、立项阶段、起草阶段、征求意见阶段、审查阶段、批准发布阶段、出版阶段、归档阶段及复审阶段。

二、各阶段工作内容及要求

（一）明确需求阶段

依据各级标准化主管部门论证项目指南的要求，结合企业体系及产品、项目研制和管理的要求，提出下一年度标准制定项目并确定标准制定的级别，此工作一般应在前一年度的二季度前完成。上报的项目可以分为：标准的制（修）定项目、标准化研究项目和标准化工作项目。

军工行业标准项目需求分析一般包含：《申报汇总表》（见表 6－1）和《军工行业标准申请表》（见表 6－2）。

表 6－1　申报汇总表

序号	名称	承研单位	负责人	研究内容	针对解决的重大问题	研究周期	经费

表 6-2　军工行业标准申请表

<table>
<tr><td>标准名称</td><td colspan="3"></td></tr>
<tr><td>适用行业</td><td></td><td>起止时间</td><td></td></tr>
<tr><td>类型</td><td></td><td>标准编号</td><td></td></tr>
<tr><td>主编单位</td><td></td><td>主编人员</td><td></td></tr>
<tr><td>联合提出单位</td><td colspan="3"></td></tr>
<tr><td colspan="4">必要性：</td></tr>
<tr><td colspan="4">标准适用范围及主要技术内容：</td></tr>
<tr><td colspan="4">国内外有关标准情况：</td></tr>
</table>

（二）立项阶段

标准项目在立项阶段应分别编制立项论证报告，一般立项论证报告包含以下内容。

1. 需求分析

标准立项首先应分析本项目所属技术领域的国内外技术现状、应用或型号需求背景。提出需要解决的主要问题和项目预期达到的主要目的，以及解决这些问题将制定多少项标准，有哪些现行标准与这些问题有关，并说明与这些标准的主要技术差异。说明本项目的实施对于推动技术进步、提高效率、缩短研制周期、提高型号产品的质量和寿命等方面的作用。给出标准相关性查询情况的说明或提交《标准相关性查询报告》。其需求分析应立足在标准需求上，而不是技术需求上。

2. 内容与范围

说明本项目构成设想和适用领域；标准主要内容应列出标准的编制大纲，特别是要列出有实质性内容的章节条款。对于标准修订项目，应详细列出标准修订涉及的主要条款，如标准结构的调整、有关技术内容的主要变化点等。如果制定的标准是由多个部分组成的标准，则应分别说明每个部分标准的名称和主要内容。

按规定要编制标准草案，与标准立项论证报告（或标准项目建议书）一同提交。

3. 可行性研究

主要说明以下几个方面的内容：说明国内外和本单位已开展的相关科研工作和取得的有关成果（包括标准预先研究成果），已经收集或可能收集到的相关资料情况；重点论述本项目技术内容的成熟性和制定本项目的适时性，本单位实施该类项目所具备的研究基础和技术条件；说明与本项目有关的设计、生产、使用、管理单位的态度；以及参与本标准的编制人员是否具备丰富的经验和能力。

4. 经济效益与社会效益预测

通过标准的制修订工作将使技术和管理工作规范化，尤其是在型号研制的过程中可以使科研、生产、试验少走弯路，缩短研制周期，降低研制成本，提高产品的可靠性，预计产生的经济效益（能定量计算更佳）和社会效益。

立项论证除以上内容外，还包括建议参加单位及需要承担的任务，工作进度安排设想及经费预算等内容。

（三）起草阶段

标准经过立项审批通过后，即应开始进行编制，进入起草阶段。起草阶段的主要工作过程及要求如下。

1. 成立标准编制组

标准计划项目下达后，负责标准起草的主编单位应根据项目涉及的范围和特点，会同相关单位成立标准编制组。编制组一般应包括科研、生产、使用等方面的代表。编制组成人员应具有较丰富的专业知识和实践经验，掌握标准化工作的有关规定，并具有较强的文字表达能力。

标准编制组的主要任务是：

1）制定标准编制计划和编写大纲；

2）广泛收集资料，进行调研分析和必要的试验验证；

3）编写标准草案和编制说明；

4）广泛征求意见，汇总并处理反馈意见，协调处理技术问题，保证标准技术内容的正确性。

2. 拟定工作计划

标准编制组成立后，应首先制定工作计划，内容包括：标准名称和范围的确定；制定标准的框架及主要内容；工作安排及计划要求；编制组内部任务分工；调研计划及试验验证的安排；与外协单位的协作项目和经费预算等。

3. 开展调查研究

标准编制组应首先收集与起草标准有关的资料并加以研究、分析。如国内外标准资料；国内外生产的概况、经验、技术问题的解决办法以及达到的水平；相关科研成果报告、论文；国内外先进企业的产品样本、样机及有关数据的对比或说明书等。

标准编制组的人员可以采用走访的形式，即深入到具有代表性的科研、生产、管理、流通、使用单位进行调查研究，也可以采用函调的方式，即列出调研提纲，发至有关单位调查研究。

4. 试验验证

根据需要，对通过试验验证才能确定的技术内容或技术指标，开展试验验证，并提出试验报告和结论。试验验证应尽可能与厂（所）和使用单位的生产、科研试验任务结合起来进行，以减少试验次数和试验费用。

5. 编写标准征求意见稿和编制说明

在标准编制的过程中，标准各阶段形成的标准文稿称为标准草案。标准草案（一般包括征求意见稿、预审稿、送审稿、报批稿）的编写应符合有关标准的规定，具体要求可参见本章第二节和第三节。

征求意见稿可以只有一稿，对有些技术内容复杂的标准，也可以有第二稿和第三稿。

在编写标准草案的同时，应编写“编制说明”，行业标准编制说明的主要内容包括：

1）任务来源及计划要求：项目通过前期论证通过后，一般会下达编制计划，此编制计划即为“任务来源及要求”；

2）编制过程：包括编制原则、工作分工、征求意见单位、各阶段工作过程等。主要体现标准编制过程中所有编制人员所承担的具体工作项目及工作内容；

3）调研和分析工作的情况：详细描述标准编制前期的调研和分析工作，包括调研的单位、调研内容、调研的分析对比等；

4）主要技术内容说明：包括技术参数与指标的确定依据、修订标准的各修订点及其理由、重大分歧意见的解决过程和结果等；

5）验证试验的情况和结果：航天产品的标准中所涉及的此验证试验是指是否参与了相关的飞行试验，飞行试验验证情况如何；如为其他产品不参与飞行的，其验证试验应为是否经过用户的模拟使用等。此项目主要体现标准项目的成熟性和稳定性；

6）与国外同类标准的分析对比：与国外同类标准的分析对比，建议以表格形式体现。应充分利用各类资源查询相关国外的标准进行对比，从而反映出该标准项目所处的国际地位；如未查到相关国际、国外标准时，亦应将国外相关的技术文件进行查阅对比；

7）与现行法规、标准的关系：主要体现该标准项目与已有的法规、标准的协调性。不应与现行法规、标准冲突；如有冲突应表明原有标准、法规的不适用性并经过验证，有充分的理由来说明；

8）实施标准的要求和措施的建议：主要体现本标准项目的实施发布是否需要特定的环境条件等，如某些工艺标准、要求等的实施需要相关生产制造单位升级工艺装备或生产设备等；

9）其他需要说明的事项：以上各条不能包含的内容，又必须说明的事项；

10）参考资料清单：列出标准项目制定过程中参考的资料，可以包含国内外各类资料；并列出资料名称、出处、主要编制人员、编制（或出版）时间等信息，以便标准征求意见和审查过程中相关人员的查阅。

在标准制定的过程中，应根据标准草案的修改情况，对编制说明的内容不断地予以补充完善，在完成报批稿后定稿。

（四）征求意见及预审阶段

标准征求意见及预审阶段分两部分内容，一项是对编制完成的征求意见稿进行征求意见和预审；一项是针对征求和预审的意见对征求意见稿进行修改后，形成送审稿。

1. 征求意见和预审过程及要求

1）征求意见应全面覆盖与本项目相关的单位，并具有代表性，全面覆盖的单位应依据标准级别的不同，覆盖的单位面亦不同，如国家级标准其征求意见一般应覆盖各行业项目相关的单位；航天行业级别的标准其覆盖面为全航天系统（包含航天科技集团、航天科工集团）；航天科技集团（Q/QJA）标准其覆盖面为科技集团项目相关单位；院级标准其覆盖面为全院所辖的项目相关单位；厂（所）级标准其覆盖面为全厂（所）各单位部门；

2）被征求意见的单位或个人应在收到征求意见稿之日起 30 日内提出书面意见。意见重大的，应附说明论据或提出论证资料。逾期不复函，按无异议处理；

3）编制组应对反馈的意见进行认真整理、分析和处理，填写《标准意见汇总处理表》。对标准征求意见稿的技术内容有较大改变或分歧的，标准编制组应再次征求意见，必要时应对重点单位进行专题调研；

4）为了保证标准的主要技术内容和标准结构符合规定，标准在送审之前，可由主编单位召开标准预审会，邀请与标准实施有关的单位及相关领域的专家对标准预审稿进行技术审查。

2. 编写标准送审稿及相关文件

主要包含：标准送审稿的编制说明、送审稿的标准文本及《标准意见汇总处理表》。在填写《标准意见汇总处理表》时，对意见处理的结果有下列 3 种情况：

1）采纳：不用说明理由；

2）部分采纳：应详细说明采纳和未采纳部分的具体内容，未采纳部分应说明理由或依据；

3）未采纳：应说明理由或依据。

（五）审查阶段

审查阶段的主要工作过程和要求如下：

1. 审查前的检查

标准送审稿审查前，应经过标准化主管人员进行标准化审查、签署以及技术负责人进行技术审查、签署。

2. 审查的组织和代表

标准的审查一般由相对应级别标准的主管单位确定审查组成员（一般由标准对口的专业标技委、项目主管机构或委托标准化研究机构组织）。

参加审查的一般由标技委委员、所属领域内的专家或长期从事与标准有关的科研、生产、使用、检验和管理工作，具有丰富实践经验的代表。

3. 审查形式

标准的审查有会议审查（简称会审）和函件审查（简称函审）。各级标准的审查方式可根据影响面、涉及面和协调量来确定。

标准审查材料应提前一个月发至参加审查的单位或专家（院级以下标准一般需提前 15 天），函审期限一般不超过 60 天。

4. 审查的资料

标准审查的资料一般包括：

1）标准送审稿；

2）标准送审稿编制说明；

3）标准送审稿《标准意见汇总处理表》；

4）试验验证报告（如有）。

此外，还包括依据性资料，如《标准报批书》《标准项目建议书》《科研任务合同书》以及编制过程中的说明性资料等。

5. 审查的内容

标准审查的主要内容是：

1）标准是否贯彻了国家和军队的有关方针、政策和法律、法规；

2）是否与相关的现行标准协调一致；

3）标准的技术内容是否正确、完整、合理、可行，是否具有可操作性；

4）标准的格式是否符合标准编写的有关规定；

5）对所提出的意见是否进行了恰当的处理；

6）标准内容的文字表达是否简明、准确，术语、符号、代号是否统一；

7）标准是否先进。

6. 审查结论

国家标准、行业标准（含）以下审查的结论分为“通过”“基本通过”和“不通过”三种；国家军用标准审查的结论分为“通过”“不通过”两种。

“通过”是指仅需对标准送审稿非实质性内容或文字作修改后，即可上报审批；

“基本通过”是指需对标准送审稿个别实质性遗留问题作进一步协调或补充，并写出专题报告后，可上报审批；

“不通过”是指对标准草案实质性问题没有达成一致意见，提出“不通过”的结论者达到四分之一（国家军用标准为五分之一）以上的，标准送审稿不能上报审批，应提出善后处理意见。

7. 编写标准报批稿

标准送审稿审查通过后，由标准编制组根据审查提出的意见对标准送审稿作必要的修改、补充后，完成标准报批稿及有关文件。

（六）批准发布阶段

1. 报批材料审核

1）国家军用标准、军工行业标准及航天集团行业标准的报批材料一般包括：

a）《标准报批书》一式三份；

b）标准报批稿纸型文本一式三份；

c）标准报批稿编制说明一式二份；

d）标准送审稿一份；

e）《标准意见汇总处理表》一份；

f）标准立项论证报告（或标准项目建议书）一份；

g）试验验证报告一份（如有试验验证）；

h）采用或直接引用的国标标准或国外先进标准的原文和译文各一份（如有采用或直接引用）；

i）电子文稿一份；

j）报批文件清单一份；

k）其他。

2）企业标准报批材料一般包括：

a）《标准审批书》（纸制文本或电子文本）；

b）标准报批稿文本（纸制文本或电子文本）；

c）标准报批稿编制说明（纸制文本或电子文本）；

d）《标准意见汇总处理表》（纸制文本或电子文本）；

e）标准任务书（委托书）（纸制文本或电子文本）；

f）其他需要提交的文件。

2. 报批材料复查

标准由其相应级别的标准化主管部门组织或委托有关标准化专业机构，对标准报批材料进行复查，给出复查意见。

3. 标准发布

标准项目主管部门根据复查意见批准发布标准。

（七）出版归档阶段

将各级标准发布的标准送交相关单位编辑、出版、发行。国家军用标准按 GJB0.3—2001《军用标准文件编制工作导则　第 3 部分：出版印刷规定》执行；国家标准、行业标准等按有关规定执行。

国家军用标准批准发布后，应在三个月内完成归档工作。

航天行业标准批准发布后，应在一个月内完成归档工作。

航天科技集团公司标准批准发布后，应在一个月内完成归档工作。

企业级标准依据各单位的实际情况可以每年度进行一次发布或半年进行一次发布。

（八）复审阶段

标准的复审工作内容主要包括：对标准实施中发现的不符合实际或不合理的内容，按规定程序提出并进行审查，及时修改；定期对标准进行复审，复审周期一般不超过 5 年。标准复审的结论分为有效、修改、修订或废止。

第二节　标准编写规定

标准的编制是标准制定中重要的环节。标准编写按级别的不同，其格式、内容、要求亦有所不同，但文字描述要求基本一致。本节介绍的内容适用于国家军用标准、航天行业标准及厂（所）级标准的编写。

一、编写标准的基本规定

各级标准的编写应符合表 6 - 3 的规定。

表 6-3 各级标准编写规定

序号	标准类别	标准名称
1	国家标准	GB 1.1—2009《标准化工作导则 第 1 部分：标准的结构和编写》
2	国家军用标准	GJB 0.1—2001《标准化工作导则 第 1 部分：军用标准和指导性技术文件编写规定》； GJB 0.2—2001《标准化工作导则 第 2 部分：军用规范编写规定》
3	航天行业标准	GJB 6000—2001《标准编写规定》
4	企业标准	各企业的《标准编写规定》

二、标准的结构

标准的结构，就是标准的“骨架”，是标准各组成单元的总体布局和相关内容的具体安排。根据中国标准的规定，标准结构是按照标准的内容和标准的层次两个方面进行划分的。

（一）标准内容的划分

各种标准，尽管其标准化对象不同，范围各异、内容或多或少，但他们都是由各种要素构成的。这些要素按照其性质分为规范性要素和资料性要素。规范性要素又可分为一般要素和技术要素；资料性要素又可分为概述要素和补充要素。其结构编排与作用见表6-4。

表 6-4 标准结构编排与作用

要素类型	要素	作用
资料性概述要素	**封面** 目次 **前言** 引言	明确标准的级别； 介绍标准内容设计范围、标准的结构框架及制定情况； 与其他标准的相互关系等
规范性一般要素	名称 范围 规范性引用文件	阐明标准的主题和标准中所规定的中心内容
规范性技术要素	术语和定义 符号和缩略语 技术要素部分 规范性附录	指标准的核心部分，是对标准的实质内容作出具体规定
资料性补充要素	资料性附录 参考文献 索引	提供一些附加信息，以帮助理解和使用标准

注：黑体表示“必备要素”，是标准中必须存在的要素；其他要素表示“可选要素”，根据标准的需要、标准化对象的特征和制定标准目的的不同而加以取舍。

（二）标准的层次划分

根据标准文本和结构的特点，标准的层次划分和位置采用部分、章、条、段、列项和附录等形式。

1. 部分

通常一个标准化对象一般应编制一项单独的标准。特殊情况下，也可以在相同标准顺序号下将一项标准分成若干个彼此独立的部分。

这里有一个概念需要澄清。部分不是独立的标准，也不是系列标准中的一个标准，它是一项标准中的一个“层次”。

目前我们涉及的标准群的概念应与其部分区分开，标准群中的标准是可以单独使用的，而部分更强调“层次”的概念，如：第一部分总则；第二部分是对标准进行各方面的规定，如可靠性要求；第三部分安全性要求；第四部分设计要求；第五部分试验要求；第六部分验收要求等。

2. 章

章是标准内容划分的基本单元。每个标准或每个部分应用阿拉伯数字 1 开始由“范围”一章起，对章进行连续编号直至“附录”之前。

每一章均应有章标题，并应置于编号之后。

3. 条

凡是章以下有编号的层次均称为条。第一层次的条可分为第二层次的条……，依次类推。条最多可以划分为五层，即：4.2.3.2.4.1、4.2.3.2.4.2（包括章的编号共有 6 位数字）。

在章或条的下一层次的条有两条以上（含两条）时才设条。每个第一层次的条一般应（宜）给出标题。第二层次及以下层次的条可根据情况设标题。但同一层次的条，有无标题应统一。

4. 段

段是对章或条的细分，段不编号。

为了不在引用时产生混淆，应避免在章标题或条标题与下一层次条之间设段（称为“悬置段”）。需要说明的是，标准中一些引导语在不会被引用的情况下，可以处于悬置状态，例如在“术语和定义”一章，一般在给出术语前有一段引导语，且不会被引用，所以可以处于悬置状态。

5. 列项

列项是叙述标准条文的一种非常有用的方式，使用列项往往使标准的叙述十分方便。列项有两种形式引出：

1）使用一个完整的句子；

2）使用一个句子的前半部分，该句子由列项中的各项来完成。

6. 附录

1）附录是标准层次的表现形式之一，在有些情况下需要用到附录来描述：

a）为了合理安排标准的整体结构，安排标准中的附加技术内容；

b）为了方便标准使用者对标准中部分技术内容的进一步理解；

c）采用国际标准时，为了给出与国际标准的详细技术差异。

2）附录分为规范性附录和资料性附录。其排列顺序按在正文中引用的先后顺序，从“A”开始顺序排号。只有一个附录也应编号，即“附录 A”。规范性附录是标准的一部分，其效力等同于标准正文；资料性附录为参考性质。

三、标准和指导性技术文件的编写规则

标准和指导性技术文件的结构及其编排顺序见图 6－1。

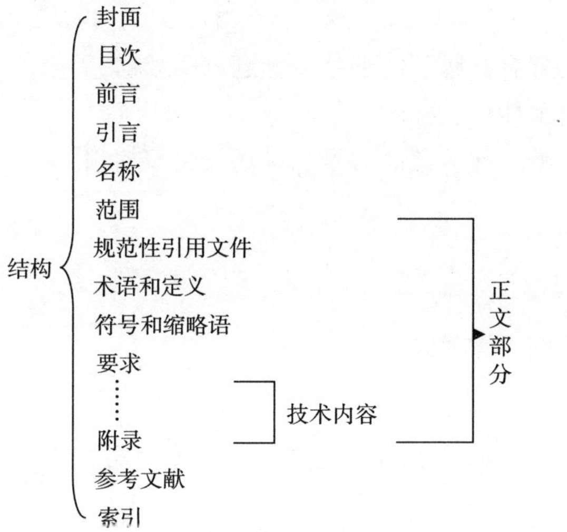

图 6－1　标准和指导性技术文件的结构及其编排顺序

四、各要素的编写方法

（一）封面

“封面”为必备要素。标准封面的主要内容包括：

1）标准的类别；

2）标准的标志；

3）标准的密级；

4）标准的编号；

5）被代替标准的编号；

6）标准的分类号；

7）标准的中文名称；

8）中文名称对应的英文；

9）与国际标准的一致性程度的标识；

10）标准的发布和实施日期；

11）标准的发布部门或单位。

对于国家标准，封面上应填写“国际标准分类号（ICS）”和“中国标准文献分类号”；对于其他级别的标准，封面上应按GJB 832A—2005《军用标准文件分类》的规定填写文献分类号；对于有密级要求的标准应按有关规定填写密级。

（二）目次

“目次”为可选要素，主要起到显示标准的结构、方便查阅的作用。对内容较多、结构复杂、篇幅较长的标准应编目次。一般15页以上标准，应按下列内容及顺序列出目次：

1）前言；

2）引言；

3）正文中的章、带有标题条的编号、标题（需要时）；

4）附录编号、附录性质、标题；

5）附录中的章、带有标题条的编号、标题（需要时）；

6）参考文献；

7）索引；

8）图的编号、标题（需要时）；

9）表的编号、标题（需要时）。

（三）前言

“前言”为必备要素，前言包括特定部分和基本部分。前言不应包含要求、公式、图和表。

前言应视情况依次列出下列内容：

1. 特定部分（可选）

1）标准结构的说明（如对系列标准或由多个部分组成的标准）；

2）采用国际标准一致性程度的说明；

3）标准代替或废止的全部或部分的其他文件的说明；

4）与标准前一版本相比的主要技术变化的说明；

5）标准与其他文件的关系，有关专利的说明；

6）说明附录的性质（即规范性附录、资料性附录）。

2. 基本部分

1）标准的提出部分或单位；

2）标准归口单位；

3）标准起草单位；

4）标准主要起草人；

5）标准主要审查人（可选）；

6）标准咨询热线（可选）；

7）标准所代替标准的历次版本发布情况（修订标准）。

［示例 6－1］　前言示例

GJB ××－2017《××系统研制》分为 4 部分： ——第 1 部分：总则； ——第 2 部分：术语； ——第 3 部分：设计要求； ——第 4 部分：研制要求； 本部分为 GJB××－201×的第 1 部分。 本部分由××××××××提出。 本部分由××××××××归口。 本部分起草单位：××××××××。 本部分主要起草人：×××、××、×××。

（四）引言

“引言”为可选要素。

引言与前言不同，主要给出编制该标准的原因，以及有助于理解和使用该标准的特殊信息的说明。

（五）标准名称

标准名称是对标准技术内容的最集中、最精炼、最高度的概括，是读者判断是否使用和收集该标准的主要依据。因此，在起草标准名称时要做到确切、简明、鲜明、规范。

1. 标准名称的构成

“标准名称”为必备要素。一般由不多于三个要素组成，即引导要素、主体要素、补充要素。主体要素是必备要素，其余是可选要素。其中：

1）引导要素：表示标准所属的领域，如航天领域、航空领域等；

2）主体要素：表示标准所论述的主要对象，如测控、传感器等；

3）补充要素：表示标准主要对象的特定方面，或给出能区分该标准（或该部分）与其他标准（或其他部分）的细节，一般补充要素确定了标准基本应包含的内容。如：试验方法、计算方法等。

2. 标准的命名原则

在为标准命名时，应遵循以下规则：

1）每个标准的名称都应有主体要素，主体要素不能确切、鲜明地表现标准的主题，则应给出引导要素或补充要素；

2）如果标准名称的主体要素（或主体要素和补充要素一起）能够确切地概括标准所要论述的对象时，则应省略引导要素。

3）在包含部分的标准中，补充要素是区别各标准的重要标志。

注意：起草标准名称时，要准确的反映标准的范围，避免限制或扩大标准的范围；标准名称与其给出的技术内容要相吻合。

［示例 6－2］　名称举例

《航天产品设计文件管理制度》名称中：

引导要素：航天产品；

主体要素：设计文件；

补充要素：管理制度。

（六）范围

“范围”为必备要素。“范围”一般包含两部分即规定了什么、适用的情况。必要时，可指出标准所不适应的范围和专业领域，一般情况下只规定适应的范围和专业领域，而不规定不适用的范围和专业领域。

范围的表述应确切、简练、清晰。范围不包含要求。

（七）规范性引用文件

“规范性引用文件”为可选要素。

1. 引用要求

1）应在引用标准之间增加引导语，引导语为规定的语句和格式见示例6-3；

2）应引用上级标准或同级标准（国家标准可以引用行业标准）；

3）不能引用已废止的标准、文件，也不能包括：非公开的文件、资料性的引用文件、在标准编制过程中参考过的文件、企业标准等；

4）标准条文中没有引用的标准和文件，不能列入“规范性引用文件”中。

2. 引用范围与排列顺序

引用文件的范围和排列顺序为：国家标准、国家军用标准、行业标准、国内有关文件、ISO/IEC标准、ISO或IEC有关文件、其他国外先进标准或文件。

3. 引用方式

引用文件分为注日期引用和不注日期引用两种：

1）注日期引用：写明引用文件的编号、版次、名称和年代号。通常指引用某一文件中特定的章（条）、图（表）、附录等，或不能确定引用的内容发生变化的影响时，宜采用注日期引用。

2）不注日期引用：只写明引用文件的编号、名称。通常指全文引用或引用内容无需特指，且希望采用该文件的最新版本时，宜采用不注日期引用。

[示例6-3]　引用示例

> 2　**规范性引用文件**
>
> 下列文件中的条款通过本标准的引用而成为本标准的条款。凡是注日期的引用文件，其随后所有的修改单（不包含勘误的内容）或修订版均不适用于本标准，然而，鼓励根据本标准达成协议的各方研究是否可使用这些文件的最新版本。凡是不注日期的引用文件，其最新版本适用于本标准。

（八）术语和定义

1.“术语和定义”为可选要素。

术语可以制定成术语标准或编制在其他标准的“术语和定义”一章中。在“术语和定义”一章中，除引用其他标准的术语外，一般只对下列两种情况给出定义：

1）标准所必须的，在现有的国家标准、国家军用标准和行业标准中尚未规定的术语；

2）标准所必须的，与现有的国家标准、国家军用标准和行业标准中已规定的术语所表达概念不同的术语。

2. 术语的内容及其编排顺序

1）术语编号；

2）术语及其英语对应词；

3）同义词及其英语对应词（需要时）；

4）符号（需要时）；

5）拒用、过时或被取代的术语及其英文对应词（需要时）；

6）定义或说明。

3. “术语和定义”章节的写法

1）不引用其他标准中的术语，仅此标准中界定的术语和定义用于本标准时，其描述为“下列术语和定义适用于本标准（或本部分、本规范）。

2）引用其他标准中的术语，此标准中没有相关界定的术语和定义时，其描述如下（如引用 GJB 727A）：“GJB 727A—1998 确定的术语和定义适用于本标准（或本部分、本规范）”。

3）引用其他标准中的术语同时此标准亦有界定的术语和定义时，其描述如下：“GJB 727A—1998 确定的以及下列术语和定义适用于本标准”。

（九）符号和缩略语

“符号和缩略语”为可选要素。

符号和缩略语按下列顺序进行编写：

1）对同一类字母，按字母的顺序排列，大写在前，小写在后；无角标的在前，有角标的在后；

2）拉丁字母在前、希腊字母在后；

3）其他特殊符号和文字。

（十）技术内容要素

“技术内容要素”为必选要素。应规定需要遵守的准则和达到的技术要求以及采取的技术措施等。不应叙述其目的或理由，也不应包含：

1）纯属合同或管理方面的内容，诸如费用、交付时间或地点、付款方式或违约罚金等；

2）涉及管理权限、组织机构、行政职责分工等非技术性内容。

根据标准对象的不同，要求可用多章进行编写，并视情况给出章的标题，其编排应符合标准对象本身的逻辑关系，构成合理，层次清楚。如：通用和详细规范中的技术内容要素部分可以分为“一般要求”“详细要求”和“质量保证规定”等。

（十一）附录

“附录”为可选要素。“附录”分为“规范性附录”和“资料性附录”两种。

“规范性附录”将成为标准的组成部分；资料性附录给出帮助理解和使用标准的附加信息，不应包含必须遵守的要求。附录的性质应在目次（如有）、前言和正文中提及。

（十二）参考文献

“参考文献”为可选要素，它给出规范性引用文件中不能包含的但有助于使用者理解标准内容所需文件的清单。

（十三）索引

“索引”为可选要素，当标准的词条数目较多时，为了检索方便，可设中外文索引。一般术语标准中经常使用。

中文索引按术语第一个汉字的汉语拼音字母顺序进行编排。术语以外文或数码起头时，先按外文或数码后的第一个汉字的汉语拼音字母顺序、再按外文顺序排。

外文索引按术语的外文对应词词首的字母顺序排列。

编排索引时，应依次列出术语词条和外文对应词，以及词条所在条文编号。

第三节　标准编写的具体内容举例

我们在第一章第二节的“按标准化对象的性质分类”中提出了技术标准、管理标准和工作标准三类；“按文件的表现形式分类”中国家标准文件以其表现形式分为标准、规范、规程、指南和国家标准化指导性技术文件；国防科技工业标准文件以其表现形式分为标准、规范、标准图样、指导性技术文件等。本节我们将结合两种分类来阐述标准的具体编写。

一、标准分类包含的内容

（一）标准化对象分类

技术标准是指对标准化领域中需要协调统一的技术事项所制定的标准。技术标准一般又可分为基础标准、产品标准、方法标准、安全标准和环保卫生标准。

管理标准是对标准化领域中，需要协调统一的管理事项所制定的标准。这些标准都是为了完成计划、组织、控制、指挥、协调和决策等管理职能的。管理标准一般包括管理基础标准、计划管理标准、技术管理标准、科研生产管理标准、经营管理标准、财务审计管理标准、劳动人事管理标准、政治思想工作管理标准、行政管理标准和安全环保管理标准10个方面。

工作标准是指在标准化领域中，对需要协调统一的各类人员的工作事项所规定的标准。编制工作标准是为了使企业的干部和各类业务工作人员明确自己的工作范围、工作职责、工作要求和质量，便于对他们的工作进行检查、考核和管理，把他们的责、权、利三者有机地结合起来，充分发挥他们的工作积极性，同时，也可为改善企业管理提供资料。

工作标准一般可分为通用工作标准、工作质量标准和工作程序标准。

工作程序标准体现了工作的系统性，使工作条理化和规范化，使工作人员能够科学地安排和开展工作。贯彻工作程序标准，便于检查和考核，从而有利于调动职工的积极性和主动性，建立起正常的工作秩序，避免或减少漏洞和差错，提高工作效率。

（二）文件表现形式分类

国家标准文件和国防科技工业文件中规定标准是最基本的规范性文件形式，主要是对产品、过程、方法、概念等作出统一规定，作为共同使用和重复使用的准则。其对象包括术语、符号、代号、编码、标志；基本技术事项、过程、程序、规则和方法，通用的试验方法、分析方法、检验方法、统计方法、测试方法，产品的分类、型号命名、参数系列；包装的种类、结构、尺寸系列等。

1. 规范、规程

（1）规范

国家标准文件及国防科技工业标准文件中的规范均是指主要用来规定产品应满足的要求的文件。

国家标准文件中规程是指为设备、构件或产品的设计、制造、安装、维护或使用而推荐惯例或程序的文件。而国防科技工业标准文件中不含规程，将其规定的相关内容纳入规范中。

国家标准文件 GB/T 1.1—2009 中对规范的定义为“规范”是“规定产品、过程或服务需要满足的要求的文件”。

而国防科技工业标准在 GJB 0.1—2001 中“军用规范”是“为支持装备订购，规定订购对象应符合的要求及其符合性判据等内容的一类标准”；在 GJB 6000—2001 中“规范”是“规定产品应符合的要求及其符合性检验等内容的一类标准”；国防科技工业文件从内容和结构两方面对规范进行了规定：它包括产品技术性能要求和检验这些要求是否得到满足的检验规则、检验方法等内容；其采用六章固定格式：1）范围；2）规范性引用文件；3）要求；4）质量保证规定；5）交货准备；6）说明事项。

（2）规程

国家标准文件中规程是指为设备、构件或产品的设计、制造、安装、维护或使用而推荐惯例或程序的文件。

国家标准文件和国防科技工业标准文件对规范、规程规定的对比见表 6-5。

表 6-5　国家标准文件与国防科技工业标准中“规范”的对比

项目	国家标准文件	国防科技工业标准文件	
	GB/T 1.1—2009	GJB 0.1—2001	GJB 6000—2001
目的	规定产品应满足的要求的文件		
名称	规范、规程	军用规范	规范
应用范围	全行业	军工企业	军工企业
功能	规范用于检验产品、过程或服务是否符合要求； 规程用于产品的全寿命周期的指导	用于判定装备是否合格，是否能用于军用	主要用于检验产品是否合格，是否准予出厂，也用于指导产品整个研制及全寿命周期，包含过程或服务的要求

续表

项目	国家标准文件	国防科技工业标准文件	
	GB/T 1.1—2009	GJB 0.1—2001	GJB 6000—2001
对象	规范涉及产品、过程及服务；规程一般仅涉及产品	只涉及采购的装备	涉及产品技术、试验和工艺等全寿命周期
文章结构	无硬性要求	必须采用六章固定格式	可以采用六章固定格式或其他相关规定的格式

2. 标准图样

国防科技工业文件中的标准图样主要以图样方式规定产品的结构形式、尺寸、性能参数及其他要求的一类标准。这类标准的主要特点是直观、简洁、形象地反映标准化对象的全貌，很少有复杂的技术要求，也不需要更多的验收规定，仅仅反映其结构及外形尺寸、材料和表面质量要求等，可以直接用来进行生产。

国家标准文件中不含此内容。

3. 指南和指导性技术文件

国家标准文件中的“指南”是指给出某主题的一般性、原则性、方向性的信息、指导意见或建议的文件。

国家标准文件中的“国家标准化指导性技术文件”，是指符合下列情况之一的项目即可指定为指导性技术文件：

情况一：是指仍处于技术发展过程中（如变化快的技术领域）的标准化工作提供指南或信息，供科研、设计、生产、使用和管理等有关人员参考使用而制定的标准文件。

情况二：是指采用国际标准化组织或技术领先国家的、经相关国外或国内企业验证的，能引导其发展或具有标准化价值的技术报告等文件时，中国国内需要有相应的标准文件但尚不构成制定为标准的项目。

国防科技工业标准文件的“指导性技术文件”含义是指为各类技术和技术管理活动提供有关指南和资料的一类标准。它的形式是多样的，可以是模版、指南、手册等相关的对科研过程具有指导性的文件。其编写要求与标准完全相同，也允许其他标准引用，它的管理也与标准和规范的管理相同。由于指导性技术文件或者是提供多种方法或方案以供选择，或者是提供一些指导性说明，因此它属于推荐性、指导性、参考性的文件，而当被其他标准引用后，就具有那个标准的相同属性。

从以上可看出，指导性技术文件在国家标准文件和国防科技工业标准文件中的规定和使用完全不同。表 6-6 列出了两者的对比。

表 6-6　国家标准文件与国防科技工业标准文件中“指南与指导性文件”的对比

项目	国家标准文件	国防科技工业标准文件
	GB/T 1.1—2009	GJB 0.1—2001
作用	均起到指导的作用	

续表

项目	国家标准文件	国防科技工业标准文件
	GB/T 1.1—2009	GJB 0.1—2001
名称	指南、指导性文件	指导性文件
对象	指南是一般性、原则性、方向性的信息、指导或建议的文件； 指导性文件需符合技术尚处于发展中，未普遍应用或在国内外处于领先仅出现在技术报告中	为各类技术和技术管理活动提供有关指南和资料的一类标准
反映形式	资料	标准
作用	仅起指导的作用，不属于标准	是标准的一种形式

二、标准编写内容

基于上面的探讨，我们将按其分类阐述标准编写的构成和具体的内容。

（一）技术标准编写具体内容

技术标准一般分为：产品规范、设计规范、试验规范等。

1. 产品规范的结构

产品规范的结构及其编排顺序见图 6－2。其各章节应包含的内容可详见 GJB 0.1—2001《军用标准文件编制工作导则 第 1 部分：军用标准和指导性技术文件编写规定》和 GJB 0.2—2001《军用标准文件编制工作导则 第 1 部分：军用规范编写规定》。

正文部分：
- 范围
- 规范性引用文件
- 要求（技术内容）
- 质量保证规定（技术内容）
- 交货准备（技术内容）
- 说明事项（技术内容）
- 附录（技术内容）
- 参考文献
- 索引

图 6－2　产品规范的结构及其编排顺序

2. 设计规范的结构及包含内容

设计规范的一般构成和编写顺序（见图 6－3）

（1）设计依据（或设计输入）

本章编写内容是定购方或上级设计部门对本设计项目提出的设计要求，即任务书、合同、总体（或系统）下达的要求，涉及有关标准、国内外科研成果及其他约束条件。

进行设计所具备的条件，一般应包括：

1）产品用途；

2）基本功能要求及构成；

- 正文部分
  - 范围
  - 规范性引用文件
  - 术语、符号
  - 技术内容要素部分
    - 设计依据(设计输入)
    - 设计准则
    - 设计内容
    - 设计程序
    - 设计方法
    - 设计验证试验项目与要求
    - 其他(如设计输出)

图 6－3　设计规范的结构及其编排顺序

3）性能指标要求；

4）产品布局与结构；

5）环境条件要求；

6）机械与电器接口要求；

7）可靠性、维修性、安全性、电磁兼容性、可测试性和人机工程等；

8）寿命、贮存条件；

9）验收要求；

10）完成形式，设计文件完整性要求；

11）其他。

（2）设计准则

本章规定设计过程中必须遵循的各项原则或指导思想，应从整体设计和全局考虑，作为处理设计过程中技术问题的依据，解决设计过程中技术问题之间的相互协调关系；本章编写要结合具体产品特点，根据任务特点、条件写出具体实施的原则，写出经验或实测结论，不要写抽象空洞的原则。例如：有关继承性原则，可提出充分应用已成熟产品应依据什么样的要求及采用新产品的条件等；有关可靠性和安全性要求时可提出冗余设计等的要求。

（3）设计内容

本章是对设计范围的限定。应编写出设计工作的具体内容，或写出从哪些方面进行设计工作。根据产品的不同特点，推荐下面两种编写方法：

1）按工作阶段：可从论证阶段、方案阶段和工程研制阶段等分别编写设计方法。

2）按工作项目：可按其包括的各设计内容分别编写，如具体设计方法（电气设计、结构设计、电源设计、磁路设计、电路设计、接口设计和可靠性设计等），也可按设备中几个模块（几个部组件）编写，如电源装置、转换装置、显示装置、仪器结构等编写。

按工作阶段阐述设计内容可参考示例 6－4，按工作项目来阐述时可包含项目可参考示例 6－5。

［示例 6 - 4］　以工作阶段为主线的设计内容

> 6. 设计内容
> 6.1　方案阶段
> 6.1.1　方案阶段××××一般包括：
> ××××裕度设计；
> ××××相容性设计；
> ××××分离控制系统设计。
> 方案阶段××××匹配设计。
> 6.2.2　初样阶段
> 初样阶段××××设计：
> 初样阶段××××设计。
> 6.2.3　试样阶段
> ××××设计；
> ××××设计。

［示例 6 - 5］　以工作项目为主线的设计内容

> 6　设计内容
> 设计内容如下：
> ——机械设计或结构设计；
> ——电气设计；
> ——软件设计；
> ——热设计；
> ——可靠性设计；
> ——维修性设计；
> ——安全性设计；
> ——环境适应性设计；
> ——电磁兼容性设计；
> ——可测试性设计；
> ——人机工程设计；
> ——寿命；
> ——接口设计；
> ——其他。

（4）设计程序（或步骤）

根据产品的特点，可按工作阶段研制程序或设计工作步骤写出每一步应完成的设计任务、设计内容及完成标志。推荐采用流程框图形式表达。

编写设计程序步骤一定要结合具体产品，简明扼要地突出产品本身特点，列出可操作性好的具体程序，本章不应重复已有研制程序、标准和文件中规定的通用内容。

（5）设计方法

本章应详细规定设计内容中涉及各项工作的具体方法（如分析方法、计算方法、数据处理方法、参数选择和指标分配方法等），以及所采用的具体技术措施和途径。对设计中重要参数、指标等指明所应用的公式、曲线、图标、经验数据等，并说明所引用的保障或文件以及使用的界限、禁用、限用的要求，选用时考虑的因素及注意事项。

对于复杂的作业方法和复杂的专业技术设计，也可单独编制相应的规定，如计算方法、可靠性设计规范等。

（6）设计验证试验项目与要求

本章说明设计过程中的主要验证试验项目与要求，一般包括原理性设计方案和功能试验。本章应只编写简单的设计验证试验的项目和要求，不编写具体的试验方法，只需列出引用有关试验方法保障的章条号或有关文件。编写的目的是把设计规范与相应的试验规范联系起来，便于实施。本章不应编写产品出厂、例行检验（与订购方有关的）中的试验项目，应注意设计规范与产品标准之间的区别。

随着设计工作的不断深入和发展，目前设计工作中涉及仿真验证时亦可将仿真验证列入其中，或单列一章进行阐述。

（7）其他（设计输出）

本章可将设计后应完成的文件列出。

3. 试验规范的结构

试验规范类标准的一般构成和编写顺序见图 6－4。

正文部分：
- 范围
- 规范性引用文件
- 术语、符号
- 试验依据（技术内容要素部分）
- 试验目的（技术内容要素部分）
- 试验条件及设备（技术内容要素部分）
- 试验项目（技术内容要素部分）
- 试验要求（技术内容要素部分）
- 试验程序和方法（技术内容要素部分）
- 试验数据的处理（技术内容要素部分）
- 试验结果分析及评定（技术内容要素部分）
- 试验报告（技术内容要素部分）

图 6－4　试验规范的结构及其编排顺序

（1）试验依据

应列出进行试验应遵循的依据性文件，一般为试验任务书、大纲等。

（2）试验目的

应列出标准中规定的试验所需应达到的目的是什么。

（3）试验条件及设备

规定试验的场地、环境要求及相关设备（或仪器）要求等。

（4）试验项目

规定试验进行的项目或内容。

（5）试验要求

针对不同的试验对象和试验目的，提出不同的要求。包括：对文件（试验大纲、测试细则等）的要求、对参试设备的要求、对试验对象的要求、对质量安全保障的要求、对测试部位的要求、对加载的要求、对数据采集的要求、对试验评审的要求等。

（6）试验程序和方法

对试验前准备预试验、正式试验、试验后处理等各阶段方法的具体步骤及注意事项进行明确。建议试验程序采用流程框图形式表达。

（7）试验数据的处理

规定试验采集到的数据进行整理、计算的方法等。

（8）试验结果分析及评定

给出试验结果分析的原则方法，从而判断该项试验的有效性，判别是否达到预期目的的依据和方法，如果未达到该如何去做等。

（9）试验报告

规定试验报告应包含的内容及要求等。

（二）管理标准

管理标准的构成和编排顺序见图 6－5。

规范性技术要素：
- 标准名称
- 范围
- 规范性引用文件
- 管理内容和要求
- 管理职责
- 管理原则
- 管理程序(流程)
- 管理内容和要求
- 检查与考核
- 规范性附录

（管理内容和要求至检查与考核：技术内容要素部分）

图 6－5　管理标准的一般构成及其编排顺序

1. 管理职责

明确规定各相关部门的职能、责任、权限、分工和相互关系的处理等。此章不应涉及对上级或接口单位（不属于本单位的）的管理职责。

2. 管理原则

规定相关业务应遵循的原则和准则等。

3. 管理程序

一般采用流程图来表述，并尽量避免重复交叉和迂回，其采用的通用图形符号如图 6－6所示。

4. 管理内容和要求

规定其管理事项的时间、空间、质量和数量、管理条件和方法等内容。管理内容和要求应量化，应明确输入输出关系。

5. 检查和考核

对标准中涉及管理内容与要求的实施情况的评价做出规定，考核指标尽可能定量，定性的考核尽可能采用登记或分层级给出分数的方法来表示。

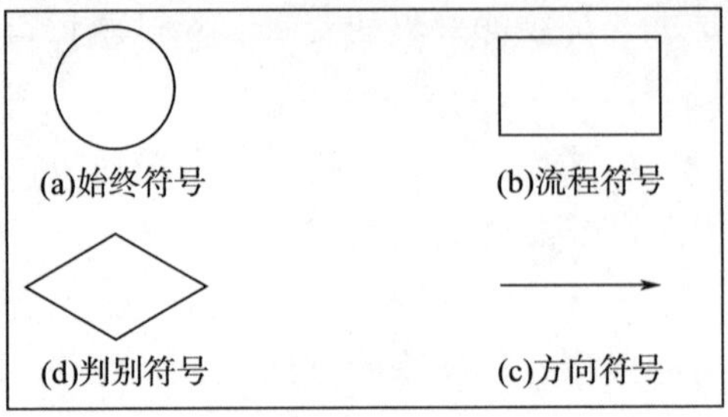

图 6－6　通用的流程图图形符号

（三）工作标准

工作标准是规范各岗位工作行为的标准，是对企业标准化领域中需要协调统一的工作事项（指岗位工作中出现的稳定性、重复性工作事项）所制定的标准。

一般规定各岗位人员所从事工作活动过程。工作标准可以以作业指导书、工作流程、岗位标准实施目录等形式体现。

工作标准应明确地规定干什么、怎么干、干到什么程度，其内容构成和编排顺序见图 6－7。

工作标准的构成：
- 范围
- 规范性引用文件
- 岗位职责或任务
- 任职资格
- 工作程序
- 工作内容与要求
- 检查与考核

（岗位职责或任务至检查与考核：技术内容要素部分）

图 6－7　工作标准的一般构成及其编排顺序

1. 岗位职责（任务）

规定该岗位的职责、权限或主要工作任务。

2. 任职资格

明确该岗位人员的基本素质要求，应具备的业务培训条件等。如：文化程度、必要的技术培训要求；所需要具备的能力、工作经验（或资历要求）等。

3. 工作程序（流程）

一般采用程序图表述岗位的工作顺序。

4. 工作内容与要求

明确该岗位的工作内容与要求，此段应具体、详细，应实现新入职人员看后就明白自己的工作及相关涉及单位的协调等。

5. 检查与考核

明确该岗位应达到的程度、能量化的尽量量化。

［示例 6－6］　某单位的作业指导书（设计岗位）应包含的内容

本岗位的应知应会：主要为岗位职责及岗位应知、应会；

工作流程：主要参照接口关系流程图、岗位工作流程图及岗位工作程序表；

关键节点：可以以产品项目研制阶段的主要工作，如指标论证阶段、方案研制阶段、初样阶段、试样研制阶段及定型阶段为牵引进行，也可以以产品所涉及的零、部（组）件为牵引进行。

质量控制：以史上曾出现的质量问题及启示；

常用标准和规定：主要为用到的标准和相关文件等。

[示例 6－7]　作业指导书构成示例

某单位作业指导书模板如下：

1　前言

（本节主要明确专业名称、主要任务等内容）

2　职责

2.1　岗位职责

2.2　设计手段

（即应知应会）

3　工作流程

3.1　本专业接口关系

本专业与××接口关系有：×××××××××××××，输入输出关系见表 1。（请用表格表示）

表 1　×××××接口关系

有关专业（单位）	与本专业的关系	工作内容说明

（注：与本专业关系“输入”“输出”或“协调匹配”，应尽量使用“输入”、“输出”。）

3.2　岗位工作程序表

×××××××××××××见表 2。

表 2　×××××工作程序表

序号	阶段名称	工作重点	工作内容

3.3　岗位工作流程图

××××××××××××××见图1。

图1　××××工作流程

4 设计工作

4.1　可行性（方案）论证阶段

4.1.1　设计内容

4.1.2　设计考虑因素

4.1.3　设计方法

4.1.4　输入输出文件

4.1.4.1　输入文件

4.1.4.2　输出文件

4.1.5　设计注意事项

4.1.5.1　注意事项

4.1.5.2　设计禁忌

4.1.6　质量控制节点

4.1.6.1　方案设想审查；

4.1.6.2　新技术、新器材、新工艺解决途径的可行性审查；

4.1.6.3　方案论证的评审。

4.2　方案设计阶段

4.2.1　设计内容

4.2.2　设计考虑因素

4.2.3　设计方法

4.2.4　输入输出文件

4.2.4.1　输入文件

4.2.4.2　输出文件

4.2.5　设计注意事项

4.2.5.1　注意事项

4.2.5.2　设计禁忌

4.2.6　质量控制节点

4.2.6.1　六性大纲和标准化大纲的制定及实施情况监督检查

4.2.6.2　任务书评审
4.2.6.3　关键技术课题攻关结果评审及专项评审
4.2.6.4　技术风险分析专项评审
4.2.6.5　关键项目复核复算和评审
4.2.6.6　工艺总方案、工艺技术攻关结果评审及工艺专项评审
4.2.6.7　明确元器件选用目录和原材料选用目录及元器件专项评审
4.2.6.8　非定点生产单位质量保证能力认证和质量监督
4.2.6.9　单机、各系统和总体方案设计评审
4.2.6.10　型号转阶段评审
4.3　初样研制阶段
4.3.1　设计内容
4.3.2　设计考虑因素
4.3.3　设计方法
4.3.4　输入输出文件
4.3.4.1　输入文件
4.3.4.2　输出文件
4.3.5　设计注意事项
4.3.5.1　注意事项
4.3.5.2　设计禁忌
4.3.6　质量控制节点
4.3.6.1　初样设计参数及任务书评审
4.3.6.2　各系统及单机的设计方案评审
4.3.6.3　初样图纸下厂前的技术评审
4.3.6.4　六性大纲、电磁兼容性要求和标准化大纲实施情况检查
4.3.6.5　产品验收
4.3.6.6　地面试验大纲评审
4.3.6.7　地面试验结果评审
4.3.6.8　初样设计复核复算
4.3.6.9　关键环节、关键项目、重大技术问题专项评审
4.3.6.10　研制过程中的质量问题归零及举一反三
4.3.6.11　工艺总方案、工艺技术攻关结果评审及工艺专项评审
4.3.6.12　元器件设计选用分析评审及超目录审批
4.3.6.13　技术状态更改专项评审
4.3.6.14　质量问题归零专项评审
4.3.6.15　可靠性安全性分析专项评审
4.3.6.16　试验充分性专项评审

4.3.6.17 技术风险分析专项评审
4.3.6.18 软件专项评审
4.3.6.19 单机、各系统和总体初样设计评审
4.3.6.20 型号转阶段评审
4.4 试样研制阶段
4.4.1 设计内容
4.4.2 设计考虑因素
4.4.3 设计方法
4.4.4 输入输出文件
4.4.4.1 输入文件
4.4.4.2 输出文件
4.4.5 设计注意事项
4.4.5.1 注意事项
4.4.5.2 设计禁忌
4.4.6 质量控制节点
4.4.6.1 特种工艺、关键工序验证与首件鉴定
4.4.6.2 方案评审遗留问题的监督检查
4.4.6.3 审查关键件（特性）、重要件（特性）、关键工序标注及其控制措施
4.4.6.4 可靠性增长试验及可靠性定量评估
4.4.6.5 产品质量评审验收
4.4.6.6 设计文件、工艺文件更改控制
4.4.6.7 工艺总方案、工艺技术攻关结果评审
4.4.6.8 设计复核复算
4.4.6.9 大型地面试验大纲、方案和结果的评审
4.4.6.10 飞行试验大纲、方案和结果的评审
4.4.6.11 飞行试验型号出厂评审
4.4.6.12 研制过程中的质量问题归零和举一反三
4.4.6.13 试样设计评审
4.4.6.14 型号转阶段评审
4.5 定型阶段
4.5.1 设计内容
4.5.2 设计考虑因素
4.5.3 设计方法
4.5.4 输入输出文件
4.5.4.1 输入文件

4.5.4.2　输出文件
4.5.5　设计注意事项
4.5.5.1　注意事项
4.5.5.2　设计禁忌
4.5.6　质量控制节点
4.5.6.1　产品定型状态的确定和审查
4.5.6.2　成套技术资料审查
4.5.6.3　定型设计文件、工艺文件标准化审查报告
4.5.6.4　设计定型、工艺定型
4.5.6.5　定型飞行试验的质量控制
4.5.6.6　定型评审鉴定
（标题可以根据专业具体情况进行更改）
5　本专业质量问题及启示
6　当前国内外的技术发展方向及本专业应关注或学习的材料推荐
6.1　国内外技术发展方向
6.2　本专业应关注或学习的材料推荐
7　本专业常用设计资料及主要内容索引

第四节　标准编写注意事项

一、范围

（一）包含内容

范围是标准的规范性要素，是必备的。它位于每项标准正文的起始位置。

范围的内容分为两部分，即：本标准规定了什么，即“有什么”和适用于什么，即“什么地方用”。“有什么”是要对标准的主要内容做出提要式的说明，具体编写时应与后面的章节相互照应。

那么如何编写呢？首先，标准名称中有的内容，在范围中一定要有，其次是名称中写不下的内容，在范围的规定中补全。

“什么地方（情况下）使用”是说明标准“所涉及的各方面”，阐明标准的适用性或适用领域，指明标准的适用界限。

（二）编写要求

在编写范围时应注意，范围中不应给出要求。

范围中规定的内容应简洁、完整，一般可采用列入正文中各章标题的方法。

[示例 6－6] 范围示例 1

本标准规定了标准的结构、起草表述规则和编排格式，并给出了有关表述形式。 本部分适用于国家标准、行业标准和地方标准以及国家标准化指导性技术文件的编写，其他标准的编写可参照使用。

[示例 6－7] 范围中不适用的编写方式

本标准规定了××××术语和定义、分类、标记、材料、技术要求、试验方法、检验规则、标志、包装、运输和贮存。 本部分适用于以×××××主要原料，采用×××××方式构成的×××××。 本部分不适用于其他类型的××××。

二、规范性引用文件

（一）选用的条件

“规范性引用文件”一般为标准的第 2 章，是一个可选要素。以下情况可选用该要素：涉及其他专业领域；避免标准间的不协调；避免标准篇幅过大；避免抄录错误。

（二）分类

“引用文件”包括两大类：一类是标准，另一类是标准之外的文件。

（三）原则

“引用文件”的原则是所引用文件的级别应是编制标准级别同级或之上的标准、文件；所引用的文件必须是获得批准的公开发布的或出版的。资料性引用的不列入该章。

在标准中不宜引用下列各类文件：

1）法律、行政法规、规章或其他政策性文件；

2）宜在合同中引用的管理、制造和过程类文件；

3）含有专利或限制竞争的专用设计方案或只属于某个企业所有而其他参与竞争的企业不宜获得的文件。

（四）编写方式

1. 引用的方式

引用可以使用注日期或不注日期两种方式。

下列情况引用文件则应注日期。

1）正文中提及了标准内容的具体编号（章、条、附录、图或表的编号等）：如应按 QJ 893A—1999 中第 5.1.1 条执行。

2）不能确定是否能够接受所引文件将来的变化。

2. 引用的内容

标准正文中可以将其他文件全文引用，也可只引用其他文件中的特定条款。文中引用的表述方式应一致，一般有下述 3 种表述方式：

1）××××的表述应符合 GJB 6000—2001 中的 7.1 的规定；

2）××××的表述应符合 GJB 6000—2001 的规定；

2）××××的表述应符合 GJB 6000 的规定。

根据引用性质的不同，其表述方法不同：

规范性引用表述：

1）“……应符合……的规定”；

2）“……应按照……的要求”。

资料性引用表述：

1）“……参见……的内容”；

2）“……中给出了进一步的说明”。

3. 引用文件的顺序

引用顺序是先国内标准后文件再国外标准、文件。引用国内标准应按照国家标准、国家军用标准、行业标准（按级别先上级后企业自己的标准），同级别标准按标准顺序号有小到大排列；当引用文件时，应依次列出其名称（加书名号）、发布机关、发布日期和文号，每项之间空一个字的间隙。

三、术语定义、符号及缩略语

（一）术语和定义

此章节在非术语类标准中为可选要素，非术语标准中的此章节一般只用于本标准，非术语标准中选择在“术语和定义”一章中进行定义的术语需考虑以下几个方面：

1）易产生歧义的术语；

2）多次使用的术语；

3）尚尢定义或需要改写已有定义的术语；

4）标准的范围所覆盖领域中的术语。

当术语所涉及的领域不属于标准所覆盖的范围，则不应在该章中给出定义，建议只在标准的条文中说明含义。如：假如一个冶金领域的标准使用了一个纯化工领域的专业术语，由于专业背景的限制，该概念不宜在冶金领域的标准中给出定义，则在其概念出现的条文中进行其说明。

［示例 6-10］　术语和定义编写示例

> 3　术语和定义
>
> GB/T 20000.1 界定的以及下列术语和定义适用于本文件。为了便于使用，以下重复列出了 GB/T 20000.1 中的某些术语和定义。
>
> 3.1
>
> 规范 specification
>
> 规定产品、过程或服务需要满足的要求的文件。
>
> 注：适宜时，规范宜指明可以判定其要求是否得到满足的程序。
>
> 3.2
>
> 规程 code of practice
>
> 为设备、构件或产品的设计、制造、安装、维护或使用而推荐惯例或程序的文件。

（二）符号、代号和缩略语

本章节为可选要素，可单独设条，亦可和“术语和定义”合为一章进行表述。

[示例 6-11]　符号、代号示例

4　符号

表 1 所列符号适用于本标准。

表 1　符号含义

符号	含义
b	等边三角形边框内缘底边长
D	观察距离（即预先设定的观察者到标志的举例）
d	圆形边框内径
de	棱形边框内缘的边长
md	图形符号重要细节的最小线性尺寸
ml	符号中细节的最小线宽
s	推荐性示例中由角标所限定的符号的线性尺寸

[示例 6-12]　缩略语示例

4　缩略语

下列缩略语适用于本文件。

AVIDM：航天飞行器集成化设计与制造（Aerospace Vehicle Integrated Design & Manufacture）

PDL：程序设计语言（Program Design Language ）

……

四、条文的注、脚注和示例的表述

条文的注、脚注和示例无论位于标准的任何要素中，均属于资料性的。它是标准条文的辅助表述形式。

注是为了正确理解使用标准设立的，注的内容一般为给出说明、解释或提供补充信息，不包含要求或对于标准的应用来说必不可少的任何信息。

条文的脚注一般是对条文中某词、符号的注释。

示例是以典型例子说明标准条款的，可以使标准使用者更好的理解或操作该标准并可照例子去做的。

1. 注

标准中的注有如下几种形式：条文的注和脚注，图、表中的注和脚注。

1）条文的注在章或条中只有一个时，在该章或条描述后第一行文字前标明“注”字。在统一章或条中有几个注时，应标明“注 1:”　“注 2:”　“注 3:”等，具体见示例 6-13～6-16。

示例 6-13 中的注的内容表述属于一种要求，应编写在条款中而不应采用注的形式；

如要想作为补充信息放在注中，应按示例 6 - 13 的内容进行描述。

[示例 6 - 13]　“注”不正确写法

> 5.1　试验机能力范围
>
> 试样吸收能量 K 不应超过实际初始势能 Kp 的 80%，如果试样吸收能超过此值，在试验报告中应报告为近似值并注明超过试验机能的 80%。建议试样吸收能量 K 的下陷不低于试验机最小分辨力的 25 倍。
>
> 注：理想的冲击试验应在恒定的冲击速度下进行。在摆锤式冲击试验中，冲击速度随断裂进程降低，对于冲击吸收能量接近摆锤打击能力的试样，打击其间摆锤速度已下降至不再能准确获得冲击能量。

[示例 6 - 14]　“注”正确写法示例 1

> 5.1　试验机能力范围
>
> 试样吸收能量 K 不应超过实际初始势能 $K\ p$ 的 80%，如果试样吸收能超过此值，在试验报告中应报告为近似值并注明超过试验机能的 80%。建议试样吸收能量 K 的下陷不低于试验机最小分辨力的 25 倍。
>
> 注：恒定的冲击速度是获得冲击试验理想结果的保证。在摆锤式冲击试验中，冲击速度随断裂进程降低，对于冲击吸收能量接近摆锤打击能力的试样，打击其间摆锤速度已下降至不再能准确获得冲击能量。

[示例 6 - 15]　“注”正确写法示例 2

> 7.2　在室温环境和相对湿度条件下，应满足接地要求不大于 4Ω。
>
> 注 1：通常环境温度指室温，一般为 15～30℃。
>
> 注 2：相对湿度指 20℃± 5℃ 时 50%～75%。

[示例 6 - 16]　“注”正确写法示例 3

> 7.3　底部油温度和油平均温度
>
> 底部油温度是由装置在冷却器（或散热器）回到油箱中的油联管处的温度传感器测定的。若装有几组冷却器，则应使用多个温度传感器。
>
> 注 1：若用泵强迫油循环，则在回油联中的油流可能出现湍流；若通过散热器自然油循环，则主要出现层流。
>
> 油平均温度原则上应是绕组内部冷却油的平均温度。作为试验估算目的，一般取顶层油温度和底部油温度的平均值作为油平均温度。
>
> 注 2：当油平均温度不是以上述试验为目的时，还有其他方法可用于取油平均温度。

2）条文的脚注应至于相关页面的下边，脚注和条文之间用一条细实线分开。通常采用 1)、2)、3）等，其排序顺序是从标准“前言”开始连续顺序编号，具体见示例 6 - 17。

[示例 6 - 17]　条文的脚注示例 1

> 5　采样步骤
>
> 原则上，为制备实验室样品的采样与化学分析方法无关，通常引用有关国家标准3）的有关条款进行采样即可。如果没有这方面的标准可引用，本章可包括一个采样方案和采样步骤，对如何避免产品的变质给与指导，并提供国家标准中适用的统计方法。
>
> ———————
>
> 3）有关制备实验室样品的采样的国家标准参见附录 D。

3）在某些情况下，允许采用“*”“**”“***”等符号代替数字及半圆括号（一般当上标为数字时，为避免混淆，可采用符号表示），具体见示例 6 - 18。

[**示例 6－18**]　条文的脚注示例 2

> ……这个单位太小，使用不便，使用的是它的倍数单位 $mol \cdot dm^{-3}$或 $mol \cdot L^{-1}$*。$1mol \cdot L^{-1}=1\ 000\ mol \cdot m^{-3}$。例如，每升含有 1 mol 氢氧化钠（NaOH）的标准溶液，其浓度为 $1\ mol \cdot L^{-1}$，可表示为 c（NaOH）$= 1\ mol \cdot L^{-1}$。
>
> ……
>
> * 1964 年国际计量大会决定升（符号为 L 或 l）可用作立方分米（dm^3）的专门名称。

2. 示例

凡是标准编写者需要在标准中规定的内容，不应规定在示例中，或不应以“示例”的形式出现。例如，“不准许使用示例 3 的表头，而应使用示例 6 的表头”就是典型的只有通过示例才能了解所规定的内容，这样使得示例成为“必不可少”，将这一规定修改为“表头中不准许使用斜线”，然后再给出相应的示例，则避免了上述错误。示例 6－19 也是将标准中规定的内容以“示例”的形式出现。这种情况下应将示例的内容改成正文的条文，见示例 6－20。

[**示例 6－19**]　“示例”不正确写法

> 7.3　如果适用某标准的产品目前只有一种，则在该标准的条文中可以给出该产品的商品名，但应附上示例 2 所示的脚注。
>
> 示例 2：
>
> “1）……【产品的商品名】……是由……【供应商】……提供的产品的商品名。给出这一信息是为了方便本标准的使用者，并不表示对该产品的认可。如果其他等效产品具有相同的效果，则可使用这些等效产品。”

[**示例 6－20**]　“示例”正确写法

> 7.3　如果适用某标准的产品目前只有一种，则在该标准的条文中可以给出该产品的商品名，但应附上具有如下内容的脚注：
>
> “×）……【产品的商品名】……是由……【供应商】……提供的产品的商品名。给出这一信息是为了方便本标准的使用者，并不表示对该产品的认可。如果其他等效产品具有相同的效果，则可使用这些等效产品。”

章或条中只有一个示例时，应在示例的第一行文字前标明“示例：”。同一章或条中有几个示例时，应标明“示例 1：”“示例 2：”“示例 3：”等（见示例 6－21 和示例 6－22）。由于示例给出的是辅助理解条文的例子，一般情况下在文中无须提及。因此，示例最好置于涉及的章、条或段的下方，这样可以清楚地表明示例和条文的关系。

[**示例 6－21**]　“示例”正确写法 1

> 4.3　为了清晰起见，数和（或）数值相乘应使用乘号“×”，而不使用圆点。
>
> 示例：写作 1.8×10^{-3}（不写作 $1.8 \cdot 10^{-3}$）。

[**示例 6－22**]　“示例”正确写法 2

4.4　一项标准分成若干个单独的部分时，可以使用下列两种方式：

h）将标准化对象分为若干个特定方面，各个部分分别涉及其中的一个方面，并且能够单独使用。

示例 1：

第 1 部分：词汇

第 2 部分：要求

第 3 部分：试验方法

第 4 部分：……

示例 2：

第 1 部分：词汇

第 2 部分：谐波

第 3 部分：静电放电

第 4 部分：……

i）将标准化对象分为通用和特殊两个方面，通用方面作为标准的第 1 部分，特殊方面（可修改或补充通用方面，不能单独使用）作为标准的其他各部分。

示例 3：

第 1 部分：一般要求

第 2 部分：热学要求

第 3 部分：空气纯净度要求

第 4 部分：声学要求

五、图、表

（一）图（表）的编号和图（表）题

每幅图均应有编号，由“图”和从 1 开始的阿拉伯数字组成，例如“图 1”“图 2”等，只有一幅图时，仍应标为“图 1”。标准中的图有无图题应统一。

[**示例 6－23**]　图示例

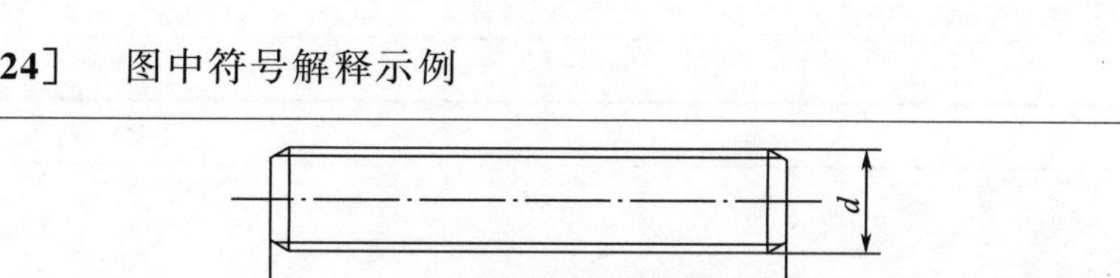

图× 图题

[**示例 6－24**]　图中符号解释示例

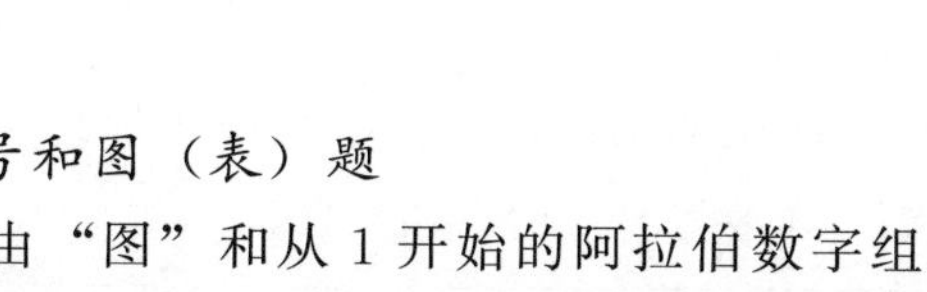

L—长度，单位毫米，mm；d—直径，单位毫米，mm。

图× 螺柱示意图

[示例 6－25]　表示例

表 6　表题

××××	××××	××××	××××

（二）分图

只有当分图对理解标准和内容必不可少时，才可使用分图。

例如：图 1 的分图编号为（a）、（b）、（c）…等。

[示例 6－26]　“分图”示例

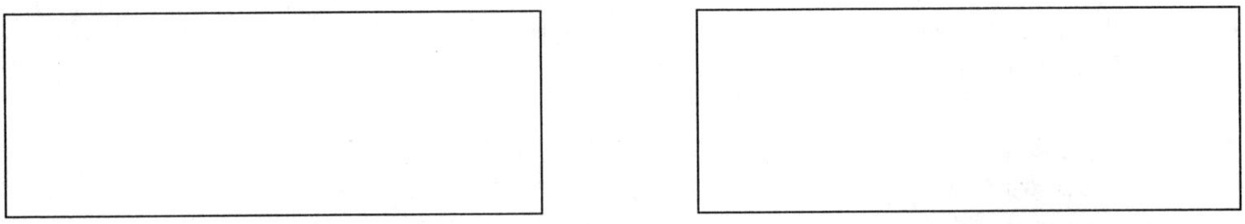

(a)分图题　　(b)分图题

图×　图题

（三）表头

每个表应有表头，表栏中使用的单位一般置于相应栏的表头中量的名称之下。

[示例 6－27]　“表头”示例 1

类型	线密度 kg/m	内圆直径 mm	外圆直径 mm

如果表中所有单位均相同，宜在表的右上方表述，见示例 6－28。

[示例 6－28]　示例 2

单位为毫米

类型	内圆直径	外圆直径

六、公式

公式以数学表达式来进行描述，用字母符号表示变量，表示变量时应用斜体表示；公式中采用的字母符号的含义应在式中（如有符号、代号的章节可在其中）体现。在式中解释时，其顺序应从左到右。

［示例 6－29］　公式编写示例

> $F=M/Kd$ ………………………………………………………………………… (1)
>
> 式中：F——预紧力，单位为千牛（kN）；
>
> M——拧紧力矩，单位为牛米（N·m）；
>
> K——当量拧紧力矩系数；
>
> d——螺栓的公称直径，单位为毫米（mm）。

七、正文中的文字编制应注意事项

（一）条款表述中的助动词

文中采用“应”表述应该只准许；

文中采用“不应”表述不得，不准许；

文中不采用“必须”“不可”等词来表述允许和不允许；

文中采用“宜”表述推荐、建议；

文中采用“不宜”表述不推荐、不建议；

文中采用“可”表述可以、允许；

文中采用“不必”表述无须、不需要；

文中不采用“可能”或“不可能”的表述。

（二）标准编写中常见错误示例

［示例 6－30］　错误示例 1

> 原文：4.1.2 相对湿度应满足：≤75％。
>
> 改为：4.1.2 相对湿度应不大于 75％。
>
> 原文：3.3.5 对防护要求不高的备附件、工具包装可采用木制质包装箱，其他可参照 GJB 290 的规定。
>
> 改为：3.3.5 对防护要求不高的备附件、工具包装可采用木制质包装箱，其他要求按 GJB 290 的规定执行。

［示例 6－31］　标准编写错误示例 2

××××××××××设计规范

1 范围

本标准规定了规定××××设计依据、准则、内容与方法、程序及××××质量控制。

本标准适用于××××的设计、工艺、实施、质量控制和验收。

2 规范性引用文件

下列文件中的条款通过本标准的引用而成为本标准的条款。凡是注日期的引用文件，其随后所有的修改单（不包含勘误的内容）或修订版均不适用于本标准，然而，鼓励根据本标准达成协议的各方研究是否可使用这些文件的最新版本。凡是不注日期的引用文件，其最新版本适用于本标准。

GB/T6067-1985 起重机械安全规程

GJB670A-2005 导弹涂色与标志

GJB1696-1993 航天系统地面设施电磁兼容性和接地要求

GJB3403-1998 氮气和液氮规范

GJB3850-1999 导弹起吊、转载、运输、装填要求

QJ850A-2011 航天产品多余物预防与控制

QJ920A-1996 弹（箭）体管路系统××××通用技术要求

QJ1172A-1997 导弹、火箭质量特性测量方法

QJ2023-1990 地地战略导弹厂内工艺吊装安全规范

QJ 3010-1998 导弹内外压气密性试验方法

Q/QJA56-2010 运载火箭××××、测试与验收通用技术要求

Q/Y364-2010 导弹与运载火箭××××过程质量控制要求

本章所列标准及文件应与后面条文中的引用一一对应。GJB3403、QJ850A、QJ920A 及 Q/QJA56 未在后文引用，此处应删除

3 设计依据

a) ××××图；
b) ××××布置图；
c) ××××技术状态和配套表；
d) ××××技术条件；
e) ××××测试细则和安装要求；
f) ××××安装要求；
g) ××××操作细则。

4 设计准则

4.1.1 ××××设计和××××实施应满足××××相关技术性能要求。

4.1.2 ××××应合理地制定××××方案和××××流程。

4.1.3 优化××××××××工艺方案和××××××××检测、试验流程，确保××××××××工艺方案和××××、检测、试验流程有良好的可操作性和缩短××××周期。

4.1.4 ××××××××设计中严格控制多余物的产生。

4.1.5 ××××应优先选用“三化”的产品。

多余物的控制有相关标准

5 设计内容与方法

5.1 安全性设计

> 是否太口语化，用“入口”“出口”是否更好？

5.1.1　提出厂房要求时，应充分考虑××××的安全性，一般应要求门口设置静电释放装置，××××××××。

5.1.2　一般应要求厂房满足 QJ3144-2002 要求，设防爆隔墙和防爆门，内部电气设备需满足防爆要求。

> 应在第二章中引用

5.2　工作环境

5.2.1　根据××××××××产品的使用、贮存要求，应明确××××厂房的环境温度和相对湿度，环境温度一般在 15℃~30℃，相对湿度一般在 50%～75%（20℃±5℃时）。

5.2.2　基于操作人员和设计人员的身心健康，厂房噪音指标一般小于 60dB。

> 建议删除，不属于标准语句

5.2.3　应要求导弹在厂房内远离热源，并采取防雨、防尘、防火、防鼠、防虫措施，厂房内无酸、碱或其它有害物质，符合 Q/Y 223-2008 规定。

> 应在第二章中引用

5.3　厂房设施

5.3.1　供气系统要求

需综合考虑××××××××××××××××的使用，提出××××××××配气要求。通常厂房应能提供压缩空气和氮气。

> 建议改为“文件中应提出配气要求。一般要求厂房应能提供压缩空气和氮气，并兼顾××××的使用。”

5.3.2　电源配电要求

明确供电形式及最大使用功率，额定负载下电源电压的变化不应超过要求值的±5%，还应考虑具备 UPS 备用电源防止意外断电。

> 建议改为“并配置 UPS 备用电源”

5.3.3　接地要求

a) 按照GJB1696-1993的规定，分别设置静电接地、防雷接地、保护地和信号地；
b) 接地电阻要求不大于4Ω；
c) 厂房内每隔5m～10m设置一个静电接地端子，固体发动机、弹体停放工位下和两轨之间均需要有接地端子。

5.3.4　吊装设备

a) 吊装设备符合GB/T6067-1985的规定；
b) 吊车应有快慢控制装置，吊车运行速度应按GJB3850-1999中的规定执行；、
c) 配备慢速桥式防爆型双钩吊车，重点考虑起吊负载及有效吊高，有效吊高应充分考虑吊具规模。

5.4　××××流程设计

依据理论图、控制系统及遥测系统布置图进行××××流程设计，××××流程一般应进行逆向思考，先进行全弹分解到部段及零件状态，然后再进行部段及零件××××，同时应与电气综合测试各状态相匹配。一般按照部装、××××对接、电气测试、质量特性测量、全弹尺寸精度测量的顺序进行。

5.5　××××××××直属件设计

5.5.1　紧固件

5.5.1.1　紧固件选用应满足如下要求：

a) 从质量控制角度优先选用行业标准的紧固件；
b) 从技术状态控制角度紧固件的品种规格应尽量少；
c) 为保证连接强度，螺纹旋合长度应大于5倍螺距，为防止螺栓与螺母松脱，螺栓伸出螺母的长度应大于2倍螺距；
d) 推荐使用双螺母、自锁螺母（全金属、尼龙圈）、止动垫片防松；
e) 一般不使用弹簧垫圈（防松效果不如双螺母、自锁螺母及止动垫片），若使用应采用符合QJ2963.1～2963.5-1997的专用弹簧垫圈；
f) 重要部位的平垫圈表面硬度不得低于200HV；
g) 需要打保险的部位应选用带保险孔的紧固件；

> a)~c)项中加色块的文字建议删除，应改为要求语句

> 应在第二章中引用

h) 在国家标准中规定的公称直径M4以上的螺栓和螺钉，其机械性能不应低于8.8级，螺母不应低于8级。

建议删除

5.5.1.2 紧固件的安装设计应满足如下要求：

a) 紧固件安装时，为使紧固件均匀受力应按规定要求设计拧紧力矩值；

b) 多组螺纹紧固件安装操作时，应要求对称、分级地依次紧固；

c) 紧固件应设计防松措施，通常可选用防松胶、弹簧垫圈、自锁螺母、双螺母、止动垫圈、打冲点等形式；

d) 选用弹簧垫圈等必须要求压平，开口销、止动垫圈等必须要求弯曲到位；

e) 使用过的开口销、保险钢丝和弯曲过的止动垫圈等严禁再次使用；

f) 对使用过的弹簧垫圈应检查有无裂纹及错开高度，如发现裂纹或错开高度小于弹簧垫圈厚度的1.67倍时，则严禁再次使用；

g) 锁紧螺母拆装次数一般不得超过10次。

请确认是属于选用要求还是安装要求？

5.5.2 安装支架

5.5.2.1 仪器设备安装支架设计应满足如下要求：

a) 对有精度要求的仪器设备的安装支架，除满足规定刚度和强度要求外，一般还应设计具有可调节的环节；

b) 重要支架一般应进行静力、动力分析和动静强度试验，保证其满足规定的刚度、强度和动力学特性要求；

c) 有减振装置或阻尼结构的支架，应进行静、动力学试验。

5.5.2.2 管路、电缆安装支架设计应满足如下要求：

a) 从质量控制及可靠性角度来说，电缆、管路支架的结构应简单、安装方便、标记明显清晰；

b) 管路卡、电缆卡应优先选用标准件。

建议删除

5.5.3 支撑块

a) 依据分离支撑设计要求及金属与非金属材料选用范围进行支撑块材料选择；

b) 按照分离支撑设计要求进行支撑间隙及相关尺寸琏设计；

c) 根据载荷及环境条件需要进行强度与粘接强度试验及支撑烧蚀搭载试验；

d) 设计必要工装进行支撑块粘接，保证粘接后尺寸间隙及粘接胶层厚度。

5.6 仪器设备及电缆安装设计

5.6.1 仪器设备安装

5.6.1.1 依据控制系统及遥测系统弹上设备安装尺寸及安装要求进行××××设计。

5.6.1.2 仪器设备与相邻结构之间的最小间隙一般应大于 10mm 防止振动过程中设备碰撞。

5.6.1.3 需要多次拆装和有安装精度要求的仪器设备和安装支架应有定位措施。

5.6.1.4 仪器设备安装基准面应有足够的刚度和强度，表面不允许有机械损伤和腐蚀痕迹。

5.6.1.5 为防止出现多余应力所有支架一律不得强迫安装到位。

5.6.1.6 仪器设备安装设计时，应关注是否有力矩要求和方向要求，视情况可制作表格对装配后的结果进行检查确认。

请删除解释性语句

5.6.2 电缆安装

5.6.2.1 进行电缆敷设路径设计时，通常低频电缆最小内弯曲半径应不小于电缆外径的 2 倍，高频电缆最小内弯曲半径不小于电缆外径的 5 倍。

5.6.2.2 高频电缆敷设时，一般应和低频电缆分开。

5.6.2.3 低频电缆固定点间距一般不大于 200mm。

5.6.2.4 柔性高频电缆固定点间距一般不大于 250mm。

第五节　标准编制质量控制

标准编制质量控制与标准编制程序和相关人员的职责密切相连。从过程和责任两方面共同实施，确保编制质量，从而确保标准编制的水准、标准编制的质量控制一般从对标准编制人员的资格、资历，标准确定的标准化对象的合理性、标准名称确立的正确性，各审查阶段工作的全面性、标准确定的技术内容。标准与相关标准的协调等进行控制，从而确保标准的先进性、合理性和可操作性。

一、标准编制人员

标准编制人员的专业知识、知识领域、工作经验、方法、沟通能力及态度与标准编制的质量、工作效率密切相关。一般情况下，标准编制人员应具备以下基本素质。

1. 较丰富的专业知识

标准编制人员一般应是本专业领域带头人，至少在本专业工作五年以上。标准编制人员在编制标准前应对标准内容充分调研，不仅要了解本单位、本行业情况，也应掌握国内甚至国外的基本情况，从而才能确定其内容的发展水平。因此要求标准编制人员应充分掌握本领域专业知识，并有清晰的思路。

2. 必要的标准化知识

标准编制人员应具备基本的标准化知识，标准化部门应向标准编制人员宣贯相关标准化知识，以及标准应遵循的相关法律法规，不能与现行的法律法规相冲突。一般情况下，应对标准编制人员宣贯的文件如下：

GB/T 1.1《标准标准化工作导则　第 1 部分：标准的结构和编写规则》；

GJB 0.1《军用标准文件编制工作导则　第 1 部分：军用标准和指导性技术文件编写规定》；

GJB 6000《标准编写规定》；

各级企业标准的编制规定或要求。

3. 良好的沟通能力

标准编制人员应掌握一定的工作方法，具备良好的组织、控制和沟通协调能力。一份标准的编制，一般从起草到最终报批发布，经历时间长、涉及面广，会涉及许多部门，因此需要征询、协调各方意见，从而达到最优。这就需要编制人员不仅专业知识过硬，还需要具备良好的沟通能力，能听取各方意见，并具备协调各方面意见的能力。

4. 文字表达能力

标准的编制与报告的编制有明显的区别，它需要文字简洁、表达清晰、逻辑严谨，尽量避免定性描述、产生歧义等。因此要求编制人员应熟练掌握标准编制的文风和固定文词用法。

二、标准编制各程序质量的控制

标准编制一般需经过立项论证、征求意见、送审、报批几个阶段，这些阶段的工作内容各有重点，其质量控制应依据工作重点而有所不同。

1. 标准立项论证

标准立项论证是标准是否能编制的关键点，此阶段应对国内外的相关标准进行充分调研，将本标准编制的需求说明白，此时的工作重点是立项论证报告的编制，在编制过程中应做到：

1）项目名称的确定应能反映标准所体现的内容，名称的界定范围要充分考虑，如果名称界定过宽或过窄，均会影响到标准编制的范围。

如某标准命名为《飞行器总体设计要求》，其中飞行器的界定就非常宽泛，应明确界定哪类飞行器。

2）突出体现项目的必要性和可行性。我们编制立项报告的目的是通过审查组审查能够审批此项目，那么就必须将其必要性和可行性说清楚、讲明白。必要性中要体现该标准的急需程度、重要程度；可行性中要体现出已经做的工作，已经具备的人、财、物的条件，以及关键技术的突破情况，并体现出由本单位来编制此标准的优势。

2. 标准征求意见阶段

标准编制初稿的完成，基本预示标准的框架和基本内容的确定，此阶段质量控制重点为：

1）标准主体、范围是否符合任务书要求；

2）标准主要内容规定得是否合理；

3）标准名称的确定是否反映了标准的内容；

4）标准的基本框架是否合理；

5）标准的内容是否与相关标准协调。

3. 标准送审阶段

标准的送审是经过广泛征求意见后，提交标准所属的标委会审查的阶段，此阶段的质量控制可从编制组和评审组两方面着手。

1）编制组方面的质量控制重点为：

a）在收到各方面意见后应充分讨论是否采纳，并反映到意见汇总表中；

b）对标准技术内容、协调性进行再次确认；

c）再次确认标准的完整性。

2）评审组质量控制重点为：

a）对照任务书（或合同）检查是否符合任务书（或合同）的要求；

b）意见的征求单位是否合理、全面，反映的意见是否均有答复，其答复是否合理；

c）标准编制说明书是否全面反映了标准制定的背景、过程等；

d）标准是否具有代表性、合理性、先进性和可操作性；

e）标准的内容、要求是否与其他已有的标准、法规协调；

f）标准编制是否符合对应级别的标准编制规定。

4. 报批发布阶段

报批发布阶段质量控制重点为：标准文件的完整性（包括报批书、签署页、报批稿的标准说明、报批稿意见汇总表、报批稿标准文本和标准编制总结报告等）、标准文本的编制的格式符合要求、内容协调等。

三、标准审查人员的职责

（一）标准起草单位的审查控制

标准的编制应代表编制单位的整体意见，因此各单位应组织本单位相关人员对其进行审查。审查内容包括：

1）编制人员是否符合要求；

2）标准名称的界定是否合理；

3）标准编写过程的调研是否充分；

4）标准编写内容是否合理并反映了真实情况；

5）标准编写的参与人员是否履行了各自的职责；

6）标准征求意见的广泛性是否符合要求；

7）标准征求意见的落实情况是否正确；对未采纳的意见是否回答，回答的是否正确。

（二）标准征求意见单位审查控制

接到标准征求意见的单位应认真组织，征求意见的过程是将本单位相关技术应用于该标准的一个机会，应认真对待、及时反馈并跟踪意见的落实情况，确保提出的意见被采纳或未被采纳时能同意其解释。一般应按以下方式组织：

1）确定标准征求意见文本发放给相关人员；

2）对重点标准应组织本单位相关专业讨论，确定意见；

3）将意见汇总后及时反馈给相关单位；

4）跟踪意见的落实情况；

5）未采纳意见及时反馈给提出意见的相关人员，确定是否同意。

（三）标委会审查控制

标委会成员的组成应具备一定的资格，其组成应为标准涉及的相关方面的代表和专家。标委会的审查是确定该标准是否可以通过的重要因素，一般是在标准送审稿完成后实施。为确保标准编制质量，目前多采用预审模式，即在标准征求意见稿完成后，增加一个预审的环节，请相关重要单位和标委会相关人员进行审查，提前对标准的内容和协调性把关。

1. 标委会成员资格

1）标委会成员一般应为该领域的专家；

2）标委会成员中应有熟知标准编制相关知识的专家；

3）标委会成员应熟悉该领域相关标准；

4）标委会成员中应有对该领域的国内、外情况相对较熟悉的专家；

5）标委会成员的组成应包含所需要的相关方面的代表和专家。

2. 标委会成员审查内容

1）意见汇总表的落实应正确，解释到位，符合要求，能说服标委会成员；

2）“编制说明”反映了标准编制的真实情况，其内容翔实，明白，正确；

3）标准文本的文字描述正确，语言简炼，无产生歧义的描述；

4）标准内容正确、合理；参数、指标规定正确、符合要求；

5）与相关标准协调、统一；

6）征求意见是否广泛、是否涵盖了主要的相关单位；

7）标准的可操作性；

8）是否符合合同或任务书的需求。

［**示例 6-32**］　某单位为控制标准质量采用的方法

为确保标准编制质量，采取了标准化审查并确定审查会人员重点审查项目。

标准化审查关注点

审查文件类别	审查关注点
编制说明	1. 编制说明格式是否按规定进行编写； 2. “编制依据”应包含标准的编制依据及编制的必要性； 3. “编制过程”介绍应详细、完整； 4. “编制内容”应阐述标准中采用的公式、参数的依据；列出标准中参考的文献等信息并说明采用程度；对标准存在的问题和重大分歧意见的处理结果和依据等的采用情况进行了详细的说明
标准文本	1. 标准文本编制符合标准要求：“设计规范”符合 Q/Y 561 的规定；“试验规范”符合 YW 0531—97；“通用规范”、“技术条件”等符合 GJB 6000 的规定；其他标准应符合相关的规定； 2. 标准文本的格式、字体、图表、公式等是否符合要求； 3. 标准文本的“范围”应列出各章节的标题； 4. 标准内容前后呼应，逻辑清晰，层次分明； 5. 标准文本引用标准符合要求； 6. 标准文本中语言叙述表达清晰，规定了做什么、如何做，使用者可以按标准操作
意见汇总表	1. “意见汇总表”反映的意见全面，对所提意见均有反馈； 2. “采纳”的意见反映在标准文本中； 3. “未采纳”的意见说明理由充分

标准审查会标准评价打分表

标准名称				
先进性（20分）	可操作性（40分）	适用性（5分）	编制规范（35分）	总分（100分）
标准技术内容创新性突出，具有专业特色，水平先进，对关键核心技术及新产品应用进行固化	标准技术内容正确，覆盖全面，指标科学合理，流程清晰，逻辑严谨；具有总结前期经验和引导后续发展的作用，实用性强，能够有效解决型号研制问题	与有关上级标准或同级标准协调配套，便于被其他标准剪裁引用，有助于领域发展	标准编制内容剪裁合理；室内讨论充分；征求意见到位；编制说明内容全面，能达到对标准编制的理解	

第七章　标准实施及监督

标准化工作的主要任务是制定标准、实施标准，并对实施情况进行监督。标准制定后只有经过实施才能有效地运用标准，从而才能体现出标准的价值。制定标准的目的是为了应用，为了实施，而标准制定的质量是通过标准实施和监督检查反映出来的，只有满足各方应用需求的标准，才是人类社会需要的标准。制定标准是实施的准备和前提，监督是为了保证和促进标准更好地实施以及标准制定的可用性。

第一节　标准的实施

标准的实施是指企业在产品、过程或服务等有关的各类事项中选用标准并执行标准规定要求的一系列活动。这一系列活动具有复杂性，其实施受制于更多因素（包括国家的管理制度、法律、法规，企业自身条件、需求以及标准本身的可操作性等）。

一、标准实施的内涵

标准实施的内涵可以从两方面来理解，标准的实施过程和实施对象。

（一）标准实施过程

标准实施是一项活动，这项活动一般包含两个过程即选用标准和执行标准。选用标准是指选择适合企业特定事项需求的标准。特定事项即企业的管理、产品、研制、生产等事项；执行标准是指在选用标准后，将选用的标准应用到相关的特定事项中即在产品设计、制造、试验、验收、使用、维修或其他过程及服务各环节中应用标准。

（二）标准实施的对象

标准实施的对象在标准实施概念中已充分体现，即产品、过程或服务（标准化的对象），标准实施对象即标准化的对象。标准实施对象既可针对人，亦可针对物。这里的产品可以是各种产品（硬件产品和软件产品）；过程也可以是各种过程（如质量管理等管理过程，环境试验等试验过程，可靠性工程等工程过程）；服务可以是各类服务（如产品售后服务、运输服务、后勤保障服务、技术资料提供服务、现场管理服务等）。

产品、过程、服务既是标准制定的对象又是标准实施的对象，但制定和实施标准考虑的重点却不一样。制定标准关注对象的共性问题，即将对象的共性要求定为标准；而实施标准关注对象的特性，即针对对象的特性要求来实施标准。

[示例 7－1]　企业标准化实施示例

标准化实施的两个过程即选用和执行，其实施对象是人和物，见图 7－1。

图 7－1 中岗位标准实施目录是指企业依据设立的岗位应遵循的标准进行梳理从而规

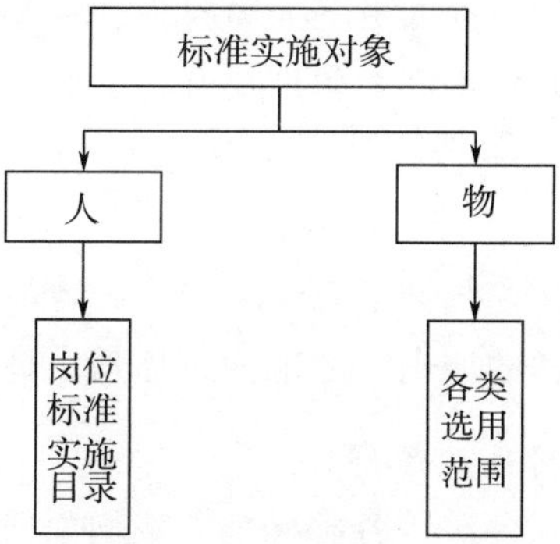

图 7-1　实施对象

范各岗位的工作。岗位标准实施目录可以依据从事的专业，也可依据从事的项目。各类选用范围主要包含通用、专业、原材料、元器件等等进行分门别类的规定，对于简单产品也可不分类进行规范。当超出规定的范围时应有相关程序批准使用。

二、标准实施的意义

（一）标准的实施是获得预期经济效益和社会效益的根本途径

制定标准的目的是为了实施标准，企业通过产品标准的实施可以确保生产工艺稳定，提高产品合格率，确保成本最优化，从而增加经济效益；通过标准的实施，可以为顾客提供质量稳定的产品，确保顾客人身安全，提高企业在顾客心中的价值，因此可以看出标准只有通过实施才能体现它的价值、作用和社会经济效益。

（二）标准的实施是衡量、评价标准的质量和水平的唯一标准

一项标准是否适用，是否具有先进性和可操作性，只能通过实施才能体现出来。标准的制定、评审毕竟是在一定范围内进行的，会受到一些客观因素的影响，只有通过广泛的实践应用才能反映出该标准是否具有全面性和可操作性；而一项标准的普遍需求性，只有其实施后的评价才是最全面的。

（三）标准的实施是修订标准和提高标准水平的基础

标准只有通过实施才能反映出哪些方面不适用。标准制定与实施往往是不能同步的，制定标准的预先性体现的是否准确需要通过实施来检验，从而发现标准的问题，为进一步修订和完善标准提供了信息和资料。

[示例 7-2]　某企业焊接标准的实施完善

某企业的产品在飞行过程中出现问题，经分析检查发现该企业在产品的焊接过程中执行的相关行业焊接标准未规定要进行 100％的焊缝 X 光检测，致使有些地方未焊透的情况没有被发现，导致产品出现问题。找到问题后，经过多次试验修改了有关焊接标准并同时举一反三，将焊接相关标准进行全面梳理，增加了其他一些要求，完善了各种焊接相关的标准。为贯彻实施这些新焊接标准，单位投入了大量的专项资金，购买配置了新的焊接和

检测设备，同时也增加了设计、检验人员等人力投入。随着这些焊接标准的实施，焊缝合格率得到显著提高，产品焊接质量得到大幅度提升，从而提高了产品的整体性能。

三、实施标准的原则

我们前面在标准实施的意义中强调了只有通过实施才能体现出标准的价值，那么我们在实施标准过程中应遵循什么样的原则，才能充分体现出标准的价值呢？

（一）当前利益服从长远利益的原则

我们在标准实施中，会碰到各级、各类标准，我们如何选取标准来执行呢？此时，我们应充分考虑该原则，因为标准的实施有时候会付出一些人力、物力和财力，但从长远看来，一定会给企业带来利益。

[示例 7-3] 当前利益服从长远利益的原则示例

我们用的手机其通信技术从 1 G 发展到现在使用的 4 G，而 5 G 也已初见端倪。在 2013 年 3 G 还未全面广泛应用时，4 G 就开始大规模宣传。而在更早的 2009 年 10 月，中国就提交了 TD-LTE-Advanced 技术，此技术是中国自主知识产权 3 G 标准 TD-SCDMA 技术的发展和演进。到 2010 年 9 月，中国加快了 TD-LTE 的产业开发，于 2011 年底启动了 TD-LTE 规模技术试验演示网的建设，并于 2012 年 1 月 18 日，国际电信联盟无线电通信全会全体会议上正式审议通过了由中国主导研发制定的 TD-LTE-Advanced 国际标准中的一部分（即 4 G 标准），而日本软银、沙特阿拉伯 STC、MOBILY 、巴西 Sky Brazil 等众多国际运营商已经开始商用或预商用 TD-LTE 网络。此审议的通过，使 TD-LTE 技术在全球得到进一步推行，国际主流电信设备制造商的产品也基本全部支持 TD-LTE，同时在芯片领域吸引 17 家厂商的加入，为中国通信行业的发展起到了巨大的推动作用。

（二）局部服从全局的原则

从国家的角度来讲各行业的利益要服从国家的利益，从行业的角度来讲各企业的利益要服从行业的利益，从企业的角度讲各部门的利益要服从企业利益。

[示例 7-4] 局部服从全局的原则示例

环境保护标准应从国家的角度来实施。为此企业可能会为确保环保条件的合格需要配备各种废物、废气、废水等的处理装置，从而增加了企业的成本，减少了企业的利润。但从国家和长远考虑，为后代着想，此时的利益受损，则是为整体及后代积福，因此企业应在选用执行标准时按此原则实施。

（三）区别对待的原则

在企业自身高速发展，产品性能需求突出的情况下，已有的国家、行业标准中规定的要求满足不了企业的高标准、严要求时，企业可以制定比国家、行业标准更细、更严的标准，从而突出自身产品的特性。

在示例 7-3 中，中国为在国际 4 G 通信中掌握话语权，在 3 G 通信技术实施中运用了具有自主知识产权的 3 G 标准 TD-SDMA，而国际上通用的 4 G 技术 TD-LTE-

Advanced 是 TD-SDMA 的发展和演进，中国实施的 TD-SDMA 技术标准为中国参与国际 4 G 技术标准的制定奠定了基础。因此，企业运用区别对待原则实际上是为下一步企业的标准能成为行业、国家甚至国际标准做准备。

[示例 7-5] 区别对待情况举例

对涉及面较广的通用性、互换性强的基础标准应有严密的措施，在限定的时间内，组织力量实施。对不影响互换性和产品质量的一些标准，则可通过宣讲、提供资料等方式，逐步达到统一。在新、老产品上的实施，应采取不同做法，提出不同的要求。即在新研制的产品上应无条件的实施标准，在老产品上，应按产品研制程序，采取分段实施的办法，并规定过渡期限。对将要淘汰的老产品，可允许使用旧标准。

（四）剪裁原则

剪裁原则实际上可以算是区别对待原则的一种特殊情况。剪裁是指对选用标准中的各项要求进行分析和选择，必要时进行修改、删除或补充，以确定并形成适合于某一具体产品最低要求的过程。在实施标准中应考虑产品的使用、研制需求及技术上的可行性、经费和进度等情况，在充分分析的基础上进行剪裁。应注意剪裁一般适用于推荐性标准和通用性强的标准，例如，通用规范、可靠性维修性大纲、环境要求和试验方法等；另外，剪裁后的标准技术指标不能低于原标准。

总之，在标准实施过程中应遵照以上原则，根据实际情况，对不同性质、不同内容的标准，从获得最大综合技术经济效益出发，因时、因地地采取不同的实施方法。

四、标准实施的程序

标准的实施是一项复杂细致的工作，通常分为策划、准备、执行、检查、总结 5 个步骤。由于标准化对象不同，涉及的标准内容也不相同，在标准实施的程序上也不尽相同。标准实施一般要经过策划、准备、执行、检查、总结 5 个环节。实际上就是一个 PDCA 循环。标准实施过程也是一个不断循环的过程，在这个循环过程中，使标准化水平不断提高

（一）策划

在标准实施时，应根据标准选用中涉及的标准的内容和标准的级别，对具体的实施方案进行详细地策划。策划时应考虑以下因素：

1）根据产品特点及实际需要，确定标准实施的时间、方式和类别等。

2）分析实施对象的具体要求和条件，确定标准的选用内容。

3）分析标准实施过程中，可能会遇到的困难及影响实施的因素与相关条件。例如，标准的配套时间及可能性，技术准备工作的进度及物质条件与可能性等。

4）组织力量，合理分工，明确各部门的标准实施中的工作职责。

5）对标准实施后技术经济效果进行预测分析，提出应达到的要求和目标。

（二）准备

准备工作大致有 3 个方面，组织准备、技术准备和物质准备。

1. 组织准备

标准的实施涉及质量、计划、供应、科研、设计、工艺、检验、生产、财务、销售等几乎所有技术、生产管理的部门和人员。特别是新旧标准的交替，还会遇到一些专门需要处理的问题。因此，必须在企业统一领导下，根据标准实施任务量的大小及复杂程度统筹安排，按各部门的分工，组织标准实施的队伍，明确专人负责。

2. 技术准备

技术准备是标准实施的关键，应根据标准实施计划作好以下工作：

1）标准文本、标准简介及宣讲材料（包括讲稿、幻灯、声像资料和图片等）的提供；

2）采用多层级标准宣贯、明确宣贯内容；

3）提出新旧标准对照表，新旧标准过渡的原则、措施及注意事项、参考资料等；

4）组织技术难点的攻关；

5）必要时，编写实施说明或指导性资料（图册、推荐方法等）。

3. 物质准备

标准实施要落实到生产技术活动中去，这就需要有一定的物质基础作保证。

例如，实施互换性标准时，就应有与之配套的刀具、量具和检测仪器等；实施产品标准时，应有所需的检测仪器与仪器设备；实施元器件、零部件标准时，应及时落实专业生产厂等。

（三）执行

执行标准即将标准中规定的内容应用到设计、生产、流通、使用、管理等各个专业领域中。标准执行可依据不同的条件，采用不同的方法。按执行的程度可分为全面性实施、选择性实施和补充性实施；按执行的形式划分，可分为直接实施和间接实施。

1. 按执行程度划分

（1）全面性实施

对国家标准、行业标准和企业标准不作任何改动，完全按照标准规定的内容执行。如强制性标准均需要全面实施。

（2）选择性实施

根据可能和实际需要，选择标准中的部分内容实施。

（3）补充性实施

补充性实施可以分为3种情况进行：

1）当上级标准规定的内容不便于具体执行时，例如，企业在实施零部件标准时，补充一些热处理、表面涂覆等要求；

2）某些标准应成套使用，以便更好地协调和更有效地实施标准；

3）企业依据自身需求，需要制定严于或高于国家或行业标准规定的技术要求时，例如：某企业为奶制品公司，为提高产品质量，增加市场竞争力，制订了严于国家的细菌超标要求。

这种情况可根据企业自身情况对已有标准进行全面分析、评估和权衡，在此基础上再对其标准进行细化、加严或补充，而后实施。

2. 按执行形式划分

按照标准在合同、技术文件的实施形式划分，标准实施一般有两种方式。

（1）直接实施

直接实施，即在有关事项或活动中直接执行标准的规定。

[示例 7-6]　直接实施举例

产品设计时直接按制图标准绘制图样，直接采用标准术语表达技术思想，直接用标准规定的公式计算相关参数，直接按标准推荐的形式设计零件或产品的结构等；又如，在质量管理过程中，按有关规章规定直接按"不合格品处理"标准对不合格产品进行标识、隔离或返修等。此时，在相应资料中一般不出现标准编号和标准名称。

2）间接实施

间接实施，即首先通过合同、技术文件引用标准并规定标准实施的具体要求，然后按一定程序组织实施。

[示例 7-7]　间接实施举例

在产品技术规定中规定"产品的高温试验应按 GJB×××第×××条规定的要求及第×××条规定的方法和程序进行"。然后在相应的试验规程中按 GJB×××规定相应的设备、试样准备及试验操作步骤等事项，指导工人操作实施。

又如，产品图样中规定，某零件采用标准件"螺栓 M6×10 镀镉/GB×××"，则应按 GB×××编制加工工艺规程或按 GB×××提出外购要求，进行加工或订货及入厂检验。

实际工作中，如一项产品的研制，往往需要采用许多标准，其中有的标准是直接实施，有的标准是间接实施，也有的标准两种形式兼而有之。

（四）检查

通过对标准实施的检查，可提高各工作岗位的人员对标准的认识，逐步掌握标准化的原则和方法，推动标准的实施。标准实施情况一般通过以下方式进行检查。

1. 技术文件的标准化审查

技术文件的标准化审查，是对产品试验方法、检测规则、工艺文件、随机出厂文件等进行标准化审查，看是否符合各种有关标准的规定，尽早发现并纠正标准实施存在的问题。有关技术文件的标准化审查应遵循各单位的质量手册和质量程序文件。

2. 标准化评审

标准化评审是指研制过程中对标准实施情况进行的评审，以此检查型号采用标准和规范是否符合标准化大纲的要求，其目的是预防和及时发现型号研制中不符合标准和标准化要求的问题，减少因标准实施和标准化要求不足而带来的时间和经费上的损失。

3. 产品质量检查

产品质量监督检查是对原材料、外购件、外协件、零部件及最终产品进行检验，看其是否执行了相关标准，质量和性能是否符合标准的要求，从而杜绝不合格产品的产生。如企业产品履历书和产品证明书均可作为产品质量检查的证明材料。

（五）总结

标准实施过程中，应积累数据和资料，及时总结经验，以点带面，使标准的实施工作不断深入。

标准实施的总结一般包括：标准实施情况的使用性统计和分析；标准化经济效果的计算和分析；各种文件资料的归纳、整理、归档；对下一步工作的意见和建议等。

五、各类标准实施策略

根据标准的类别、特点、作用的不同，其标准实施策略也不相同，下面举例说明各类标准的实施策略，以便企业参考。

某产品的设计、生产管理等环节所涉及的标准类别分别为基础标准、产品标准、原材料标准、安全、环境保护标准等。

基础类标准的特点是应用广、涉及面宽，如研制程序、制图类标准等，其实施方法采用普遍性宣贯，让所有人员均了解并将其内容和要求纳入到文件中作为必须执行的标准。

产品标准是产品设计、制造、试验的依据，可采用区别对待的原则，采用选择性和补充性实施，将产品的设计特点、制造特点和试验特点转化为设计、工艺文件，配合其产品标准一同执行。产品标准的实施策略重点为设计、制造和试验环节，应建立企业有关该产品的设计标准（如设计方法、设计要求、技术条件等），应建立设计、制造和试验相配套的标准共同实施，以确保产品质量的稳定，提高合格率。

原材料标准的实施策略重点从设计角度出发应控制原材料标准的选用种类、规格；从采购的角度应实施或建立原材料的复验标准，原材料在使用过程中应实施或建立相关的贮存、领用等管理标准。

目前，中国对产品安全和环境保护标准越来越重视，它们直接关乎着我们的生存，安全、环境保护标准的实施策略是企业得以长久生存的必不可少的因素。安全和环境保护标准应贯彻在产品设计的源头，即在设计方案时就应考虑到此类标准的实施，可以采用基础标准实施策略，将安全和环境保护标准的内容要求纳入文件中，强调其设计理念，从而达到该类标准的切实实施。

第二节　标准的选用和剪裁

标准的选用和剪裁是实施标准的首要环节，它需要结合实施对象的具体要求和条件，对选用标准的内容进行剪裁后直接实施，或提出实施要求纳入相关文件后组织实施。“选用”和“剪裁”是为了提出合理的标准实施要求。

一、标准的选用和剪裁的含义

（一）标准的选用

标准的选用是指从现行、有效的标准中适时地选择适用于特定产品研制、生产的标准，并在有关文件中加以规定的过程。

（二）标准的剪裁

标准的剪裁是指对选用标准中的每一项要求进行分析、评估和权衡，确定其对特定产品的适用程度，必要时对其进行修改、删减或补充，并通过有关文件，提出适合于特定产品的最低要求的过程。

二、选用和剪裁标准的原则及考虑因素

对产品、过程或服务等不同实施对象（如有针对大众使用的产品、服务；有针对特殊用户使用的产品、服务等），选用和剪裁标准应遵循的原则及考虑的因素不同。航天企业多数选用国家军用标准，其主要对象是军用装备的研制、生产和使用，故本节以选取军用装备为对象进行阐述。

（一）选用和剪裁标准的原则

为使军用装备满足使用需求并同时做到研制、生产切实可行，有良好的效益，选用和剪裁标准应遵循以下原则。

1. 满足军用装备作战使用要求，确保战术指标的实现

“战术技术指标及使用要求”是军用装备研制的主要目的，选用和剪裁标准提出实施要求，组织实施都要围绕实现研制总要求，达到预定的战术技术指标，满足作战使用要求。这些标准对满足作战使用要求、保证战术技术指标的实现都是必不可少的。

2. 综合权衡、充分考虑成本、周期等约束条件

选用和剪裁标准时，应进行技术、成本、周期三要素权衡分析，应充分分析产品性能、使用条件、能达到的技术水平，多方考虑成本和周期等约束条件；权衡各种方案利弊得失和费效比，不能片面地强调某一个方面。片面地追求高的技术指标，可能会造成标准的“过度使用”，使研制生产成本增加，投资限额超支并影响研制和装备部队的进度；而片面地追求节约研制成本和压缩周期，则可能会造成标准的“欠使用”，造成装备效能、适用性、保障性降低，增加维修费用，结果反而增加了装备的全寿命费用。

3. 保证和提高产品质量，保证稳定的生产和正常的维修使用

标准及其要求一旦选定就成为研制、生产、使用和维修的依据，对产品质量的高低及能否稳定批量生产和正常维修使用起着重大作用，因此，选用和剪裁标准并确定实施要求时应充分考虑是否能起到这一保证作用。

4. 做到相互配套，内容协调

大型复杂军用装备的研制，往往需要选用数千个标准。所以选用和剪裁标准时要特别

注意相互配套和协调，注意系统性。

（二）选用和剪裁标准的步骤

1. 标准选用的步骤

标准选用步骤及工作内容见表 7－1。

表 7－1 标准选用步骤和内容

步骤	工作内容
检索标准	利用各种检索工作，如标准目录，标准数据库等进行主题词、标准级别和适用范围等的检索，了解各类有关的标准，企业可以利用以往的工作成果如已形成的某些产品（项目）为指引依据新产品（项目）的特点，形成粗选的选用标准范围
调研、分析、收集信息	以粗选的选用标准范围为指导，进一步对产品（项目）调研、分析、斟酌、筛选，收集相关反馈信息
整理、评估	通过前期调研、分析和搜集的反馈信息，整理相关文件，形成初步的选用标准
评审选用标准	对初步形成的选用标准进行评审，评审人员应涉及选用标准的各个专业，确保选用标准的正确性、准确性和相对完整性
发布选用标准	评审通过后，按评审意见修改完善后，形成正式的该产品（项目）的选用标准范围，并通过企业权威部门进行发布，确保其选用范围的合法性
实施标准	选用标准发布既应全面实施，标准化部门应做好宣传贯彻工作，确保该产品（项目）的相关部门知晓并纳入到文件审查中；各相关单位部门应组织相关资料的配备，方便适用
动态管理	对于时间跨度大的产品（项目），应对选用标准实施动态管理，确保所选用标准的延续性和可用性

2. 标准剪裁的步骤

对标准进行剪裁是对选用标准规定的内容进行确认和具体化，它要在所选标准的基础上，对性能指标、参数、试验项目、方法、工作程序等多种要求进行技术层面上的选择、删除、修改和补充，应该按剪裁定义所阐述的程序进行。剪裁的直接执行者一般为设计标准选用人员。标准剪裁的步骤和各步骤具体工作见表 7－2。

表 7－2 标准剪裁步骤和内容

剪裁步骤	工作内容
消化标准内容	应深入了解标准相关条款的真正含义，把握其实质
分析标准内容	分析标准相关条款，了解标准制定的资源条件和技术水平及解决的问题、目标和任务
判断	判断产品项目应贯彻实施该标准的相关条款的程度及预估实施后带来的效益
确定剪裁内容	依据上述的分析判断，综合权衡各相关要素对标准内容作出是否剪裁、剪裁程度及具体的内容修改、删除或补充的建议
协调相关内容	确定如何剪裁后，应协调各相关文件，避免出现矛盾的要求
编制文件	经过确定剪裁内容并与相关文件再次确认协调后，应编制“标准剪裁结果明细表”，将剪裁内容和理由填写清楚
审批（评审）	标准剪裁结果明细表应经审批后才能实施，纳入相关文件或合同中执行
归档	标准剪裁结果明细表应与原标准一起提供相关部门进行归档以便今后追溯或利用提供方便

三、选用和剪裁标准的一般途径和方法

不同实施对象对标准实施要求的差异很大，所以应根据实施对象的具体情况采用合适的途径和方法去选用和剪裁标准。但我们也可以通过归纳提出以下途径和方法，供选用和剪裁标准时参考。

1. 消化上层次文件作为选用和剪裁的依据

上层次文件是高一层次产品或本工作阶段以前形成的指导性文件。例如，“研制总要求”及研制合同是工程研制阶段的上层次文件，也是该阶段选用和剪裁标准的依据。

消化上层次文件作为选用和剪裁标准的依据能保证标准的实施要求相互协调，符合军用装备研制生产的根本目标和要求。

2. 总结同类装备研制和使用中存在的问题

现役同类装备在使用中发生的问题，有些是因研制时未能很好地实施标准造成的，因此，针对现役同类装备使用中发生地问题，找出研制时实施标准地不足，提出要求，进行改进，能更有针对性地选用与剪裁标准。

3. 按系统分层次逐步细化

武器装备的战术技术指标和使用要求是由总体和配套产品的性能要求、专业工程要求等来综合保证的，它是对武器装备的性能、适用性、环境条件等的全面要求。因此，选用与剪裁标准时，应按照武器装备的结构进行分解，从系统、分系统、设备直至零部件、元器件、原材料，分层次选用与剪裁相关的标准，自上而下，逐级传递、分配和细化，最终形成能保证装备总体性能要求的系统的、相互协调的标准实施要求。

4. 结合阶段任务不断迭代和修正完善

对标准的选用与剪裁不是脱离产品研制任务而孤立存在的，它是各阶段任务的组成部分。因此，需要结合各阶段中心任务，随着研制进展逐步推进，不能一蹴而就，要在各阶段中检验、修正和完善。

5. 通过技术评审和标准化审查不断完善

研制过程中安排的各种技术评审和设计审查，对提高标准选用和剪裁的正确性及合理性具有重要作用，应充分利用各种技术评审和设计审查来完善标准选用和剪裁的结果。此外，标准化检查也是确保标准有效实施的环节。

[示例 7-8]　标准的剪裁明细表

某航天器声试验应用标准剪裁明细表如下。

标准剪裁明细表

标准代号	标准名称	标准内容	剪裁结果	剪裁理由	效果分析
GJB 1027A—2005	运载器、上面级和航天器试验要求	表6飞行器鉴定试验试验基线和表10飞行器验收试验基线均规定：对结构紧凑的，不超过450 kg的飞行器，一般可以用随机振动代替声试验	1）某通信卫星质量达1 000 kg，在其试验大纲中仍规定随机振动试验，而不做声试验 2）某军用卫星质量超过2 000 kg，在其试验大纲中仍规定随机振动试验，不做声试验	由于上述飞行器结构紧凑、质量密集，对声不敏感，在声场中难以激励起有效的振动响应	一般结构紧凑、质量密集型飞行器，通过对接面的振动比声更能有效地激励，并且随机振动试验费用、进度难以保证。因此，用随机振动试验代替声试验是合理的

第三节　监督

标准实施的监督是标准化活动的组成部分，是保证标准实施的重要手段；其目的是保证产品质量。

一、监督定义及形式

标准实施监督是指以各种形式对标准实施情况进行检查，并纠正实施中的偏差，处理实施中错误行为的活动。即标准实施监督的内涵包含了两个方面：首先是通过各种形式，检查标准规定的要求是否得到实施，存在哪些偏差。其次是对不符合标准规定的行为采取适当的措施加以纠正或处理。

标准实施监督的作用是促进标准在产品设计、生产、试验各环节得到有效实施，防止偏差和错误的产生，保证标准在实施中发挥作用，获得预期的社会和经济效果。

二、对标准实施进行监督的依据

标准实施监督的基本依据是国家的有关法律、法规。《中华人民共和国标准化法》及其《实施条例》和《军用标准化管理办法》均将标准实施监督作为标准化工作的任务之一，可见，对标准实施的监督是有法律法规依据的。此外，有些法律法规（如环境保护法、食品卫生法等）也往往对标准实施及相关的监督作出相关规定。

标准实施的监督与标准实施的要求密切相关。因此，标准实施监督应依据下列提出标准实施要求的各种文件：

1）指令性文件；

2）研制总要求、研制生产合同；

3）产品自身的设计文件、工艺文件、研试文件等技术文件。

三、标准实施监督的形式

按照监督的主体和性质不同，标准实施监督的形式一般可分为国家监督、行政监督、用户监督和企业自我监督（内部监督）。

（一）国家监督

国家监督也称执法监督，是国家按标准化法对所有强制性国家标准实施情况进行的监督检查和处理，主要监督与国家和人民利益关系重大的产品和工程，包括设计、生产、检验、销售和管理标准的实施。监督工作由县以上政府标准化行政主管部门行使，执行者可以是政府标准化行政主管部门授权的特定机构，这种监督属第三方监督，具有公证性、权威性和科学性。

（二）行业监督（主管部门监督）

行业监督是企业主管部门或产品的行业归口部门对所属企业或所管产品执行强制性国家标准、强制性行业标准和按指令性文件规定要求执行的推荐性标准、上报备案的企业产品标准实施的监督检查和处理。行政监督过程中，对初稿标准情况不好或违反标准实施监督内容的，企业的主管部门可以采取批评、限期改进、责令停产、行政处分等措施。监督工作由企业主管部门或产品的行业归口部门行使。

（三）用户监督

产品的使用者即用户，用户监督是用户方根据有关法律、法规、指令性文件及订货合同，对承制方实施标准的情况进行的监督。

用户监督包括用户对承制方的监督，也包括总承包单位对分承包单位及分承包单位对下一层次承包单位的监督。

（四）企业自我监督

企业自我监督也称内部监督，是指企业（泛指科研、生产、试验、使用单位）依据法律、法规、指令性文件和产品研制生产合同及产品设计文件、工艺文件、质量管理与标准化文件的规定，对本企业实施标准的情况进行的监督。

企业是实施标准的主体和基础。企业对标准实施情况进行自我监督是标准实施监督各种形式中最基本、最全面的形式，是保证产品研制、生产和管理过程标准实施受控的有效手段，也是其他监督形式的基础和前提。因此，以下将着重介绍企业自我监督的方式与方法。

四、监督的方式与方法

实施标准及对标准实施情况进行监督是企业获得高效益、高速度、高质量的重要手段和途径，是企业的利益所在。在企业内部对标准实施情况进行监督属企业行为，是企业各级领导、广大科技人员和管理干部的共同任务。

标准实施贯穿于产品及其组成部分寿命期各阶段，以立项论证开始直到维修、报废都涉及标准实施的问题。因此，对标准实施的监督也贯穿于各层次产品（含系统、分系统、设备、零部件、原材料、元器件）全寿命期。

在企业内部对标准实施情况的监督，可在产品研制生产各阶段通过不同渠道、采用不同方式和方法进行。这些方式主要包括以下几种。

（一）文件审批

文件审批是指有关主管部门的领导和各级技术负责人在审批指令性文件、研制总要求、研制生产合同、技术文件时，同时检查、监督标准的采用和实施情况。

（二）标准化检查

标准化检查是指标准化专职或兼职人员对产品设计文件和工艺文件选用和实施标准的情况进行的检查和监督。

（三）评审监督

评审监督是指在产品研制各阶段进行设计评审、工艺评审、质量评审及标准化评审时，对标准的采用和实施情况进行评审和监督。

（四）产品定型（鉴定）检查

产品定型（鉴定）检查是指产品在设计定型、生产（工艺）定型或进行鉴定时，同时对标准实施情况进行全面考核和检查。

（五）产品认证检查

产品认证检查是指在进行产品认证时，同时对标准的实施情况进行检查和监督。

（六）产品验收检查

产品验收检查是指外购件、外协件入厂检验时，零部件加工检验时，产品验收试验时，同时对标准的实施情况进行检查。

（七）专项标准实施检查

专项标准实施检查是指企业主管部门根据需要，组织相关专业的专家对某项标准或一组标准的实施情况进行的专项检查与监督。

[示例 7－9] 设计文件标准化检查项目

为做好标准化审查工作，作为标准化人员的上岗培训，某企业制定了标准化人员标准化审查项目表，现以组件明细表的标准化审查项目为例供各位参考。

审查项目	审查内容
格式	首页格式应符合 QJ 1714.4B 的格式 7 要求
	续页格式应符合 QJ 1714.4B 的格式 7a 要求
编写顺序	编写完自制件后按"借用件""标准件外购件""材料"的顺序编写，各类之间一般应留二行空格
	自制件的编写顺序应符合 QJ 1714.4B 4.1.3.1 条
	借用件应首先按不同产品进行分类，再按组件、部件、零件的顺序或设计文件代号的递增顺序编写
	标准件应按国家、行业、企业标准的顺序及规格由小到大进行排列
	元器件和机电产品应按 QJ 2020 中"项目种类的字母代码表"的顺序编写
	材料编写应符合 QJ 547A 的要求
编制要求	各栏的填写应符合要求
	借用件的组件、部件中的标准件、外购件和材料应分别填写在"标准件外购件""材料"节中
	所列设计文件的代号及名称与本明细表中的设计文件应一致
	所列的标准件、外购件、材料应在相应的选用范围以内，超出的应办理审批手续

［示例 7-10］　典型设计文件填写示例

技术文件标准化审查中的易错点见附录 C。

设计文件的填写可按 QJ 3132A 执行。附录 C 中给出了典型文件填写应注意的问题。

文字内容设计文件应注意换版更改，其示例见附录 C.1。

带附图的偏离单应注意附图编号，其示例见附录 C.2。

图样的更改应注意"文件代号""更改前""更改后"的填写等事项，其示例见附录 C.3。

电缆图的编制应注意标注线的画法，技术要求的选用应合理等事项。其示例见附录 C.4。

第八章　国际标准化

国际标准是指由国际标准化组织（ISO）、国际电工委员会（IEC）和国际电信联盟（ITU）制定的标准，以及ISO确认并公布的其他国际组织制定的标准。

国际标准化是指在国际范围内由众多的国家或组织共同参与开展的标准化活动；该活动旨在研究、制定并推广采用国际统一的标准；协调各国、各地区的标准化活动，研究和交流有关标准化事宜。国际标准化是促进企业技术进步和深化国际交流与合作的重要措施。随着对国际标准重要性和国际认同程度的不断提高，世界各国对参与国际标准化活动也越来越重视。

随着国际合作的不断开展，要想让中国的产品被国际接纳，我们必须要参与到国际标准化工作中去。国际标准化工作主要包括“引进来”和“走出去”两个方面：一是研究转化国际标准为我所用，借鉴国外先进的航天技术和经验，并在国际标准的意见征求、审查和投票中反映中国意见，将中国航天的技术、做法和意见充分反映到国际标准中，实现“国际标准中国化”；另一方面是主导制定国际标准，并积极培育多项国际标准新提案，将中国具有优势的技术以标准为载体推向国际，实现“中国标准国际化”。

第一节　国际标准化机构

目前国际上有三大标准化机构，它们分别是国际标准化组织（ISO）、国际电工委员会（IEC）和国际电信联盟（ITU）。表8-1简单介绍了国际三大标准化机构。

一、与航天相关的国际标准化组织

国际航天标准主要是指由航空航天标准化技术委员会（ISO/TC20）下设的航天系统及其应用标准化分技术委员会（SC14）和空间数据与信息传输系统标准化分技术委员会（SC13）负责制定的标准。除SC14、SC13外，TC20还下设另外6个分技术委员会（SC），主要负责航空领域国际标准的制定。

SC14、SC13关注的重点是围绕着航天产品及服务，覆盖设计、生产、总装、测试、使用和处置全过程的共同实践。SC14、SC13所涉及的专业领域非常广泛，包括设计工程、接口综合与试验、运行与地面支持、空间环境、项目管理、材料与工艺、空间碎片、空间数据与信息传输等。SC14、SC13的标准是经过世界上具有航天活动能力的国家的专家研究分析、试验验证、相互协商，并得到大多数成员国同意而制定的，综合了航天领域具有普遍性、规律性的科技成果。

表 8-1　世界三大国际标准化机构简介

中文名称	英文名称	缩写	成立时间	中国加入时间	基本状况	目的、宗旨及主要活动
国际标准化组织	International Organization for Standardization	ISO	1946 年 10 月	1978 年 9 月重新进入，2008 年 10 月 16 日成为常任理事国	是目前世界上最大、最有权威性的国际标准化专门机构；是联合国经社理事会的甲级咨询组织和贸发理事会综合级（即最高级）咨询组织；其成员分为团体成员和通讯成员。团体成员是指最有代表性的全国标准化机构，且每一个国家只能有一个机构代表其参加 ISO。 通讯成员是指尚未建立全国标准化机构的发展中国家（或地区）。通讯成员不参加 ISO 技术工作，但可了解 ISO 的工作进展情况，待条件成熟，可转为团体成员。 ISO 现有团体成员 143 个，现有技术委员会（TC）186 个和分技术委员会（SC）552 个	国际标准化组织的目的和宗旨是："在全世界范围内促进标准化工作的发展，以便于国际物资交流和服务，并扩大在知识、科学、技术和经济方面的合作"。其主要活动是制定国际标准，协调世界范围的标准化工作，组织各成员国和技术委员会进行情报交流，以及与其他国际组织进行合作，共同研究有关标准化问题
国际电工委员会	International Electrotechnical Commission	IEC	1906 年	1957 年参加，2011 年 10 月 28 日成为常任理事国	是世界上成立最早的国际性电工标准化机构，负责有关电气工程和电子工程领域中的国际标准化工作。 IEC 成员国目前为 61 个。 IEC 每年要在世界各地召开 100 多次国际标准会议，世界各国的近 10 万名专家在参与 IEC 的标准制、修订工作。IEC 现有技术委员会（TC）89 个、分技术委员会（SC）88 个	IEC 的宗旨是，促进电气、电子工程领域中标准化及有关问题的国际合作，增进国际间的相互了解。 IEC 的工作领域已由单纯研究电气设备、电机的名词术语和功率等问题扩展到电子、电力、微电子及其应用、通信、视听、机器人、信息技术、新型医疗器械和核仪表等电工技术的各个方面。IEC 标准已涉及了世界市场中 35%的产品
国际电信联盟	International Telecommunication Union	ITU	1865 年 5 月	1920 年加入，1947 成为行政理事国，1972 年 5 月 30 日恢复行政理事国合法权利和席位	是联合国机构中历史最长的一个国际组织，简称"国际电联""电联"。1865 年 5 月 17 日，定名"国际电报联盟"，1932 年改写为"国际电信联盟"	1972 年 12 月，国际电信联盟确定其实质性工作由三大部门承担，即：国际电信联盟标准化部门、国际电信联盟无线电通信部门和国际电信联盟电信发展部门

二、航天系统及其应用标准化分技术委员会（SC14）

SC14 于 1993 年在美国华盛顿的美国航空航天协会（AIAA）总部成立。SC14 现有积极成员（P 成员）为中国、美国、法国、德国、英国、意大利、俄罗斯、乌克兰、以色列、印度、日本和巴西 12 个国家，观察成员（O 成员）为阿根廷、波兰、斯洛伐克、哈萨克斯坦、罗马尼亚、瑞典和韩国 7 个国家。美国承担秘书处工作。

SC14 下设 7 个工作组（WG），专业范围见表 8－2。

表 8－2　SC14 工作组的专业范围

工作组	专业名称	责任国	涉及领域
WG1	设计工程	日本	运载火箭和航天器及其分系统、设备等有关设计（设计要求、设计准则、设计方法等）方面的标准；EEE 及非 EEE 产品的设计、选用等方面的标准
WG2	接口、综合与试验	美国	运载火箭与航天器、运载火箭与发射设备等接口方面的标准；试验标准（除材料试验标准外）
WG3	运行与地面支持	美国	地面站设计与应用、发射操作、航天器运行、航天器交会对接、坐标系等方面的标准
WG4	空间环境	俄罗斯	磁层、地区磁场、环境辐射性和太阳活动，空间环境模型等方面的标准
WG5	项目管理	法国	项目管理、产品保证等方面的标准
WG6	材料与工艺	日本	金属材料、非金属材料、复合材料、工艺、过程控制等方面的标准
WG7	空间碎片	英国	碎片减缓等方面的标准

三、空间数据与信息传输系统标准化分技术委员会（SC13）

SC13 成立于 1989 年，主要负责空间数据传输标准制修订工作。美国承担秘书处的工作。

SC13 的章程规定，“凡其他组织已制定并得到国际上广泛承认的、并适合国际数据系统标准化的技术文件，SC13 将承认并利用这些文件，避免重复制定国际标准”。空间数据系统咨询委员会（CCSDS）制定的空间数据传输方面的标准建议书是得到国际航天界广泛认同的，因此，SC13 发布的标准采用“封面法”的方式，将 CCSDS 标准建议书直接转化成国际标准草案；制定过程与常规的标准制定流程有区别，一般只有询问（DIS）和出版（ISO）两个阶段。SC13 涉及的领域及其重要内容见表 8－3。

表 8－3　SC13 专业划分

领域名称	主要内容
空间链路业务（SLS）	航天器之间以及航天器与地面支持系统之间的空间链路连接的相关业务。SLS 主要关注 OSL 模型的物理层和数据链路层。支持长距离链路（从航天器到地面）和近距离的链路（如从星球着陆到在轨星座）通信

续表

领域名称	主要内容
任务操作和信息管理业务（MOIMS）	为完成飞行任务，航天器和地面系统的整个飞行任务执行阶段的操作程序，以及相关的信息管理标准和流程。MOIMS 的标准使任务操作系统和任务执行系统之间的空间任务信息转换更为便利
空间网络业务（SIS）	在航天器与地面系统之间、航天器之间、航天器与着陆器之间、复杂航天器内容之间通信时，所需的网络通信业务和协议
交互支持业务（CSS）	涉及了多种交互支持接入点所需的业务，以及各组织在执行任务时如何使用这些业务来协同使用各自的基础设施，以充分利用空间网络资源，实现各个组织间的交互支持
航天器在轨接口业务（SOIS）	为了从根本上促进飞行器飞行段数据系统设计和研发过程，通过所定义的业务来简化飞行硬件与飞行软件之间的互相配合，并允许管理部门和设备生产商之间的协作和重复利用
系统工程业务（SEA）	规划空间任务通信、操作、交互支持的整个体系结构：提供与整个体系中其他业务的选择和选项中的协作和协同工作；支持体系结构中所有区域的一致性

第二节　国际标准的制定

一、国际标准文件的类型

国际标准文件按表现形式划分，主要可分为国际标准、技术规范（TS）、可公开提供的规范（PAS）和技术报告（TR）等。

（一）技术规范

TS 是为了满足市场需要，在原标准制定程序的基础上通过降低协商一致程度并简化程序而制定的新类型标准文件。它通过相关 TC 的 P 成员 2/3 多数投票赞同即可发布，是一种在一个 TC 内部达成协商一致的标准文件。它的起草和出版仅限于以下两种情况：

1）当项目正在研究过程中，或其他理由，现在不能但在将来可能出版国际标准的情况；

2）当最终国际标准草案不能得到通过批准阶段所要求的支持率，或对协商一致产生疑义的情况。

（二）可公开提供的规范

PAS 是在制定正式国际标准之前，为满足市场急需而出版的中间性标准文件。可公开提供的规范的内容主要是在技术快速发展的领域中，涉及有关产品的技术、贸易、服务等要求。

（三）技术报告

TR 是信息性的文件，包括从那些作为国际标准出版的资料中收集的各种数据。例如从国家成员团体的评述中得到的数据，其他国际组织中工作方面的数据，或者与国家成员体某一具体方面的标准有关的技术发展动态数据。该文件完全是资料性的，不应包括规范性内容，并且应清晰阐明与主题相关的国际标准中涉及的规范性内容的关系。

二、国际标准的制定程序

国际标准是由国际标准化组织按照规定的程序制定，正式通过并且可以公开提供的标准。

国际标准的制定工作由 ISO 的 TC 和 SC 负责。其中，航天领域的国际标准由 SC14 和 SC13 负责制定。表 8－4 列出了制定国际标准各项目阶段的顺序和有关的文件名称。

表 8－4 项目阶段及相关文件

项目阶段	相关文件	
	名称	缩写
提案阶段	新工作项目提案	NP（NWIP）
准备阶段	工作组草案	WD
委员会阶段	委员会草案	CD
询问阶段	国际标准草案	DIS
批准阶段	最终国际标准草案	FDIS
出版阶段	国际标准	ISO

根据需要，提案阶段前还可包含预阶段。预阶段的工作是通过 P 成员的简单多数投票，SC 将尚不完全成熟、不能进入下一阶段处理的预工作项目（PWl）纳入工作计划中。不能确定目标日期的工作项目也应放在预阶段。

（一）提案阶段

提案阶段包括提出国提案准备和各成员国投票两个子阶段，其流程见图 8－1。

中国航天标准化与产品保证研究院（以下简称标准化院）是国家标准委指定的 SC14、SC13 国内技术对口单位，作为中国航天科技集团下属单位应结合本单位专业优势，积极研究提出国际标准新提案，向集团公司按流程提交新提案全套资料，由集团公司质量技术部审定。具体应提交的文件包含两部分，即提交上级单位审查的文件和按 ISO 要求需提交的文件（见表 8－5）。

表 8－5 需提交的文件

序号	文件名称	提交上级单位审查的文件（中文）	ISO 要求提交的文件（英文）
1	标准 PPT 文件	√	—
2	新工作项目提案文件申请单	√（格式见图 8－2）	—
3	新工作项目申请表	√	√（格式见图 8－3）
4	与提案有关的市场评估	√	√
5	国际标准草案	√	√（标准封面及首页格式见图 8－4）
6	非涉密的审查证明	√	—

表 8－5 中提交上级单位的序号为 1 和 5 的文件应先提交标准化院，标准化院审查合格后，报集团公司质量技术部审定后，属于 ISO/TC20/SC13、SC14 范围内的提案，由标准化院负责将提案报国家标准委审批后，提交 SC 秘书处进行提案阶段投票或在工作组内协调。

其他领域的标准提案，由标准化院与国内相应技术对口单位联系及协调。提案阶段的投票期限为 3 个月。

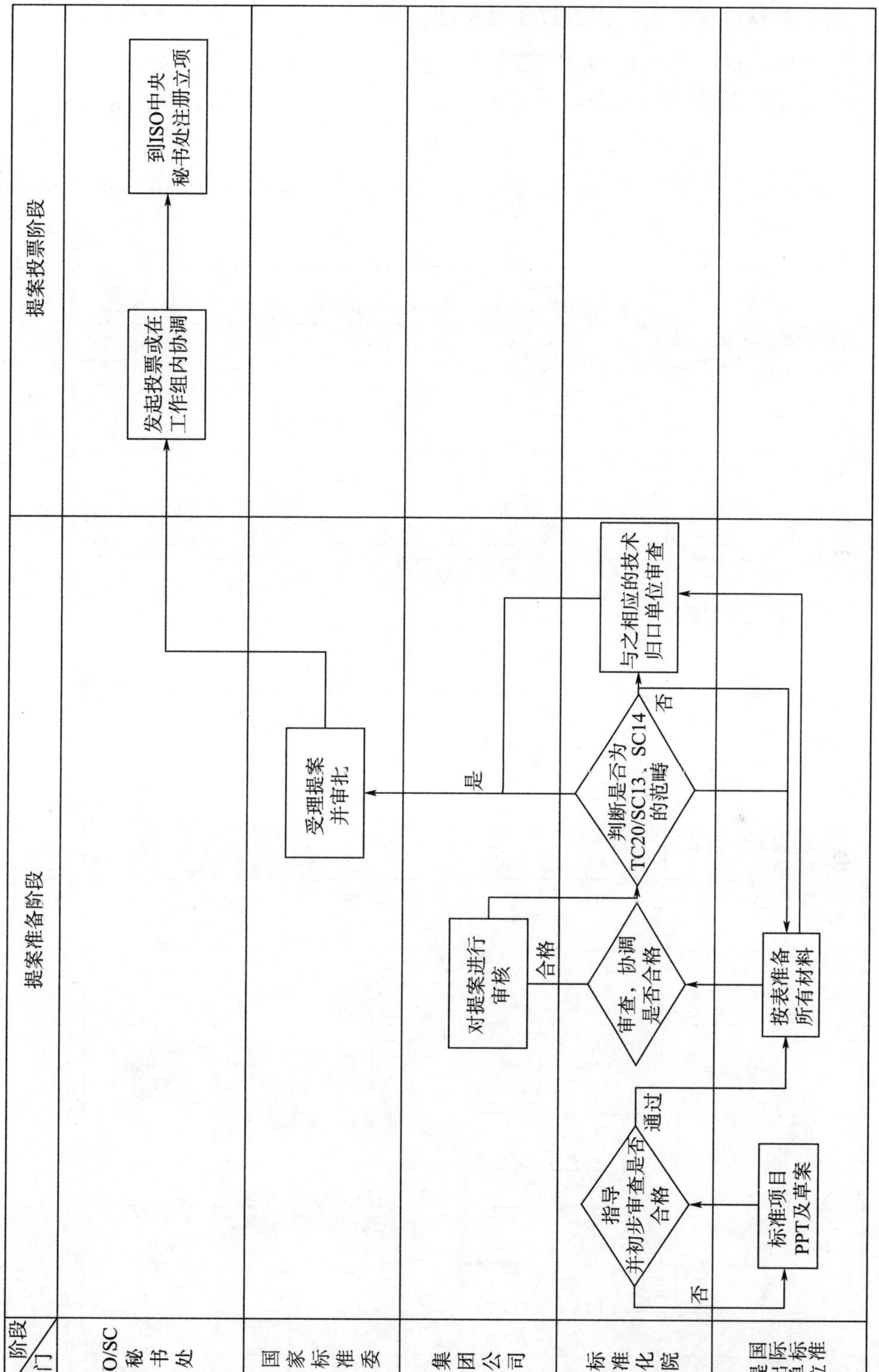

图8-1　国际标准提案阶段流程

若投票结果满足以下要求，该项目即被接受：

1）具有 16 个或以下 P 成员的 SC 至少有 4 个 P 成员、具有 17 个或以上 P 成员的 SC 至少有 5 个 P 成员指派技术专家参与项目制定工作；

2）参加投票的 P 成员简单多数赞成工作项目。

NP 一旦被接受，就将作为一个新项目以适当的优先顺序纳入 SC 的工作计划，并在 ISO 中央秘书处注册。

国际标准新工作项目提案文件申请单

<table>
<tr><td colspan="4">国家标准委国际部签发：</td></tr>
<tr><td>提交单位</td><td colspan="3">——— (签名)
(盖章)
年　月　日</td></tr>
<tr><td>国内技术对口单位意见</td><td colspan="3">——— (签名)
(盖章)
年　月　日</td></tr>
<tr><td>行业主管部门意见</td><td colspan="3">——— (签名)
(盖章)
年　月　日</td></tr>
<tr><td>国际提案相关的国际标准化机构</td><td></td><td>提案日期</td><td></td></tr>
<tr><td colspan="4">提案标题：</td></tr>
<tr><td colspan="4">提案范围(及应用领域)：</td></tr>
<tr><td>国家标准委
专业部经办人</td><td></td><td colspan="2" rowspan="2">国家标准委专业部会签意见：</td></tr>
<tr><td>电话</td><td></td></tr>
<tr><td>国家标准委
国际部经办人</td><td></td><td colspan="2" rowspan="2">国家标准委国际部处理意见：</td></tr>
<tr><td>电话</td><td></td></tr>
</table>

国家标准化管理委员会国际合作部制表

图 8－2　国际标准新工作项目提案文件申请单

NEW WORK ITEM PROPOSAL	
Closing date for voting	Reference number (to be given by the Secretariat)
Date of circulation	ISO/TC /SC N
Secretariat	☐ Proposal for new PC

A proposal for a new work item within the scope of an existing committee shall be submitted to the secretariat of that committee with a copy to the Central Secretariat and, in the case of a subcommittee, a copy to the secretariat of the parent technical committee. Proposals not within the scope of an existing committee shall be submitted to the secretariat of the ISO Technical Management Board.

The proposer of a new work item may be a member body of ISO, the secretariat itself, another technical committee or subcommittee, or organization in liaison, the Technical Management Board or one of the advisory groups, or the Secretary-General.

The proposal will be circulated to the P-members of the technical committee or subcommittee for voting, and to the O-members for information.

IMPORTANT NOTE: Proposals without adequate justification risk rejection or referral to originator.

Guidelines for proposing and justifying a new work item are contained in Annex C of the ISO/IEC Directives, Part 1.

Proposal (to be completed by the proposer)

Title of the proposed deliverable.

(In the case of an amendment, revision or a new part of an existing document, show the reference number and current title)

English title

French title
(if available)

Scope of the proposed deliverable.

Purpose and justification of the proposal.

If a draft is attached to this proposal.:

Please select from one of the following options (note that if no option is selected, the default will be the first option):

☐ Draft document will be registered as new project in the committee's work programme (stage 20.00)
☐ Draft document can be registered as a Working Draft (WD – stage 20.20)
☐ Draft document can be registered as a Committee Draft (CD – stage 30.00)
☐ Draft document can be registered as a Draft International Standard (DIS – stage 40.00)

Is this a Management Systems Standard (MSS)?

☐ Yes ☐ No

Indication(s) of the preferred type or types of deliverable(s) to be produced under the proposal.

☐ International Standard ☐ Technical Specification ☐ Publicly Available Specification ☐ Technical Report

Proposed development track ☐ 1 (24 months) ☐ 2 (36 months - default) ☐ 3 (48 months)

Known patented items (see ISO/IEC Directives, Part 1 for important guidance)

☐ **Yes** ☐ **No** **If "Yes", provide full information as annex**

图 8－3 新工作项目申请表

ISO/TC 20/SC14 N XXX

Date: yyyy-mm-dd

ISO/WD XXXXX

ISO/TC 20/SC14/ WGX

Secretariat: AIAA

标准名称

Warning
This document is not an ISO International Standard. It is distributed for review and comment. It is subject to change without notice and may not be referred to as an International Standard. Recipients of this draft are invited to submit, with their comments, notification of any relevant patent rights of which they are aware and to provide supporting documentation.

Document type: International standard
Document subtype: if applicable
Document stage: (20) Preparation
Document language: E

Basic template BASICEN3 2002-06-01

图 8－4 国际标准草案

（二）准备阶段

项目负责人负责标准起草工作，以电子邮件或参加工作组会议的方式与项目组各国专家及相应工作组成员就标准技术内容进行研究与沟通，及时处理所提意见，修改标准文本，并将每次的处理意见和修改后的文本抄送标准化院。本阶段时间一般为 6 个月。

在工作组达成一致意见后，项目负责人将整理好的 WD 稿及意见处理表提交标准化院，由标准化院报送 SC 秘书处，按 ISO 有关规定转入下一阶段。

（三）委员会阶段

委员会阶段包括征求意见（CDC）和投票（CDV）两个阶段。SC 秘书处将标准草案分发给其成员征求意见。项目负责人对意见进行处理，修改标准文本，并提交标准化院，由标准化院审查后提交 SC 秘书处，按 ISO 有关规定启动 CDV 投票。投票期为 3 个月。

该阶段的通过准则为 P 成员的 2/3 多数赞成。投票通过后转入下一阶段。

项目负责人应对反对票提出的技术问题进行合理的解释。

（四）询问阶段

项目负责人处理 CDV 阶段各国意见，形成 DIS 稿，提交标准化院审查。标准化院报集团公司质量技术部审核后，上报国家标准委，按 ISO 有关规定进入投票程序。投票期为 3 个月。

该阶段的通过准则为 P 成员的 2/3 投赞成票并且反对票不超过投票总数的 1/4。计票时，弃权票及未附有技术理由的反对票不计算在内。

收到投票结果及意见后，SC 秘书处和中央秘书处协商采取下列行动之一：

1）如满足通过准则，将经修改的 DIS 注册为最终国际标准草案（FDIS）；

2）如没有收到任何反对票和技术性意见，则直接进入出版阶段；

3）如不满足通过准则，则视情处理：或修改 DIS 后再投票，或返回至 CD 再评议等。

（五）批准阶段

项目负责人处理 DIS 阶段各国意见，形成 FDIS 稿，提交标准化院审查。标准化院报集团公司质量技术部审核后，上报国家标准委，按 ISO 有关规定进入投票程序。投票期为 2 个月。

该阶段的通过准则为 P 成员的 2/3 投赞成票并且反对票不超过投票总数的 1/4。计票时，弃权票及未附有技术理由的反对票不计算在内。

中央秘书处在投票结束后两周内向所有国家成员团体分发报告，公布投票结果并指明该 FDIS 被正式批准为国际标准或被正式否决。如果该 FDIS 符合批准准则，则进入出版阶段。如果不符合批准准则，则将该文件退回相关 SC，依据所附技术理由予以进一步考虑。

SC 可以决定：

1）以 CD、DIS 或 FDIS 形式再次提交修改后的草案；

2）出版技术规范；

3）取消项目。

（六）出版阶段

出版阶段的任务是发布、印刷、出版国际标准。中央秘书处在2个月内校正SC秘书处指出的所有错误，并且印刷和发布国际标准。

三、申请新工作项目的文件及填写要求

（一）新工作项目申请表

1. 名称

应表明新提案的主题。

2. 范围

应明确新提案所覆盖的范围，如果需要，应包括被排除在外的内容。

3. 目的与论证

应明确给出拟制定标准的目的与理由。应对标准中的每个要素（诸如特性）进行标准化的需求论证，建议包括：

1）简要说明同提案相关的商业、技术、社会或环境问题，最好同相关ISO或IEC委员会的战略商业计划关联；

2）表明标准使用潜力和全球相关度；

3）技术效益，简要说明该提案可能带来的技术影响，表明此技术在支持系统连贯性和新兴技术、融合技术、协同工作能力以及未来创新等方面的作用；

4）经济效益，简要说明该提案在消除贸易障碍、改善国际市场参与度、支持公共采购、改善企业商业效率，有效融入国际及地区惯例等方面的作用。可包含简洁的成本一收益分析，以说明制定此标准所需成本同未来世界范围内经济收益的关系；

5）社会效益，简要说明该提案可能带来的社会效益；

6）环境效益，简要说明该提案可能带来的环境或可持续发展方面的效益；

7）简要说明该提案的目标用途。例如，该提案是作为合格评定的要求还是作为指南；该提案是否属于管理体系标准；该提案是否可被技术规范引用或参考；该提案是否可作为国际条约及合同的法律依据；

如果新提案是一个系列标准，并且其目的和理由是共有的，就可起草一个联合提案，包括所有要说明的要素，并列举每个单独项目的名称和专业范围。

4. 若新提案附有文稿

根据文稿成熟程度选择相应的阶段。

5. 此提案是否属于管理体系标准

6. 预计的出版物类型

根据文稿选择相应的出版物类型。

7. 建议制定周期

根据实际情况选择，一般选择36个月。

8. 已知专利条款

如果涉及已知专利条款，则提供完整的资料作为附件。

9. 该提案是否涉及或影响到目前已存在的文件，尤其是 ISO 或 IEC 标准，提案者需要说明此项目与目前相似文件的区别，或者解释如何将重复或冲突最小化

10. 国际、区域及国家层面的相关文件

所有已知的相关文件（如标准和法规），不管其来源如何，都应列出，并应附有其重要性的说明。

11. 需要指出和说明会被此新提案影响的相关方类别（包括中小型企业）以及他们可能受到的影响或收益。

12. 联络

应列出有必要联络的外部国际组织和内部团体（ISO 及/或 IEC 其他相关委员会）。

13. 联合工作

应列出有必要联合工作的其他组织。

14. 非 P 成员的相关国家名单

如果某些非 P 成员国家会受到此提案带来的商业影响，需将这些国家列出。

15. 准备工作

提案者应说明是否已做好承担新工作项目的准备，并应尽可能提交一份完整的标准草案，或至少提交一份大纲。如提交大纲，则应在提交后 1～3 个月内提交标准草案，还应指派一名项目负责人。

16. 建议的项目负责人

应写明姓名、单位、职务、邮政地址、邮编和电子邮箱等信息。

17. 按国家标准委规定提案者应填写国家标准委主管人员的姓名，由国内技术对口单位统一填写

18. 提案补充信息

19. 提案包含附录

（二）与提案有关的市场评估

提案申请者应从以下 5 个方面对提案进行有关的市场评估，回答 5 个方面的问题并对每个方面进行评分。每一项满分为 5 分，总分为 25 分，P 成员也应对其进行打分：

1）本标准对国际贸易与生产的潜在贡献是什么？

2）本标准对经济效益、健康、安全和环境的潜在贡献是什么？

3）本标准的主题范围可能成为国际贸易壁垒，那么本标准对协调国家间争端的需要有多大？

4）在建议的目标日期内，本标准主题范围获得协调一致国际标准的可行性有多大？

5）本标准主题范围是国际标准制定应优先考虑的事情吗？

（三）国际标准草案

图 8－4 提供了国际标准草案封面及首页的模板，标准内容由项目提出单位根据具体

情况填写。

（四）新工作项目提案文件申请单

按照国家标准委统一要求，国际标准新工作项目提案除提交 ISO 要求的文档外，还需提交新工作项目提案文件申请单。项目申请单位应填写提交单位、提案标题和提案范围，其余栏目由国内技术对口单位、主管部门和国家标准委分别填写。

（五）非涉密的审查证明

项目申请单位在提交国际标准新工作项目提案时必须进行保密审查，提交非涉密的审查证明。

四、标准的系统复审

每项国际标准至少每 5 年进行一次系统复审，由参加投票的 P 成员多数决定对该标准重新确认、修订还是撤销。应秘书长或任何国家成员体的要求也可缩短复审时间。复审还包括该标准在国家一级采用和实际应用情况。

五、系统复审的时间

ISO 标准及其他出版物应根据表 8－6 予以系统复审以确定其是否应被确认、修改/修订、转换成另一种出版物或撤销。

表 8－6　系统复审时间表

出版物	最长系统复审间隔	可被确认的最多次数	最长寿命
国际标准	5 年	无限制	无限制
技术规范	3 年	建议 1 次	6 年
可公开提供的规范	3 年 （非 ISO 中央秘书处默认状态）	1 次	6 年 （如果到期没转换则提议撤销）
技术报告	无规定	无规定	无限制

六、投票

系统复审的投票期为 5 个月。

投票结束后 6 个月内，SC 秘书处将使用 ISO 表格 21 向其成员和 ISO 中央秘书处提交系统复审结果报告，以及根据这些结果作出的决定。

七、对投票结果的说明

系统复审的结论通常应根据 P 成员简单多数投票进行确认。但由于投票答复意见的多样性、执行的程度乃至评论意见的重要程度，不可能对投票结果的解释给出适用于所有情况的统一规则。当投票结果不确定和/或决定是基于对投票答复的解释时，秘书处可以提请成员在具体时间内（如 2 个月内）对提议的行动进行表决。

（一）确认（无技术性修改的保留）

当一个文件被确认应当继续使用，且不需要作技术性修改时，此文件应被确认。判定确认的条件是：

1）一个标准已至少被 5 个国家等同采用（以原文本形式或转化为国家标准形式）；

2）内容上不需要作技术修改；

3）参加投票的简单多数 P 成员建议予以确认。

4）只有满足上述全部条件的国际标准才能被确认，否则应予以修改、修订或撤销。

（二）修改或修订

当一个文件被确认应继续使用，但需要作技术性修改时，可提议对此出版物进行修改或修订，判定修改或修订的条件是：

1）此标准已至少被 5 个国家修改或等同采用为国家标准；

2）一个或多个国家提出需修改的重大原因。

如果 P 成员简单多数认为需要对此标准进行修改或修订，则可将其注册为已被批准的工作项目（AWI）。在这种情况下，认为原来确定的 5 个月系统评审期足够了，不需要对新工作项目再进行批准。在其他情况下，提交的任何修改或修订建议都应详述理由。如果已获相应 SC 批准的修改或修订建议不能立即开始，则建议将此项目注册为预备工作项目。当最终被注册为新工作项目时，应参考系统复审时的结果开展工作。当决定需要对国家标准进行修订或修改时，它应变成一个新工作项目并应被列入 SC 的工作计划中。修改或修订的步骤与起草新标准相同。

（三）撤销

当建议撤销某一个国际标准时，ISO 最高执行官将 SC 的决定通知各国家成员体，并提请他们在 3 个月内通知中央秘书处他们是否反对此决定。在 1 个或多个国家成员体的要求下，3 个月答复期限可延长至 5 个月。收到的任何反对意见应提交给相关 SC 研究决定。

（四）转化为国际标准（适用于技术规范和可公开提供的规范）

除上述 3 种选择外，在对技术规范和可公开提供的规范进行系统复审情况下，第 4 种选择是转化为国际标准。将合适的现行文本提交到正常的国家标准制定程序中来启动向国际标准转化。典型的转化程序从 DIS 投票开始。如果在 DIS 投票阶段发现需要对其内容作很大修改，修改后的文本应作为 CD 提交 SC 审查和投票。

八、参加国际标准化会议

ISO 的技术工作会议按《ISO/IEC 导则》规定的程序召开。其中，ISO/TC20/SC14 每年召开一次年会，其所属 7 个工作组每年召开两次会议，其中一次与 SC14 的年会一起召开。

（一）参会准备

标准化院在收到 ISO 会议通知后，应根据国际标准化会议安排和集团公司承担的国际标准化项目提出参会方案。参会方案报集团公司质量技术部认可后，由标准化院通知相关单位。各相关单位按集团公司批准的参会方案组团，向国际合作部提交外事审批材料，办理护照、签证等出国审批手续。

各派出单位根据集团公司批准的参会方案进行认真准备和研究，提出参会详细方案。预案主要包括参会具体任务、详细日程安排、参会人员情况、本单位负责人（分团长）等。参会详细预案需报标准化院，经集团公司质量技术部审核后报国家标准委审批，并由国家标准委统一向国际标准化组织提出参会申请和参会代表注册。凡参会预案未包含的事项，出国团组不得擅自表态。

（二）参会要求

参加国际标准化会议的所有中国成员对外为一个代表团，出行前应制定代表团团长，在会议期间代表中国对会议决议进行投票和表态，并在外管理中国代表团团组事宜。代表团团长由技术对口单位派出或推荐，各派员单位在参会详细预案中明确本单位分团长，在外管理本单位团组外事纪律及相关事宜，并受代表团团长领导。

（三）会后总结

年会代表团回国后，各派员单位分团长应负责将本单位参会会议资料和书面总结于10个工作日内交标准化院，由标准化院汇总形成整个代表团总结报集团公司质量技术部和国际合作部。年会情况总结可包括年会的整体概况、各工作组会议情况、中国主导制定国际航天标准的进展情况、参会体会以及存在的问题和建议等。秋季各小组会代表团回国后，各派员单位团长应负责将本单位参会会议资料和书面总结与10个工作日内报集团公司质量技术部和国际合作部，并抄送标准化院。秋季小组会的增加可包括小组会概况、本工作组的项目情况、中国主导制定国际航天标准的进展情况、体会和建议等。

参加ISO其他TC（或SC）会议或IEC、ITU会议按照相关国内技术对口单位的规定执行。

九、承办国际标准化会议

申办国际标准化会议应事先履行国内报批手续，国内审批未通过前不得对国际标准化组织做出承诺。

拟承办国际标准化会议的单位，应经标准化院审查，报集团公司质量技术部商国际合作部审核后，报上级主管部门审批，批准后方可承办国际标准化会议。

会议承办单位负责会议的会务工作。按照ISO和IEC的规定，会议承办单位不得收取会议代表注册费等费用。

第三节 国际标准的跟踪、研究与采用

一、概述

对国际标准的研究，既应包括对在研国际标准的跟踪研究，也要包括对已发布标准的采用研究。对在研国际标准进行跟踪研究，可以掌握国际标准的发展动态，减少可能出现的不必要的技术和贸易壁垒，同时将中国的技术、做法和意见反映到国际标准中，体现中国的利益和要求；对已发布标准进行采用研究，则可以促进中国的技术引进，加速建立中国的标准体系，促进国际贸易的发展。鉴于企业实际情况，其主要工作重点为对已发布标准进行采用研究，本节主要介绍对已发布标准进行采用研究的方法。

二、已发布国际标准的采用研究

（一）概述

根据《采用国际标准管理办法》的规定，采用国际标准是指“将国际标准的内容，经过分析研究和试验验证，等同或修改转化为中国标准（包括国际标准、行业标准、地方标准和企业标准），并按中国标准审批发布程序审批发布。”

这一定义包含以下几个要点：

1）采用国际标准的工作应根据中国国情以及科学技术、生产工艺水平等相关条件的情况，对国际标准内容进行分析研究和试验验证，以确定国际标准的适用性和采用的方法，而不能照抄照搬；

2）采用国际标准要将国际标准转化为中国标准，可以转化为国家标准或行业标准，也可以转化为地方或企业标准；只有等同采用和修改采用国际标准，才属于采用国际标准；

3）采用国际标准的中国标准，应按中国规定的标准制定程序，包括审批发布程序，开展标准的制修订工作。

（二）研究内容

国际标准的采用研究，首先应对拟采用的国际标准进行分析研究，详细说明其背景、目的和技术内容。

其次，研究国内外相关标准的现状及发展趋势：根据相关的国外先进标准，如NASA、ESA的标准，应研究其发展过程及现状，分析其特点及先进性；针对中国标准的情况，如果有相关标准，应分析其技术内容及现状，并同国际标准进行对比研究，分析国际标准的可借鉴性。如果国内没有相关标准，则分析中国在此领域的技术现状，开展适用性研究，必要时进行试验验证，说明国际标准的技术内容会对中国今后的国际合作和贸易产生积极还是不利影响，中国能否达到国际标准所要求的技术内容等。

在上述研究的基础上，结合中国航天领域的特点和中国相关标准的现状，给出是否采

用国际标准的结论。如果采用，还应说明采用的方式为等同采用还是修改采用。

（三）采用国际标准的中国标准的编写规则

采用国际标准的中国标准在编写上应遵循 GB/T 20000.2《标准化工作指南 第 2 部分 采用国际标准》的要求。

1. 确定与国际标准一致性程度

中国标准与国际标准的一致性程度分为 3 种：等同、修改和非等效。

1）符合下列条件时，该标准与国际标准的一致性程度为“等同”：

a）中国标准与国际标准在技术内容和文本结构方面完全相同；

b）中国标准与国际标准在技术内容上相同，但可以包含下述小的编辑性修改：

——用小数点符号“.”代替小数点“,”；

——对印刷错误的改正或页码变化；

——从多语种出版的国际标准的版本中删除其中一种或几种语言文本；

——把国际标准的技术勘误或修正按语并入文本中；

——为了与现有的系列标准一致而改变标准名称；

——用“本标准”代替“本国际标准”；

——增加资料性内容（例如：资料性附录，这样的附录不应变更、增加或删除国际标准的规定）；典型的资料性内容包括对标准使用者的建议、培训指南或推荐的表格或报告；

——删除国际标准中资料性概述要素（包括封面、目次、前言和引言）；

——如果使用不同的计量单位制，为了提高参考，增加单位换算内容。

2）符合下列条件时，该标准与国际标准的一致性程度为“修改”：

中国标准与国际标准在结构上相对应，在技术内容上存在一定的差异，并且这些差异可以很明确地被标识出来。技术上的差异包括：

——增加或减少了技术内容；

——比国际标准要求更加严格或有所降低；

——改变了国际标准某一条款的内容。

“修改”采用国际标准时，修改的幅度不是关键因素，关键在于能否明确标识出中国标准与国际标准的差异，如果能够清楚地标识出二者之间的差异，就可确定是“修改”采用。

与国际标准的一致性程度为“等同”或“修改”时，均可称为采用国际标准。

3）下列情况可称中国标准与国际标准的一致性程度为“非等效”，但不属于采用国际标准：

a）内容与结构与国际标准不同，它们之间的差异无法清楚地标识；

b）仅保留了国际标准中少量的或不重要的条款。

2. 采用国际标准的中国标准的编写规定：

1）与国际标准有一致性对应关系的标准，编写应符合 GB/T 1.1《标准化工作导则 第 1 部分：标准的结构和编写规则》的规定。

2）在标准的前言中应明确表述该标准与国际标准的一致性程度。如果是修改采用，应将与国际标准的差异在前言中加以叙述。

3）修改采用国际标准时，可以让读者从下述 3 个方面了解该标准与国际标准的差异：

a）前言中；

b）在与国际标准不同的条款右面划竖线；

c）加附录列出二者的差异及原因。

在具体操作中，如果在前言中可以很清楚地表述出中国标准与国际标准的差异，就可以省略上述划竖线和加附录的措施。

4）与国际标准有一致性对应关系的标准不保留国际标准前言。

5）可根据需要将国际标准引言内容转化到中国标准的引言中。

6）国际标准中引用的标准如已被中国标准采用，一般应以中国的标准作为引用标准，而不再照抄国际标准的引用标准。

等同采用 ISO、IEC 标准的国家标准编号采用双编号的形式，如 GB××××/ISO××××：××××。

一致性程度的标识应在封面上显示。

a）代号：等同为 IDT；修改为 MOD；非等效为 NEQ；

b）将代号置于封面上被采用国际标准名称的后面。

附录A　标准代字

一、国际、世界主要国家和地区及重要协会（行业）标准代字

国际、世界主要国家和地区及重要协会（行业）标准代字见表A-1。

表A-1　国际及世界主要国家和地区标准代字

序号	名称	代字	备注
1	国际标准化组织	ISO	国际通用标准
2	国际电工委员会	IEC	
3	国际电信联盟	ITU	
4	国际计量局	BIPM	
5	国际原子能机构	IAEA	
6	世界卫生组织	WHO	
7	欧洲标准化委员会	CEN	国际区域标准
8	亚洲标准咨询委员会	ASAC	
9	泛美技术标准委员会	COPANT	
10	德国国家标准	DIN	其他各国标准
11	日本工业标准	JIS	
12	英国国家标准	BS	
13	美国国家标准	ANSI	
14	美国材料与试验协会标准	ASTM	其他国家协会（行业）标准
15	美国机械工程师协会标准	ASME	
16	美国机动车工程师协会标准	SAE	
17	德国电气工程师协会标准	VDE	

二、中国国家标准及常见行业标准代字

中国国家标准及常见行业的标准代字见表A-2。

表A-2　中国国家标准及常见行业标准代字对照表

序号	行业名称	标准代字	序号	行业名称	标准代字
1	中国国家标准	GB	31	商检	SN
2	国家军用标准	GJB	32	测绘	CH
3	农业	NY	33	机械	JB
4	水产	SC	34	汽车	QC
5	水利	SL	35	民用航空	MH
6	林业	LY	36	兵工民品	WJ
7	轻工	QB	37	船舶	CB
8	纺织	FZ	38	航空	HB
9	医药	YY	39	航天	QJ
10	民政	MZ	40	核工业	EJ
11	教育	JY	41	铁路运输	TB
12	烟草	YC	42	交通	JT

续表

序号	行业名称	标准代字	序号	行业名称	标准代字
13	黑色金属	YB	43	电子	SJ
14	有色冶金	YS	44	通信	YD
15	石油天然气	SY	45	文化	WH
16	档案	DA	46	电力	DL
17	化工	HG	47	金融	JR
18	石油化工	SH	48	海洋	HY
19	建材	JC	49	体育	TY
20	地质矿产	DZ	50	商业	SB
21	物资管理	WB	51	地震	DB
22	环境保护	HJ	52	旅游	LB
23	稀土	XB	53	气象	QX
24	城镇建设	CJ	54	外经贸	WM
25	建筑工业	JG	55	海关	HS
26	新闻出版	CY	56	邮政	YZ
27	煤炭	MT	57	供销	GH
28	卫生	WS	58	粮食	LS
29	公共安全	GA	59	中医药	ZY
30	包装	BB	60	土地管理	TD

三、中国地方标准及企业标准代字编制原则

1. 地方标准

适用于一个国家内的某行政区域的标准，由该行政区域标准机构制定。

中国地方标准代字规则：

DB××

└── 省、自治区、直辖市代码前两位数字

2. 团体标准

团体标准是由团体按照团体确立的标准制定程序自主制定、发布，由社会自愿采用的标准。

中国团体标准代字规则：

T/×××

└── 团体代字

3. 企业标准

适用于一个企业（包括企业集团、公司）内的标准，由企业的标准机构制定。

中国企业标准代字规则：

Q/××

└── 企业代字

附录B 标准化大纲编写示例

B.1 概述

B.1.1 任务来源

××××产品是……（略）。型号名称为“××××”，简称“××××”，型号代号为“××××”，别名为“××××”。

××××标准化大纲以《××××立项综合论证报告》、《××××主要作战使用性能》和《××××系统总体方案报告》为任务依据。

B.1.2 产品用途

××××产品是……（略）。

B.1.3 产品主要性能

××××产品是……（略）。

B.1.4 研制类型和特点

××××产品属于新研产品，研制过程中可继承××××、××××等导弹产品成果。

B.1.5 产品组成和特点

××××产品……（略）。

B.1.6 产品研制对标准化的要求

实现××××产品标准化件数系数不低于70%，种数系数不低于50%的目标。

B.1.7 配套情况

××××产品总体研制单位航天科技集团公司××××，其为中国运载火箭、导弹武器系统的主要承研单位，长期从事××××系统的研制，建立了完善的××××系统研制体系，具有GJB 9000A《质量管理体系》和国家武器装备保密资格（一级）认证，具有完备的型号研制、生产和试验能力。

××××型号抓总单位为某院××××，其作为某院××××产品业务领域经营责任主体，先后研制了多型××××型号，具有完整的型号研制能力。

××××研制单位为某院××××单位，其承担了中国××××的研制任务，在××××、××××产品等关键技术领域居于国内领先地位。

××××系统研制单位为××××，其承担了中国大部分××××、××××及××××、某院所有××××产品的研制工作，具有完整的××××研制、仿真及试验设施。××××系统主要单机研制单位均为国内重点单机研制单位，主要包括：某兵器××××所、航天某集团××××所，××××系统研制单位为航天科工××××所、航天科工×

×××所、航天科技××××所、中电××××所，××××研制单位为某院××××所××××产品研制单位为航天××××，××××系统研制单位为××××所，××××研制单位为航天××××所等。

××××系统研制单位为××××，其在该领域具有多年型号研制经验，具有完整的研制、生产设施。

B.2　标准化目标

B.2.1　水平目标

××××系统及设备研制时均应进行充分论证，尽量继承××××、××××等产品的研制成果，积极采用现有设备，充分利用以往型号研制过程中的成熟技术和成功经验，最大限度地采用标准件、通用件、典型结构和典型线路，并尽可能压缩其品种规格，同时兼顾考虑后续型号发展要求，为后续型号的研制创造条件，以提高导弹系统的标准化程度，实现××××产品标准化件数系数不低于70%，种数系数不低于50%的目标。标准化系数计算公式

$$K = K_b + K_t + K_w$$

式中　K_b——标准件系数，$K_b = \sum b / \sum$；

K_t——通（借）用件系数，$Kt = \sum t / \sum$；

K_w——外购件系数，$Kw = \sum w / \sum$；

$\sum b$——标准件件数（或品种数）；

$\sum t$——通（借）用件件数（或品种数）；

$\sum w$——外购件件数（或品种数）；

$\sum$——零部件总件数（或品种数）。

B.2.2　效果目标

保证××××产品战术技术指标的实现，充分发挥标准化在型号研制中的指导和保障作用，继承成熟产品的研制经验，开展产品通用性、继承性设计。采用已定型产品的成熟技术，吸收预研成果，有效运用仿真技术、模拟试验技术等，降低研制成本缩短研制周期，提高设计质量和产品质量。

B.2.3　任务目标

任务目标如下：

a）按照表B-1制定选用范围等标准化文件；

b）建立型号标准体系，组织制定型号专用规范。在方案阶段末期，根据型号研制进展要求，确定型号专用规范目录。在初样阶段开始开展专用规范的组织制定工作，试样阶段进行补充完善；

c）建立型号标准化工作系统，型号总师是型号标准化工作系统的第一责任人，型号副总师在总师领导下，对主管系统的标准化工作负全责，型号办应指定专人负责型号标准

化工作，各承制单位应指定标准化工作负责人，负责协调标准化工作，处理型号研制过程中的标准化问题；

d）组织开展标准化大纲宣贯工作，确保本大纲的各项要求在型号研制全过程中得到贯彻实施，使研制工作始终处于有序状态；

e）按照选用范围进行贯标，保证选用范围的标准贯彻执行；针对 GJB××××-××××等型号重点标准，组织全型号开展专项培训学习，以保证型号研制人员正确理解、选用与贯彻标准，保证××××产品研制中形成的技术文件完整配套，内容正确、协调统一，满足型号研制要求；

f）型号转研制阶段开展标准化评审，标准化评审可纳入设计评审报告，共同进行评审。

B.3　标准实施要求

B.3.1　一般要求

a）在××××产品研制中，严格按照型号选用范围贯彻标准，贯彻标准优先采用国家军用标准、空军相关要求、企业标准、行业标准、国家标准的原则；

b）应贯彻执行强制性标准。当采用强制性标准有困难时，设计师应出具书面报告，提出具体的保证措施，经相应级别评审后报总师审批；

c）所有选用的标准，除法律、法规规定必须执行的要求外，均可结合产品效能、费用和周期等约束条件进行剪裁。选用和剪裁标准时应防止过使用和欠使用，标准的选用和剪裁按 GJB/Z 69—1994 要求执行；

d）型号执行的标准均纳入标准选用范围中，标准选用范围统一评审、统一发布；

e）型号过程中新制定的各级标准，按照各级相应的规定执行，其中型号专用规范，按照 GJB 6387—2008 的要求执行，统一组织评审后，经过型号两总审批方可使用；

f）选用超出标准选用范围的标准（本单位企业标准除外）时，按 QJ 893A—1999 中 5.2.1 条规定办理审批手续；

g）研制过程中，严格按照型号选用范围的标准执行，当各级标准遇有更新变化情况时，应按 QJ 893A—1999 中有关规定执行；

h）在产品制造工艺中所贯彻的标准应与设计选用标准协调一致。生产单位不得按标准的新旧代替关系自行选用新标准；

i）工程研制阶段后开展技术文件的标准化审查，确保各级标准贯彻实施；

j）各级审签人员在技术文件签署过程中应对贯标情况进行把关；

k）型号转研制阶段时应进行标准化评审，在标准化评审时说明标准选用与实施情况；

l）选用超出标准选用范围时，需经军事代表审签、型号两总批准。其中原材料超范围报院标准化主管部门，元器件超范围报物流中心；

m）规定的标准选用范围不适用时，技术人员向标准化人员提出，上报院标准化主管部门适时进行修改；

n）标准执行过程中需要新制（修）定标准时，型号研制队伍提出标准制（修）定需求，标准化主管部门统一组织制定。

B. 3. 2 重大标准实施要求

B. 3. 2. 1 基本要求

××××产品总体设计过程中应贯彻表A. 2（重大标准目录）中的各项重大标准。在对标准进行剪裁时，应首先满足其战技指标的要求。重大标准的录用主要基于以下原则：

a）贯彻型号装备研制、使用过程中需承受的环境条件及其试验方法；

b）贯彻装备可靠性、安全性、维修性、测试性、电磁兼容性、环境适应性以及保障性等方面的设计、分析、试验与工作要求；

c）贯彻产品对外接口要求。

B. 3. 2. 2 质量保证贯标要求

依据GJB 1406A—2005，并结合产品的特点，编制《××××系统质量保证大纲》，对导弹系统研制全过程实施系统、全面、有效的质量管理、监督、检查和控制，确保研制一次成功。转承制方应根据导弹系统的质量保证要求，编制承研/承制产品的质量保证要求。

B. 3. 2. 3 接口贯标要求

依据型号研制顶层要求，××××装置与机械接口应贯彻GJB××××—××××，××××电气接口应贯彻GJB××××—××××和GJB××××—××××。在型号研制过程中还应贯彻GJB××××—××××等标准，并结合产品的具体情况形成接口控制文件在型号线执行。

B. 3. 2. 4 软件贯标要求

软件应执行某字［××××］第某号《软件质量管理规定》、某字［××××］第某号《软件产品定型管理办法》，贯彻GJB 2786A—2009、GJB 1091—1991、GJB 438B—2009、GJB 439—88、GJB 5235—2004、GJB 5234—2004、GJB 1268A—2004、GJB 2434A—2004、GJB 141/Z—2004等相关标准。

B. 3. 2. 5 可靠性贯标要求

依据GJB 450A—2004对产品研制的可靠性工作进行策划。环境应力筛选应贯彻GJB 1032—1990，可靠性试验贯彻GJB 899A—2009、GJB 1407—1992等标准。在贯彻上述标准时应结合产品的特点，制定《××××系统可靠性工作计划》《××××系统可靠性设计要求》和《××××系统环境应力筛选要求》在型号线执行。

a）在方案阶段或工程研制阶段早期，承制方应根据××××的总体可靠性要求，按照QJ 2668—1994和相关标准规定，编制承研产品的可靠性要求及设计准则；

b）按照GJB/Z 23—1991要求，编写可靠性设计分析报告，并与产品设计同时进行评审；

c）在工程研制阶段，电子产品和机电产品按照任务要求和GJB 899A—2009的规定，选择经订购方同意的试验方案和试验条件，进行可靠性验证试验。其他产品可在与订购方协商的基础上，参考相关标准、规范，选择适当的试验方案和试验条件，进行可靠性验证试验；

d）按照 GJB 841—1990 的要求，建立故障报告、分析、纠正措施系统；

e）按照 GJB 813—1990 规定的程序和方法进行可靠性模型和可靠性预计；

f）电子产品自主飞行可靠性预计按照 GJB/Z 299C—2006 进行。××××可靠性预计根据产品××××过程中主要的工作状态进行预计，工作状态故障率预计参照 GJB/Z 299C—2006，非工作状态故障率预计参照 GJB/Z 108A—2006，也可以根据产品××××过程中工作时间与非工作时间的比例把不同工作状态下的故障率加权平均来预计××××故障率；

g）按照 GJB/Z 768A—1998 规定进行 FTA，编制 FTA 报告；

h）按照 QJ 2227A—2005 确定元器件的有效贮存期，并按照要求进行超期复验；

i）可靠性评审按照 GJB/Z 72—1995 规定执行。

B. 3. 2. 6　维修性贯标要求

依据 GJB368B—2009 对产品研制的维修性工作进行策划，编制《××××系统维修性工作计划》和《××××系统维修性设计要求》。

a）维修性设计准则按照 GJB/Z 91—1997 编制；

b）维修性建模按照 GJB/Z 145—2006 中规定的程序和方法执行；

c）维修性分配和维修性预计按照 GJB/Z 57—1994 规定执行；

d）按照 GJB/Z 1391—2006 和型号可靠性工作计划要求开展 FMECA；

e）按照 GJB 2072—1994 要求，制定××××系统维修性验证试验方案和维修性核查方案；

f）维修性评审按照 GJB/Z 72—1995 要求执行。

B. 3. 2. 7　测试性贯标要求

依据 GJB 2547A—2012，编制《××××系统测试性工作计划》和《××××系统测试性设计要求》，通过开展测试性设计、分析、试验及验证，提高产品的战备完好性和任务成功性，减少对检测人力及其他资源的要求，降低全寿命周期费用。

a）测试性模型按照 GJB/Z 145—2006 中规定的程序和方法执行；

b）按照 GJB/Z 1391—2006 和相关文件规定的程序和方法，对 BIT、自动测试和人工测试等方法开展详细分析；

c）测试性评审按照 GJB/Z 72—1995 要求执行。

B. 3. 2. 8　安全性贯标要求

产品设计时，应贯彻 GJB 900A—2012、GJB 357—1987、GJB 373A—1997、GJB 2865—1997、GJB 344A—2005，并结合产品的特点制定《××××安全性工作计划》和《××××安全性设计要求》，同时应借鉴已定型的产品安全性设计的经验，确保安全性。

a）安全性参照 GJB 357—1987 执行；

b）火工品安全性按照 GJB 4377—2002 执行；

c）引信设计按照 GJB 373A—1997 和 GJB 1244—1991 执行；

d）导弹系统的生产、存放、安装、试验、使用、维修、服务、运输、贮存、改进、退役和废弃处理等操作规程的安全性作分析评价，按照 GJB/Z 99—1997 执行。

B. 3. 2. 9　综合保障贯标要求

为满足导弹系统战备完好性要求，降低寿命周期费用，需进行保障性设计。应贯彻 GJB 3872—1999，并结合型号特点，编制《××××保障性工作计划》和《××××保障性设计要求》在型号线贯彻执行。按照 GJB 1181—1991 的规定和要求开展寿命周期各阶段的有关工作。

B. 3. 2. 10　环境工程贯标要求

依据型号顶层文件中有关环境适应性要求，贯彻 GJB 4239—2001、GJB 150A—2009 等标准中有关规定，结合产品的特点，制定《××××环境适应性工作计划》和《××××环境条件和试验要求》。

B. 3. 2. 11　电磁兼容性贯标要求

依据型号顶层文件中有关电磁兼容性要求，贯彻 GJB/Z 17—1991、GJB 1389A—2005、GJB 151B—2013，并结合产品的特点，制定《××××电磁兼容性工作计划》及《××××电磁兼容性设计要求》。

B. 3. 3　标准选用范围

××××产品的标准选用范围应遵循以下规定：

a）××××产品研制过程中，通用标准选用按《××××通用标准选用范围》执行；

b）××××产品研制过程中，专业标准选用按《××××专业标准选用范围》执行；

c）××××产品研制过程中，金属材料标准选用按《××××金属材料选用范围》执行；

d）××××产品研制过程中，非金属材料标准选用按《××××非金属材料选用范围》执行；

e）××××产品研制过程中，元器件选用按《型号电子元器件选用目录》执行。

B. 4　产品通用化、系列化、组合化设计要求和接口、互换性要求

B. 4. 1　产品通用化、系列化、组合化设计要求

产品通用化、系列化、组合化设计要求如下：

a）各层次产品在各设计阶段中均应遵循“三化”的原则，开展“三化”设计；

b）“三化”设计既包括按“三化”方法开发新的“三化”产品，也包括直接选用已有产品和“三化”成果。在满足技术指标要求的前提下，型号设计中应充分利用已有技术成果，尽量采用成熟技术和产品，提高设计继承性；

c）在研制中应贯彻执行各项型号统一化规定，保证技术上协调统一，减少不必要的

多样性，达到降低研制成本、缩短研制周期的目的；

d）系统应按基本型、组合化的要求进行设计，尽量采用现有的、通用的设备或其他分系统中使用过的设备；

e）设备级产品应按“三化”要求，综合运用“三化”方法进行设计。设备设计中应尽可能地扩大其功能和结构的互换性，减少品种，并尽量选用通用化、系列化的零、部、组（整）件和元器件；应按系列型谱或参数系列进行设计；应采用以通用单元或模块为基础的组合化设计；

f）零、部、组（整）件应尽可能在同类设备中通用，并尽可能系列化。零、部、组（整）件设计中应优先采用标准件、通用件；应选择通用的结构、通用结构要素、通用尺寸和线路，并压缩所用材料和元器件的品种、规格。

B.4.2　接口和互换性要求

B.4.2.1　接口要求

接口要求如下：

a）系统设计时，应合理设置舱段，减少接口关系；

b）系统各组成部分之间的机械接口、电气接口、软件接口、信息格式、人机界面接口等应相互协调和受控，保证接口的规范性、通用性和互换性；

c）与××××机械接口贯彻 GJB××××—××××；

d）与××××电气接口贯彻 GJB××××—××××；

e）软件应执行某字［××××］第某号《软件质量管理规定》、某字［××××］第某号《软件产品定型管理办法》，贯彻 GJB 2786A—2009、GJB 1091—1991、GJB 438B—2009、GJB 439—88、GJB 5235—2004、GJB 5234—2004、GJB 1268A—2004、GJB 2434A—2004、GJB 141/Z—2004 等相关标准。

B.4.2.2　互换性要求

互换性要求如下：

a）对现场可更换单元应保证接口互换性；

b）对××××产品和设备通过机械接口、电气接口、软件接口一致性，确保满足互换性要求；

c）最大限度保证机械接口、电气接口、软件接口、信息格式和人机界面的一致性，要求互换作业过程无需修整调配即能安装到位；

d）产品设计时，应考虑零、部件的互换性，零件的结构要素与工艺性设计应符合有关标准的规定；

e）××××产品研制过程使用法定计量单位，贯彻 GB 3100、GB 3101、GB 3102.1～3102.12 等系列标准；

f）零件尺寸公差等制造互换性标准和各类机械联接结构互换性标准，按《××××通用标准选用范围》和《××××专业标准选用范围》执行。

B.5 建立型号标准化文件体系要求

B.5.1 型号标准化文件体系表

根据××××产品标准化工作管理和技术的需要，建立和完善××××产品标准化文件体系，各阶段标准化文件的完整性要求见表A-1。具体要求如下：

a）完整性：既要满足型号标准化工作管理和技术的需要，又要满足研制各阶段、各方面标准化工作的需要；

b）动态性：既要随产品研制阶段适时形成新的文件，又要将已形成的文件随研制的深入修改、完善；

c）协调性：标准化文件体系中的文件在项目、内容和要求等方面要做到与相关文件协调一致。

B.5.2 型号标准化文件项目表

根据××××产品标准化文件体系表，建立××××产品标准化文件项目表见表A.3。

B.6 图样和技术文件要求

B.6.1 图样和技术文件的完整性、正确性、统一性要求

××××研制过程中的技术文件（包括设计文件、研试文件、工艺文件、软件文档）应完整、正确、统一，实施规范化管理。所有研制单位其技术文件的编制和管理原则执行本大纲规定的要求。

B.6.2 完整性要求

××××产品在研制过程中的技术文件应统一、协调、完整、正确，实施规范化管理。并根据产品研制生产的需求，制定产品图样和技术文件完整性项目表。

a）设计文件完整性，按QJ 1714.6B—2011的规定，结合产品具体特点在相应的标准化大纲中予以明确；

b）软件文档的完整性要求按QJ 1912.3—1999执行；

c）研试文件的完整性按QJ 1167.4A—2011的规定执行；

d）工艺文件的完整性要求按QJ 903.4B—2011执行；

e）工装设计文件的完整性要求按各单位企业标准执行；

f）非航天系统研制单位，如本单位无行业标准规范，设计文件按照QJ 1714.6B—2011，研究试验文件按照QJ 1167.4A—2011、工艺文件按照QJ 903.4B—2011规定执行。但至少包括以下设计文件：图样；技术条件；技术说明书；明细表；配套表。

B.6.3 正确性要求

技术文件编制前应明确设计输入，应充分考虑产品功能和性能要求、法律法规要求和环境、存放、运输、包装和防护等相关要求，以保证输出技术文件的正确、协调。

B.6.4　统一性要求

B.6.4.1　工具软件

工具软件统一性要求如下：

a）××××研制过程中编制的图样和技术文件、软件文档应全部采用计算机编制；

b）机械制图推荐采用××××软件××××版或××××软件以上版本软件绘制；电气制图推荐采用××××版软件绘制；文字及表格文件内容设计文件、软件文档采用××××及以上版本文档输出。

B.6.4.2　编号要求

在××××产品研制过程中编制的图样和技术文件，应按各单位文件代号编制方法统一编号。采用隶属编号的设计文件按 QJ 1714.5B—2011 的规定执行，采用十进分类编号的设计文件可按 QJ 13A—1997 或相关行业标准的规定执行。

B.6.4.3　内容和格式编制要求

编制要求如下：

a）表格内容设计文件的编制应符合 QJ 1714.7B—2011 的规定；

b）文字内容设计文件的编制应符合 QJ 1714.8B—2011 的规定；

c）研制任务书的编制应符合 QJ 1010A—1995；

d）产品规范的编制应符合 GJB 0.2—2001 和 GJB 6387—2008；

e）技术说明书的编制应符合 QJ 1714.8B—2011 的规定；

f）试验大纲的编制应符合 QJ 1714.8B—2011 的规定；

g）使用说明书、维护说明书的编制应符合的规定；

h）产品证明书的编制应符合 QJ 19A—1995（格式）；

i）产品履历书的编制应符合 QJ 2999—1997 的要求；

j）工艺文件的编制按 QJ 903B—2011 的规定执行；

k）软件文档的编制参照 GJB 438B—2009；

l）软件产品证明书的编写应符合 QJ 3096A—2011 的要求；

m）软件产品质量履历书的编写应符合 QJ 3097A—2011 的要求；

n）定型技术文件的编制按 GJB 1362A—2007 和 GJB/Z 170—2013 的规定执行；

o）表格内容和文字内容的设计文件的编排格式、字号、字体按 QJ 1714B—2011 的规定执行。

B.6.4.4　文件的名称

文件的名称应能简短明确地反映文件的主题。文件名称由型号名称、产品代号、主题名称和技术特征四部分组成。

B.6.4.5　产品代号

产品代号构成如下：

a）型号名称为“××××产品”，简称“××××”，型号代号为“××××”；

b）产品代号的编制按 QJ 2983A—2011 执行。形式为：

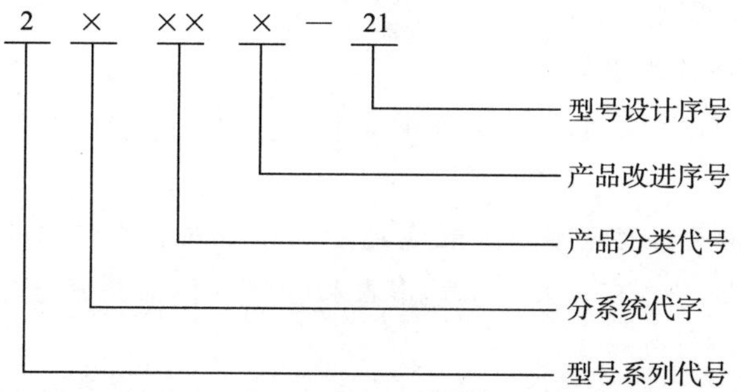

其中：分系统代字按 QJ 2983A—2011 执行；产品分类代号由分系统抓总单位负责给定，用阿拉伯数字表示；产品首次设计时无产品改进序号，从第一次改进开始，依次用 A、B、C…表示（I、O、X 除外）。

通用产品的产品代号可按相关产品化要求执行；

a）××××产品的总体区分代号，××××为“××××”，××××为“××××”，××××为“××××”；

b）对于多定点单位配套的产品，采用相同的产品名称及代号，通过出厂编号加以区分。

c）阶段标识、特性分类标识

d）××××为“××××”，产品状态简号和阶段标识按 QJ 1714.2B—2011 和 QJ 1714.5B—2011 的规定执行；

e）产品的特性分类标识按 QJ 892A—2012 的规定执行。

B.6.5 图样和技术文件的管理要求

B.6.5.1 借用要求

××××产品的借用要求如下：

a）设计文件应最大限度地采用已有的设计成果，提高产品的三化程度；

b）不同阶段的设计文件，应最大限度地建立借用关系。在借用时，不应低于借用方编制的设计文件的研制阶段；

c）低于试样的设计文件，原则上不应借用；

d）凡属借用的设计文件，借方应在产品设计图样明细栏“备注”栏中注明“借用”；

e）凡属借用的设计文件，借方应在产品明细表或组件明细表的“借用件”节中填写；

f）借用设计文件更改权属被借方。被借方更改设计文件时，资料管理部门应将设计文件更改单同时下发给各借用单位。借方接到更改单后，应根据本产品实际情况及时作出是否继续借用的决定，并以书面形式反馈给有关部门；

g）当借方认为更改（含更改和取消）后的设计文件不能满足本产品使用时，借方应重新绘图和标号，同时发出更改单更改相关的设计文件，并在更改单中或用其他文件说明取消设计文件的借用登记；

h）非航天系统研制单位，如本单位无行业标准规范，按照 QJ 1714.10B-2011 执行。

B.6.5.2　签署要求

××××产品的签署要求如下：

a）为保证设计文件的质量，加强技术责任制，设计文件应从初样开始按要求进行签署；

b）设计文件的签署必须完整，一般应经三级（校对、审核、批准）审签和标准化审查，有些文件还应按规定经有关人员工艺审查和会签（包括技术会签、质量会签以及使用方会签）；

c）研究试验文件的签署一般情况下为编写、校对、审核、(会签)、(标审)、批准；

d）工艺文件的签署应经编制、校对、审核、会签、标审、批准；

e）软件文档的签署一般应经校对、审核、批准三级审签和标准化审查，涉及技术合作的项目应经有关人员会签；

f）设计文件经过批准后，不允许擅自改动，若认为确有必要改动时，应凭签署完整的更改单进行。

B.6.5.3　更改要求

××××产品的更改要求如下：

a）设计文件的更改按 QJ 1714.11B—2011 执行；

b）研究试验文件的更改按 QJ 1167.7A—2011 执行；

c）工艺文件的更改按 QJ 903.6B—2011；

d）软件文档的更改按 QJ 1912.5—1999 执行；

e）非航天系统研制单位，如本单位无行业标准规范，各类文件更改按照上述航天标准执行。

B.6.5.4　更改要求

××××产品的会签要求如下：

a）涉及单位内外技术协调和接口关系的设计文件应进行技术会签；

b）涉及生产加工的图样需经工艺会签；

c）与最终产品质量直接有关的设计文件应经质量会签；

d）定型阶段设计文件根据军方要求进行会签；

e）由一个单位主要负责，其他单位参加设计的设计文件，需经参加单位会签。

B.7　标准化工作范围和研制各阶段的主要工作

B.7.1　标准化工作范围

标准化工作范围如下：

a）在型号研制过程中为设计、工艺、计量、质量管理等提供服务，为标准和标准化要求的贯彻执行提供业务指导；

b）主要承制单位应制定产品标准化大纲，并宣贯执行；

c）主要承制单位应根据标准化大纲制定标准化工作计划；

d）各承制单位应根据需要组织制（修）定型号缺项标准；

e）型号应组织各级现行标准的贯彻实施，并对实施情况进行监督检查；

f）按照GJB/Z 113—1998、QJ 3200—2004、QJ 1575A—1998要求对设计文件、工艺文件实施标准化审查；

g）型号标准化工作系统负责协调处理型号研制中的标准化问题。

B.7.2　*产品研制各阶段的主要工作*

在型号研制转阶段时安排标准化评审。标准化评审可单独评审也可与设计评审或工艺评审相结合。单独评审时，按GJB/Z 113—1998、QJ 20065.15—2011及QJ 20065.16—2011等文件要求编制标准化工作报告。非航天系统研制单位，如本单位无行业标准规范，各类文件编写按照上述航天标准执行。各阶段的具体标准化工作内容：

a）方案阶段开展的标准化工作包括：

——组织编制和评审标准化大纲；

——编制通用标准、专业标准、金属材料、非金属材料选用范围；

——组织提出产品“三化”方案；

——提出研制所需标准制（修）定的建议。

b）工程研制阶段开展的标准化工作包括：

——完善型号标准化文件；

——组织实施标准，协调实施过程中各种问题；

——组织实施设计规范、试验规范和工艺规范；

——组织开展产品“三化”设计；

——组织标准化评审和技术文件的标准化审查。

c）设计定型阶段开展的标准化工作包括：

——全面检查标准化大纲在型号研制中贯彻实施的情况；

——对定型技术文件进行标准化审查；

——编制定型（鉴定）标准化审查报告；

——对型号研制标准化工作进行全面总结。

B.8　标准化工作协调管理要求

标准化工作协调管理要求如下：

a）在型号研制的方案阶段组建标准化工作系统，由型号总指挥、型号总师、型号副总师、院和各单位型号标准化主管人员、主管标准化工作的主任设计师与主管设计师组成。各系统、分系统及重要设备的研制单位应指定标准化工作负责人，院及部、所、厂各级标准化部门应有专人负责该型号的标准化工作。

b）本大纲发布后统一分发，各系统分系统及主要设备单位依据本标准化大纲制定本单位的产品标准化大纲，并在型号研制过程中组织大纲实施的监督检查；

c）型号各级产品标准化问题，由本系统型号副总师会同本单位标准化部门召集有关人员协商解决。重要的标准化问题应上报总设计师并与标准化主管部门备案；

d）在型号研制过程中，要保证型号标准化人员参与有关的型号技术活动和了解型号工作进展情况；

e）按照型号要求，一次配套单位的标准由一院十九所统一配发；二次配套单位，由一次配套单位发文传递；

f）型号研制转阶段或关键节点应安排标准化评审，标准化评审可单独开展也可与设计评审相结合；

g）型号标准化工作应列入研制单位的型号研制计划并加以落实。型号标准化工作所需费用从型号研制费中列支；

h）组织编制导弹系统研制过程中的标准化工作计划和年度计划，贯彻产品“三化”设计要求；

i）当现有标准不能满足产品研制要求，需要制定新标准时，应适时提出制定标准项目和计划建议，并制定与贯彻相应的标准化大纲（标准化综合要求）和工艺标准化综合要求，对实施情况进行监督检查，建立、健全型号标准化文件体系。

表 B-1　××××产品各阶段标准化文件完整性要求

文件类别	序号	文件名称	方案阶段	工程研制阶段		定型阶段
				初样研制	试样研制	
标准化管理文件	1	型号标准体系表	—	—	○	→
	2	型号标准化工作年度计划	○	○	○	○
	3	标准制（修）定建议	○	○	○	—
	4	型号标准化公文、批复、函件	○	○	○	○
	5	型号标准化工作系统管理规定	○	—	—	—
标准化技术文件	1	标准化方案论证报告	○	—	—	—
	2	产品标准化大纲	△	→	→	→
	3	工艺标准化综合要求	—	○	○	→
	4	大型试验标准化综合要求	—	○	→	→
	5	设计文件编制标准化要求	○	→	→	—
	6	设计定型标准化要求	—	—	—	△
	7	产品设计“三化”方案与要求	○	→	→	—
	8	通用标准选用范围	△	→	→	→
	9	专业标准选用范围	△	→	→	→
	10	金属材料选用范围	△	→	→	→
	11	非金属材料选用范围	△	→	→	→
	12	重大标准实施方案	○	○	—	—
	13	技术要素的统一化规定	—	△	→	→
	14	设计定型（鉴定）标准化审查报告	—	—	—	△

续表

文件类别	序号	文件名称	方案阶段	工程研制阶段		定型阶段
				初样研制	试样研制	
标准化评审文件	1	标准化评审申请报告	○	○	○	○
	2	标准化评审结论和报告	○	○	○	○
	3	图样和技术文件标准化检查记录	—	○	○	○
	4	标准化效果分析评估报告	—	—	—	○
标准化信息资料	1	标准化工作总结（阶段小结）	○	○	○	○
	2	标准化问题处理记录	—	○	○	○
	3	标准实施信息	—	○	○	○
	4	标准化文件更改信息	—	○	○	○
	5	标准化声像资料	—	○	○	○

注：△表示必须编制；○表示根据需要编制；—表示不需要编制；→表示需要进行动态管理。

B－2　××××产品重大标准目录

序号	标准代号	标准名称
1	GJB 1C—2006	机载悬挂物和悬挂装置接合部位的通用设计准则
2	GJB/Z 23—1991	可靠性和维修性工程报告编写一般要求
3	GJB/Z 57—1994	维修性分配与预计手册
4	GJB/Z 72—1995	可靠性维修性评审指南
5	GJB/Z 91—1997	维修性设计技术手册
6	GJB/Z 99—1997	系统安全工程手册
7	GJB/Z 108A—2006	电子设备非工作状态可靠性预计手册
8	GJB/Z 113—1998	标准化评审
9	GJB/Z 114A—2005	产品标准化大纲编制指南
10	GJB 128A—1997	半导体分立器件试验方法
11	GJB/Z 134A—2012	人机工程实施程序与方法
12	GJB/Z 141 —2004	军用软件测试指南
13	GJB/Z 145—2006	维修性建模指南
14	GJB 150A—2009	军用装备实验室环境试验方法
15	GJB 151B—2013	军用设备和分系统电磁发射和敏感度要求与测量
16	GJB/Z 170.1～170.18—2013	军工产品设计定型文件编制指南

续表

序号	标准代号	标准名称
17	GJB 181A—2003	飞机供电特性
18	GJB/Z 299C—2006	电子设备可靠性预计手册
19	GJB 357—1987	空空导弹最低安全性要求
20	GJB 368B—2009	装备维修性工作通用要求
21	GJB 373A—1997	引信安全性设计准则
22	GJB 438B—2009	军用软件开发文档通用要求
23	GJB 439A—2013	军用软件质量保证通用要求
24	GJB 450A—2004	装备可靠性工作通用要求
25	GJB 451A—2005	可靠性维修性保障性术语
26	GJB 571A—2005	不合格品管理
27	GJB 670A—2005	导弹涂色与标志
28	GJB/Z 768A—1998	故障树分析指南
29	GJB 813—1990	可靠性模型的建立和可靠性预计
30	GJB 899A—2009	可靠性鉴定和验收试验
31	GJB 900A—2012	装备安全性工作通用要求
32	GJB 907A—2006	产品质量评审
33	GJB 908A—2008	首件鉴定
34	GJB 1032—1990	电子产品环境应力筛选方法
35	GJB 1091—1991	军用软件需求分析
36	GJB 1268A—2004	军用软件验收要求
37	GJB 1310A—2004	设计评审
38	GJB 1362A—2007	军工产品定型程序和要求
39	GJB 1371—1992	装备保障性分析
40	GJB 1378A—2007	装备以可靠性为中心的维修分析
41	GJB/Z 1391—2006	故障模式、影响及危害性分析指南
42	GJB 1407—1992	可靠性增长试验
43	GJB 1909A—2009	装备可靠性维修性保障性要求论证
44	GJB 2072—1994	维修性试验与评定

续表

序号	标准代号	标准名称
45	GJB 2434A—2004	军用软件产品评价
46	GJB 2547A—2012	装备测试性工作通用要求
47	GJB 2786A—2009	军用软件开发通用要求
48	GJB 2961—1997	修理级别分析
49	GJB 3206A—2010	技术状态管理
50	GJB 3872—1999	装备综合保障通用要求
51	GJB 3273—1998	研制阶段技术审查
52	GJB 3385—1998	测试与诊断术语
53	GJB 4239—2001	环境工程通用要求
54	GJB 4377—2002	弹药、导弹用火工品安全性要求
55	GJB 5234—2004	军用软件验证和确认
56	GJB 5235—2004	军用软件配置管理
57	GJB 6117—2007	装备环境工程术语
58	GJB 6387—2008	武器装备研制项目专用规范编写规定
59	QJ 13A—1997	设计文件的分类编号
60	QJ 893A—1999	标准选用及更新代替的有关规定
61	QJ 1089B—2012	工艺文件使用与归档管理规定
62	QJ 1090B—2011	研究试验文件使用与归档管理规定
63	QJ 1091B—2012	设计文件使用与归档管理规定
64	QJ 1092B—2012	技术文件和科技档案管理表格及填写要求
65	QJ 1167A—2011	研究试验文件管理制度
66	QJ 1575A—1998	航天产品工艺文件标准化检查规定
67	QJ 1714 B—2011	航天产品设计文件管理制度
68	QJ 1795—1989	导弹武器系统定型技术文件归档规定
69	QJ 1912.1～1912.6—1999	航天型号软件文档管理制度
70	QJ 1912.7—2003	航天型号软件文档管理制度第7部分：软件文档编写要求
71	QJ 2983A—2011	航天产品代号的编制规定
72	QJ 3200—2004	航天产品设计文件标准化审查规定
73	QJ 20065—2011	航天型号标准化文件编制要求

B－3　××××产品标准化文件项目表

序号	文件名称	文件作用	文件界面和适用范围	文件主要内容	与相关文件的协调说明
1	型号标准体系表	是反映型号研制所需标准的有机整体，使促进型号所需标准的组成趋向科学化和合理化	适用于××××产品研制过程中的各个阶段	包括型号现有的、正在制定的和应予制定的标准项目	产品标准化大纲
2	型号标准化工作年度计划	规划型号标准化年度工作	指导本年度型号标准化工作	本年度型号标准化工作内容及重点	年度计划应符合产品标准化大纲及型号标准化要求
3	标准制（修）定建议	提出标准制（修）定项目建议	适用型号方案阶段和工程研制阶段	提出需要制（修）定标准项目	按标准管理规定执行
4	型号标准化公文、批复、函件	型号标准化相关工作的申报、批复等事宜的传递	适用于型号研制各阶段	提出标准化工作的相关内容	应符合型号标准化系统管理规定
5	型号标准化工作系统管理规定	对型号标准化工作的规定和指导	适用于型号研制各阶段	对型号标准化工作职责、流程等的规定	
6	标准化方案论证报告	标准化方案的提出	适用于型号论证阶段和工程研制阶段	提出型号标准化总体方案	应符合型号标准化系统管理规定
7	产品标准化大纲	开展××××产品标准化工作的依据，也是编制系统、分系统、设备相应标准化文件和工艺标准化综合要求的依据	适用于××××产品研制过程中的各个阶段	规定了××××产品研制标准化工作的目标、内容和要求	型号标准化要求
8	工艺标准化综合要求	对工艺标准化工作的要求	适用于产品生产部门	产品生产过程中对工艺、工装等标准化要求	受产品标准化大纲指导
9	大型试验标准化综合要求	对型号研制过程中大型试验的标准化要求	适用于工程研制阶段大型试验项目	对大型试验的标准化要求	产品标准化大纲
10	设计文件编制标准化要求	规定设计文件标准化要求	适用于型号各研制阶段	对设计文件编制的标准化要求	产品标准化大纲
11	设计定型标准化要求	产品定型时，对设计的标准化要求	型号定型阶段	型号定型时标准化要求	产品标准化大纲
12	产品设计“三化”方案与要求	产品设计时对“三化”的要求以及要达到目标	适用型号工程研制阶段和定型阶段	对产品设计“三化”提出的要求和方案	产品标准化大纲

续表

序号	文件名称	文件作用	文件界面和适用范围	文件主要内容	与相关文件的协调说明
13	通用标准选用范围	型号应贯彻的基础标准、技术管理标准、专业工程标准、标准件与标准产品、技术条件、通用规范和方法标准等现行通用标准	型号工程研制阶段	型号研制应贯彻执行的标准项目	与专业标准选用范围、金属标准选用范围、非金属标准选用范围构成标准体系
14	专业标准选用范围	型号应贯彻的专业标准	型号工程研制阶段	型号研制应贯彻执行的标准项目	与通用标准选用范围、金属标准选用范围、非金属标准选用范围构成标准体系
15	金属材料料选用范围	型号用金属的材料的名称、牌号、技术标准、生产单位及贯彻要求	型号工程研制阶段	型号研制应贯彻执行的标准项目	与通用标准选用范围、专业标准选用范围、非金属标准选用范围构成标准体系
16	非金属材料选用范围	型号用非金属的材料的名称、牌号、技术标准、供货单位及贯彻要求	型号工程研制阶段	型号研制应贯彻执行的标准项目	与通用标准选用范围、专业标准选用范围、金属标准选用范围构成标准体系
17	标准实施规定	在型号研制过程中，对标准实施的规定	型号研制各阶段	规定型号研制过程中标准实施的相关要求	标准化管理相关规定
18	重大标准实施方案	在型号研制过程中，对某些重大标准的实施的规定和要求以及实施方案	型号研制各阶段	规定型号研制过程中重大标准实施的相关要求和实施方案	应符合标准实施规定
19	标准实施有关问题管理办法	对标准实施过程中的问题的解决途径和方法和原则	适用与型号各阶段	对标准实施过程总问题的管理办法	应符合标准实施规定
20	统一化规定	型号产品相关内容统一化的规定	适用于型号各阶段	对型号产品相关内容统一的规定	应符合标准实施规定
21	设计定型（鉴定）标准化审查报告	设计定型时对标准化工作的审查	型号设计定型阶段	设计定型时，对标准化工作审查的过程及结论	标准化管理相关规定
22	标准化评审申请报告	需要进行标准化评审时提出的报告	型号转阶段时	对标准化工作进行评审的申请	标准化管理相关规定
23	标准化评审结论和报告	对型号标准化工作做出的结论	型号进行标准化评审时	对型号标准化工作的描述和结论	标准化管理相关规定
24	图样和技术文件标准化检查记录	反映图样和技术文件标准化工作结果	适用于型号各阶段	检查记录	标准化要求

续表

序号	文件名称	文件作用	文件界面和适用范围	文件主要内容	与相关文件的协调说明
25	标准化效果分析评估报告	对型号标准化工作的分析及对效果的评估	型号定型时进行评估	型号标准化工作分析，标准化工作效果结论	依据产品标准化大纲，型号标准化要求
26	标准化工作总结（阶段小结）	对标准化工作的总结分析，确定后续标准化工作重点	型号各研制阶段	型号标准化各阶段工作的总结	依据产品标准化大纲，型号标准化要求
27	标准化问题处理记录	对标准化问题处理过程结果的记录	适用于各阶段	问题处理过程及结果	标准化管理相关规定
28	标准实施信息	记录标准实施数量、范围等相关信息	适用于各阶段	标准实施数量、范围等相关信息	标准体系
29	标准化文件更改信息	标准化文件更改过程、内容及审批记录	标准化文件的更改	标准化文件更改过程及项目	标准化管理相关规定
30	标准化声像资料	记录标准化工作	适用于型号各研制阶段	标准化工作所形成的声像资料	型号标准化工作系统管理规定

附录C　文件填写示例

C.1　文字内容设计文件典型示例

更　改　单

> 更改单应按 QJ1714.11B 要求填写

密　级：　　　　　　　　　　　　　　　　　　　　更改单号：G××××-600

序号	文件代号	更改前	更改标记	更改后	更改类别	更改原因	制品处理意见	备注	使用性
1	××××	导引头天线罩技术条件　共3页 1、表1中序号5的内圆直径为 d_5，外圆直径为 D_5。	I版	用新版设计文件代替 20140312 批准的文件。 共4页 主要更改内容： 1、表1中序号5的内圆直径为 d_5' 外圆直径为 D_5'。 2、增加包装箱尺寸要求。	2	完善设计	无影响	换蓝	发往单位：原分发单位 实施日期：自批准之日起

设计	校对	审核	工艺	标审	批准	会签	××所	使用方	产品代号
张三	李四	严格		席致	任真		周到		××-××
20141130	20141130	20141130		20141206	20141207		20141204		

共1页　第1页

> 填写被更改设计文件的代号

> 根据 QJ1714.11B、Q/Y229 及质量审查要求，设计文件换页或换版时，应在更改单的"更改前""更改后"栏内详细填写主要更改内容

> 根据更改内容对产品性能的影响程度，分别填写"1""2""3"，其中设计文件的3类更改和定型后的2类更改需要提出更改申请

> 更改原因一般选择以下术语：完善设计、设计改进、设计错误、总体要求、使用要求、协调要求、工艺要求、标准更新、转研制阶段

> 根据实际情况填写对制品处理的意见，常用术语为"已制品可用""已制品返修""无制品""无影响"

> 固定写法

> 总体类文件产品代号填写型号代号；分系统、设备类文件产品代号填写申请的产品代号

格式 10

密级				
阶段标记		C		

软盘编号
CAD
会　签
××所
周到 20141204
I 版 G××××-600 张三 20141130
描　　图
描　　校
旧底图登记号
底图登记号

总体类文件产品代号填写型号代号，分系统、设备类文件产品代号填写申请的产品代号

××-××

导引头天线罩技术条件

××××

文件代号根据 QJ1714.5B-2011 确定

文件换版应在封面上标明更改标记，依次注明“更改标记、更改单号、签字、日期”

编写　　张三 20141130

校对　　李四 20141130

审核　　严格 20141130

复核

标审　　席致 20141206

批准　　任真 20141207

中国航天科技集团有限公司第X研究院第X研究所

共 4 页　第 1 页

软盘编号

CAI

本技术条件与明细表 ××× 中的全套设计文件一起是研制、生产、试验和验收导引头天线罩（以下简称天线罩）的主要文件。

1 配套

每套天线罩包括：

a) 天线罩×××；
b) 电缆×××；
c) 包装箱×××；
d) 产品证明书。

章条下如有项应先使用字母项a) b)……编号，下面若还有项应使用数字项1) 2)……编号

2 技术要求

2.1 材料

2.1.1 ×××××××××××××××××××××××××××××× 。

2.1.2 ×××××××××××××××××××××××× 。

2.1.3 ×××××××××××××××××××××××××××× 。

2.2 结构

2.2.1 ×××××××××××××××× 。

2.2.2 ×××××××××××××××××××××× 。

2.2.3 ××××××××××××× 。

2.2.4 ×××××××××××××××××××××××× 。

2.2.5 ××××××××××××××××××× 。

……

3 试验产品及方法

3.1 产品规格

文中出现的图、表均应在文中明确提及

产品规格见表1。

表1 产品规格

表格跨页后应重复表头

单位：mm

序号	类型	长度	内圆直径	外圆直径
1	A	l_1	d_1	D_1
2	B	l_2	d_2	D_2

描 图

描 校

旧底图登记号

底图登记号

标记	更改单号	签字、日期	××－××	××××
			第2页	

软盘编号
CAD

序号	类型	长度	内圆直径	外圆直径
3	C	l_3	d_3	D_3
4	D	l_4	d_4	D_4
5	E	l_5	d_5'	D_5'
注1：×××××××××××××。 注2：××××××××××××××××。				

表格的注应放在表格中，若只有一个注应标明"注："；若有多个注应依次标明"注 1：""注 2："

3.2　材料性能测试

……

1、引用的标准应现行有效；2、技术文件引用标准或技术文件时，引用的标准按标准号→顺序号→年代号→标准名称加书名号"《》"书写；引用技术文件按文件代号→文件名称的顺序书写，再次出现及在图表中引用时，可只写出标准号和顺序号；文件号；技术文件代号。

3.3　结构性能测试

……

3.4　环境试验要求

应满足GJB150A-2009《军用装备实验室环境试验方法》的要求。

4　检验规则

检验规则按照××××《……检验规则》的要求执行。

5　标志、包装、运输和贮存

5.1　贮存环境

5.1.1　天线罩在箱外或弹上，一般为房内存放的环境要求：

a)　温度：-40℃~+50℃；

b)　相对湿度：≤95%。

表示参数范围时，若参数范围中有正负数值，正值应添加正号

……

5.1.2　包装箱尺寸见附录 A。

附录应在正文中明确提及

……

6　其他

……

描　图
描　校
旧底图登记号
底图登记号

			××－××	××××
标记	更改单号	签字、日期	第 3 页	

软盘编号

CAD

附录应按附录 A、附录 B 顺序编号，且附录应新起一页，标题居中

附录A

包装箱尺寸

附录中的表格应按表 A.1 表 A.2 顺序编号，附录中的图应按图 A.1，图 A.2 顺序编号

表A.1 包装箱尺寸

单位：mm

项目	包装箱1	包装箱2
长×宽×高	a×b×c	d×e×f
产品装箱形式	起吊	起吊

描　图

描　校

旧底图登记号

底图登记号

			××－××	××××
标记	更改单号	签字、日期	第4页	

C.2 带附图的偏离单典型示例

格式 1

密 级	产品代号	××-××	偏 离 单	编 号	P××××-2
	代 号	1-0		阶段标记	S
软 盘 号	发往单位： ×所×室、××厂工艺处、生产处、××车间				
	偏离原因： 试验要求			有效期限	Y2 有效

通知内容：

关于××××××××的通知

××××××××××××××××××××××××××××××××

××××见××-4。

××××见附图。

更改标记	更改单号	签 字	日 期			
				设 计	张三 20141130	××所	周到 20141204
				校 对	李四 20141130		
				审 核	严格 20141130		
				标 审	席致 20141206		
				批 准	任真 20141207		

共 2 页 第 1 页

被偏离的设计文件代号，不得填写带有“－P”形式的图号

按 QJ1714.12B 的要求填写

应选择下列术语之一填写：总体要求、协调要求、试验要求、安装要求、工艺要求、借用要求

偏离单不得相互引用

填写有效时间、产品数量、批次或期限。如：批、发、台、架、颗、辆或时间，其有效范围一般不超过一个生产批（组）次或一年时间，一般写“Y×有效”“××试验有效”“201×××××前有效（时间一般不超过一年）”，不能填“××阶段有效”

版本号

密级

偏离单P×××××－2附图

应填写偏离单号及附图字样

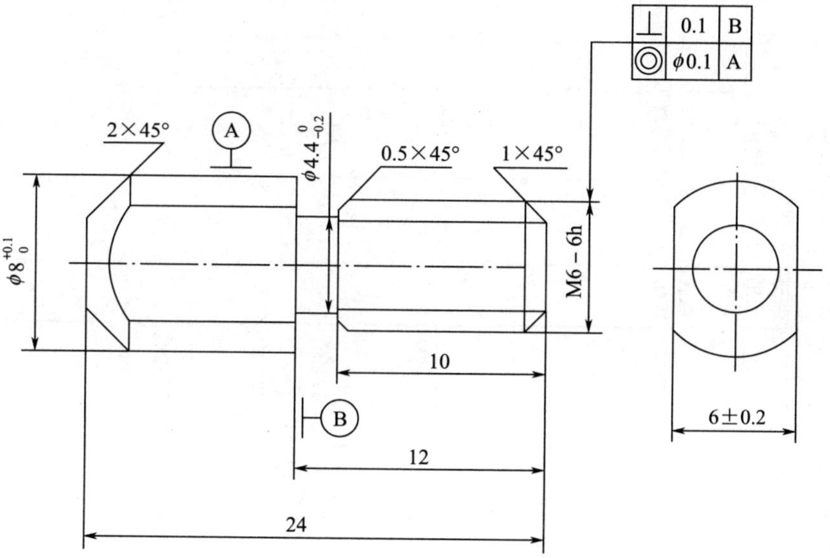

会签

材料栏的填写应符合QJ 547A的要求

1.未注尺寸公差按GB/T 1 804 m。
2.标签：产品代号、图号、序号。

偏离单附图应加“–P”

A4

				××-××			××
旧底图登记号	标记	更改单号	签字、日期	棒1Cr18Ni9Ti 固溶GJB 2294A—2014			××
	设计	张三20141130					
底图登记号	校对	李四20141130		阶段标记	重量	比例	
	审核	严格20141130 标审	席致20141216	S		4：1	1-03-P
签字、日期	工艺	周到20141130 批准	任真20141207	共 1 页	第 1 页		

第2页

C.3 图样的更改典型示例

更 改 单

应在“更改前”“更改后”填写更改前后的真实情况

密级：内部

更改单号：×××× – 526

代号应与被更改文件代号一致，若同一代号有多页，应标明更改代号的具体页码

按QJ 1 714.11B的要求填写相关术语

序号	文件代号	更改前	更改标记	更改后	更改类别	更改原因	制品处理意见	备注	使用性
1	34–0MX 第1页	序号25，图幅：A4，代号：34–02，名称：支撑耳2所属装配图代号：34–0，数量：8，总数：8，页次：14	a1	删除	1	完善设计	无制品	换蓝	
		序号26，数量：16，总数：16	a2	数量：8，总量：8					
2	34–0MX 第2页	序号3，数量：16，总数：16	a1	数量：8，总量：8					
		序号3，数量：16，总数：16	a2	数量：8，总量：8					发往单位
3	34–0	1. 组件中有零件支撑耳2 2. 明细栏中螺栓螺母数量为16	aI	原页作废，用新页代替，新页附后。 主要更改内容为： 1. 删除零件支撑耳2 2. 明细栏中螺栓螺母数量为8 3. 增加技术要求第2条：焊缝需进行X光检测和目视检查，允许打磨焊缝，其余编号顺延					原分发单位
4	34–01	俯视图中4–ϕ5	a1	4–ϕ8					
			a2	增加技术要求2：内弯曲半径R4。其余编号顺延					实施日期
5	34–02	34–02 支撑耳2 2014 11 30	F	本底图作废					自批准之日起

换页更改应在“更改前”“更改后”详细填写主要更改内容。并在“更改后”栏内填写更改标记、更改后详细内容

设计	校对	审核	工艺	标审	批准	会签	使用方	产品代号	××-××
张三	李四	严格	周到	席致	任真				
20150310	20150311	20150312	20150313	20150314	20150314				

共1页 第1页

版本号	更改标记	序号	图幅	代号	名称	所属装配图代号	所属装配图数量	总数	页次	备注
密级		1	A3	34–0	××试验件	3–0			3	
		2								
		3								
		4		341–0	盖板	34–0	1	1		另成册
		5								
		6								
		7	A3	34–10	支架	34–0	1	1	4	
		8	A4	34–11	角材1	34–10	2	2	5	
		9	A4	34–12	角材2	34–10	4	4	6	表格图
		10		34–13	角材3	34–10	2	2	6	表格图
		11		34–14	角材4	34–10	2	2	6	表格图
		12		34–15	垫板	34–10	1	1	6	表格图
		13								
		14								
		15	A3	34–10–10	横梁1	34–10	1	1	7	
		16	A3	34–10–11	横梁2	34–10–10	1	1	8	
		17	A4	34–10–12	小轴	34–10–10	1	1	9	
		18								
		19								
		20	A4	34–10–20	钢带	34–10	1	1	10	
		21	A4	34–10–21	带	34–10–20	1	1	11	
		22								
		23								
		24	A4	34–01	支撑耳1	34–0	2	2	12	
	a1	25								
	a2	24	A4	34–03	垫片	34–0	8	8	14	
		27								
		28								
		29								
		30								
		31								

图信息有增加、作废、修改时，明细表相应调整

组件明细表的顺序为：组件图——带有文件简号的组件图—装入本组件的下一级组件—直属本组件的部件图及装入该部件的零件图和装入该部件的二级部件图及装入二级部件的零件图—装入组件的零件图—配套产品—借用件—标准件、外购件—材料

					××-××		×所
A4	a2	××-526		张三20150310			××试验件明细表
旧底图登记号	标记	更改单号		签字、日期			
	设计	张三20141130					
底图登记号	校对	李四20141130			阶段标记	重量 比例	34–0MX
	审核	严格20141130	标审	席致20141206	C		
签字、日期	工艺	周到20141204	批准	任真20141207	共 2 页	第 1 页	

版本号	更改标记	序号	图幅	代号	名称	所属装配图 代号	所属装配图 数量	总数	页次	备注
密级		1			标准件、外构件(共1页)					
内部		2								
	a1	3		GB/T 5781—2000	螺栓 M5×20	34–0	8	8		
		4				34–10	8	8		
		5						16		
		6								
		7		GB/T 5783—2000	螺栓 M8×24–45	34–10	1	1		
		8								
		9								
		10		GB/T 822—2000	螺钉 M3×12–45	34–10	79	79		
		11			M3×26–45	34–10	4	4		
		12		GB/T 822—2000	螺钉 M4×10–45	34–10	81	81		
		13								
		14								
	a2	15		GB/T 6170—2000	螺母M5	34–0	8	8		
		16								
		17								
		18		QJ 2963.3—1997	垫圈3	34–10	83	83		
		19		QJ 2963.3—1997	垫圈 4-60Si2Mn	34–10	12	12		
		20								
		21								
		22								
		23								
		24								
		25								
		26								
		27								
		28								
		29								
		30								
		31								
		32								
		33								
A4		34								
旧底图登记号		35								

明细表中填写“借用件”等各节时一般应另起一页，并在表头“名称”栏内填写节的名称及本节共几页

标准的年代号应使用四位年代号

标准件的排序一般按螺栓、螺柱、螺钉、螺母、垫圈、销、铆钉、档圈、焊钉、焊片等

				××-××	34－0MX
底图登记号					
	a2	××-526	张三20150310		
签字、日期	标记	更改单号	签字、日期	共 2 页 第 2 页	

第 2 页

表面粗糙度	
打钝锐边	R≈1

版本号
密级
会签

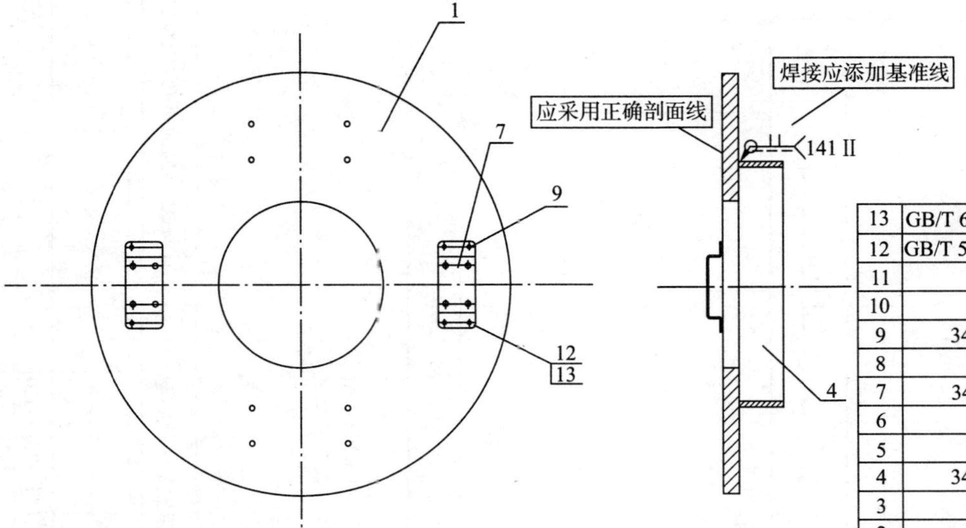

序号	文件代号	名称	数量	备注
13	GB/T 6170—2000	螺母M5	8	
12	GB/T 5781—2000	螺栓M5×20	8	
11				
10				
9	34-03	垫片	4	
8				
7	34-01	支撑耳1	2	
6				
5				
4	34-10	支撑	1	
3				
2				
1	341-0	盖板	1	

1. 焊接按QJ 2698A—2011《铝及铝合金熔焊技术条件》执行。
2. 焊缝需运行X光检测和目视检查，允许打磨焊缝。
3. 产品称重(精准到0.1 kg)并记入合格证中。

有签署栏的那一页换页更改应重新签署

			××-××	×所
QI	××-526	张三20150310		××试验件
标记	更改单号	签字、日期		
设计	张三20141130			
校对	李四20141130		阶段标记 重量 比例	34-0
审核	严格20141130 标审	席致20141206	C 1:4	
工艺	周到20141204 标准	任真20141207	共 1 页 第 1 页	

A3

旧底图登记号
底图登记号
签字、日期

第 3 页

版本号
密级
会签

表面粗糙度	
打钝锐边	R≈0.2

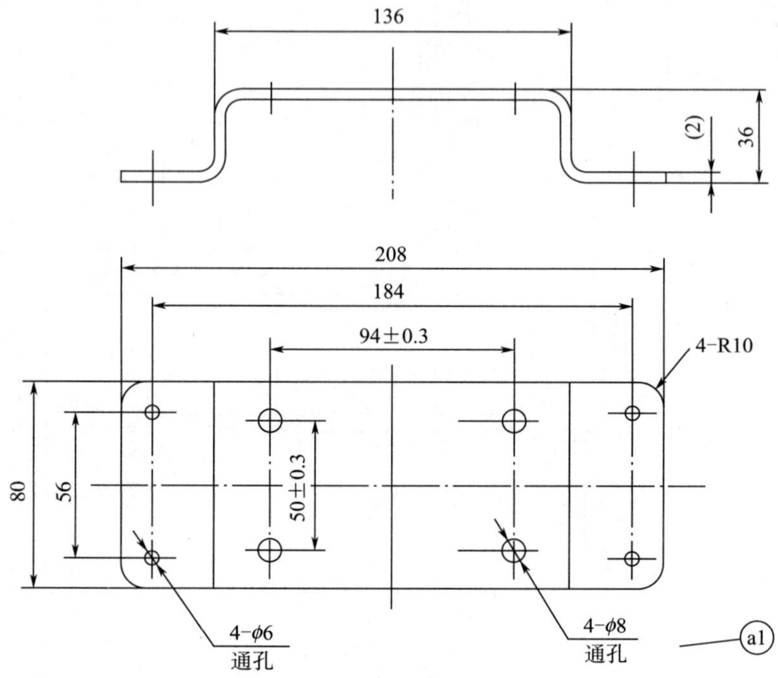

按标准要求应写为“未注尺寸公差……”

1.未注尺寸公差按GB/T 1 804 m；
2.内弯曲半径R4；
3.标签：产品代号、图号、检印。 a2

局部修改时此栏应填写最后一处的更改标记

按QJ 547A的要求填写材料栏

					××-××			×所
A4	a2	××-526		张三20150310				
旧底图登记号	标记	更改单号		签字、日期	钢板45 GB/T 711—2008			支撑耳1
	设计	张三20141130						
底图登记号	校对	李四20141130			阶段标记	重量	比例	
	审核	严格20141130	标审	席致20141206	C		1:1	34-01
签字、日期	工艺	周到20141204	批准	任真20141207	共 1 页	第 1 页		

第 12 页

C.4　电缆图的编制典型示例

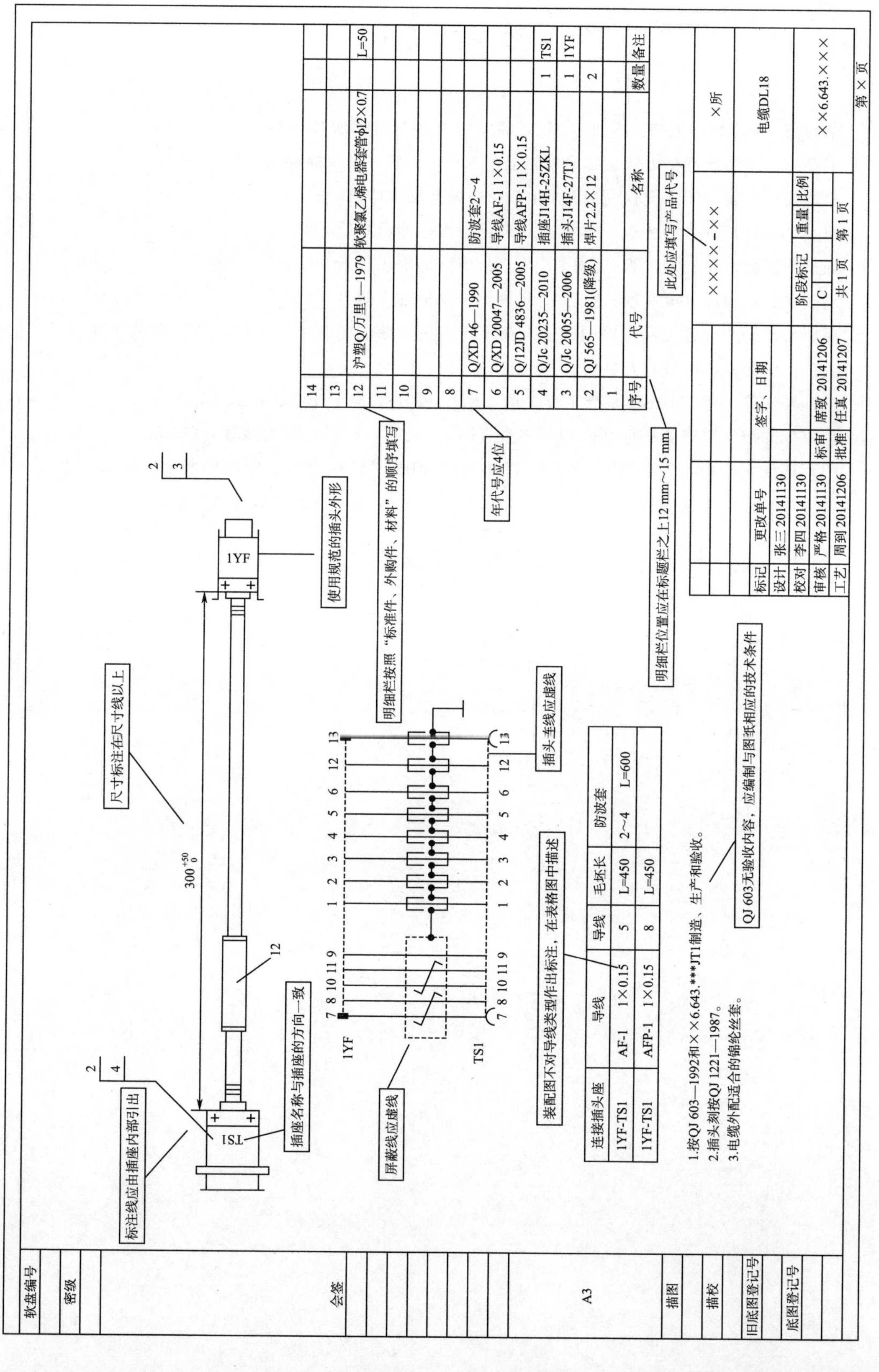

参考文献

［1］ 李春田. 企业标准战略三步曲［M］. 北京：中国标准出版社，2012.

［2］ 李春田. 现代标准化方法：综合标准化［M］. 北京：中国标准出版社，2011.

［3］ 梁丽涛. 发展中的标准化［M］. 北京：中国标准出版社，2013.

［4］ 刘杰. 崛起密码（第2版）［M］. 北京：中国标准出版社，2015.

［5］ 刘杰. 规则之战（第2版）［M］. 北京：中国标准出版社，2015.

［6］ 刘杰. 战略抉择（第2版）［M］. 北京：中国标准出版社，2015.

［7］ 深圳市市场监督管理局，深圳市标准技术研究院. 标准标准经济效益：全球案例研究（二）［M］. 北京：中国标准出版社，2012.

［8］ 朱一凡，等，译. NASA 系统工程手册［M］. 北京：电子工业出版社，2012.

［9］ 国家标准技术审查部. 标准研制与审查［M］. 北京：中国标准出版社，2013.

［10］ 中国标准化管理委员会国际合作部. ISO/IEC 导则［M］. 北京：中国标准化出版社，2008.

［11］ 洪生伟. 标准文件编写指南（第2版）［M］. 北京：中国标准出版社，2010.